"十三五"职业教育部委级规划教材

SHECHIPIN YINGXIAO QUDAO GUANLI YU CHUANGXIN

奢侈品营销渠道管理与创新

赵慧娟◎编著

扫一扫，免费获取课件

中国纺织出版社有限公司 | 国家一级出版社
全国百佳图书出版单位

内容提要

本书以立足中国奢侈品品牌发展的角度，通过分析国际奢侈品品牌进入中国的渠道模式的现状及特点，系统地研究国际奢侈品品牌在我国的营销模式，重点研究国际奢侈品品牌零售渠道在中国的演变、国际奢侈品主要的零售渠道终端类型，并针对目前奢侈品营销渠道的新类型，重点研究了奢侈品网络营销渠道。本书分析了大量的奢侈品渠道营销案例，针对国际奢侈品品牌在中国的营销渠道选择特点，提出奢侈品营销渠道的具体管理策略。这对于指导和帮助中国本土奢侈品品牌开展有效的奢侈品营销与管理，发展国内奢侈品品牌走向国际化，有着重要的意义。

图书在版编目（CIP）数据

奢侈品营销渠道管理与创新 / 赵慧娟编著. -- 北京：中国纺织出版社有限公司，2021. 3（2026. 1 重印）
"十三五"职业教育部委级规划教材
ISBN 978-7-5180-3194-8

Ⅰ. ①奢… Ⅱ. ①赵… Ⅲ. ①消费品—购销渠道—职业教育—教材 Ⅳ. ① F724.7

中国版本图书馆 CIP 数据核字（2016）第 326731 号

策划编辑：陈　芳　　责任校对：高　涵　　责任印制：储志伟

中国纺织出版社有限公司出版发行
地址：北京市朝阳区百子湾东里 A407 号楼　邮政编码：100124
销售电话：010—67004422　传真：010—87155801
http：//www.c–textilep.com
中国纺织出版社天猫旗舰店
官方微博 http://weibo.com/2119887771
北京虎彩文化传播有限公司印刷　各地新华书店经销
2021 年 3 月第 1 版　2026 年 1 月第 5 次印刷
开本：787×1092　1/16　印张：15
字数：238 千字　定价：48.00 元

前言

奢侈品，这一代表着高档生活的商品，在今日的中国掀起了一股巨大的消费热潮。从2009年起，中国已经成为世界上第二大奢侈品消费国；2010年市场规模达到245亿美元，占全球的9%，2015年中国出境游客在欧洲、美国、亚洲和其他旅游目的地消费价值1440亿欧元的各类奢侈品，使中国成为全球最大的奢侈品消费国。2009年，中国游客成为法国最大的国外消费人群，年消费158亿欧元，比上年增长47%，平均人均消费1071欧元，比上年增长21%，其中87%用于购买国际奢侈品牌。近些年来，中国经济取得了高速发展，成为了全世界的亮点。越来越多的国际奢侈品厂商被中国的市场所吸引，纷纷进入中国。安永会计师事务所的报告指出，2008年中国奢侈品市场的年销售额约为20亿美元，到2015年增长率为10%左右，销售额超过115亿美元，约占全世界销售额的29%。贝恩公司发布的年度《中国奢侈品市场研究》显示，2018年中国奢侈品市场整体销售额延续了2017年破纪录的增长，增速连续第二年达到20%。由此可见中国市场未来空间依然巨大，奢侈品消费已经成为中国经济增长不可忽视的一股力量。从2015年开始，中国人已经超过美国人成为全球出境旅游消费第一的群体。《2016年中国奢华品报告》显示，中国奢华旅游市场逐年增长。内地奢华品消费者每年平均国内旅行4次，境外旅行3次；香港奢华品消费者每年平均境外旅行3.7次。中国出境旅游消费构成最主要的并不是在度假产品，而是在购物上，尤其是奢侈品购物。根据波士顿咨询公司（BCG）与意大利奢侈品协会最新研究报告显示，在2018～2025年，将有75%的个人奢侈品消费增长来自中国，并且到2025年中国消费者将占据全球奢侈品市场的40%。在不确定疫情何时完全结束的情况下，深度布局中国市场，抓住中国消费趋势，成为各大品牌的重中之重。

在新兴的奢侈品市场中，营销渠道的选择对于奢侈品品牌业务拓展及未来的经营业绩具有重要影响。当一个品牌进入海外市场时，品牌面对的是东道国市场环境中诸多的不确定性因素，因此，在做出营销渠道模式选择的决策时需要在控制权和灵活性之间取得平衡。目前国际奢侈品品牌与代理商之间的关系非常微妙，大多数奢侈品品牌正在更深入地渗透中国市场，而真正隐藏在开店风潮背后的却是奢侈品品牌和代理商对于这块诱人市场开发权的博弈。对于奢侈品品牌来说，早年依赖代理商进入中国市场只不过是权宜之计。而在中国加入 WTO 之后，为了避免分销商的牵制，一些强大的奢侈品品牌如路易·威登（Louis Vuitton）会逐步收回代理权，建立自己的分公司以便于独立管理，快速提升市场占有率。甩掉代理商，奢侈品品牌全面直营的模式已经从零星之势变得如火如荼。但值得注意的是，由于代理商长期和渠道合作，和渠道有着更深的积累，奢侈品品牌并不一定能在与渠道商的谈判过程中获得优势，因此，在新兴的时尚与奢侈品市场中，仍有相当多的品牌授权其代理商发展其海外市场。

然而长期以来，在奢侈品市场繁荣的背后，我们却发现中国企业鲜有作为，市场上充斥的几乎全是国外品牌。中国企业还不太了解应该如何经营奢侈品、如何开展有效的奢侈品营销，尤其是不了解如何建立适合奢侈品自身品牌发展的营销渠道，如何对奢侈品采取正确的国内及海外营销渠道管理战略及策略，因此只能眼睁睁地看着外国奢侈品企业抢占中国市场。因此，本书以立足中国的角度，通过分析国际奢侈品品牌进入中国的渠道模式的现状及特点，系统地研究外国奢侈品公司的营销模式，重点研究国际奢侈品品牌零售渠道在中国的演变及主要的零售渠道终端类型，并结合大量的案例分析，针对国际奢侈品在中国的营销渠道现状，指出中国本土奢侈品品牌如何选择恰当的品牌分销模式，及如何吸取国际奢侈品的营销渠道管理策略提出一些对策建议。这对于指导和帮助中国本土企业开展有效的奢侈品营销工作，并发展本土奢侈品牌及走向国际化，有着重要的意义。

作者

2020 年 7 月

目录

情境一
认知奢侈品营销渠道

【教学目标】

知识目标：

理解奢侈品营销渠道的概念与内涵；

掌握奢侈品营销渠道的特征；

理解奢侈品营销渠道结构的类型。

能力目标：

能简述奢侈品分销渠道与大众消费品分销渠道的不同点；

能根据营销渠道的基本原理识别奢侈品的营销渠道结构类型；

能根据具体的案例分析奢侈品所采用的营销渠道结构。

【背景知识】

一、奢侈品营销渠道的内涵及分类

营销渠道（Distribution Channel）是指货物和劳务从生产者向消费者进行转移时的路径。由参与产品或服务转移活动以使产品或服务便于使用或消费的所有组织构成。而作为奢侈品的分销渠道，与一般商品分销的区别在于其对品牌形象的重视程度要远高于普通消费品。根据有无中间商参与交换活动，分销渠道则可分为两种最基本的销售渠道类型：直接分销渠道和间接分销渠道。而从商品流转的环节长短，又可分长渠道和短渠道。一般而言，单位价值高的产品往往偏好于短渠道。

根据奢侈品销售渠道的不同，奢侈品零售商分为两种类型。一种是多渠道零售商，这类零售商不仅拥有实体的店铺和销售网络，而且还创建网站，在网上销售奢侈品。这种多渠道模式，为持有不同消费观念和动机的顾客提供不同风格、形式的购物体验，所以无论是线上还是线下的销售都比较成功。另一种是单一渠道的零售商，也就是只有网上销售或只有实体店铺的零售商。其中，只拥有网上销售一种渠道的奢侈品零售商面临着很大的挑战——没有实体店铺来展现自己的品牌形象。因此对于这类单靠网络渠道销售的零售商而言，所有与顾客的接触点（Touch Point）都变得至关重要，必须特别关注每一个为顾客服务的细节。

奢侈品的渠道建设也是独具一格，而非传统产品“得渠道者得天下”的惯性思维。在中国，你可能在北京东方新天地窗明几净的豪华展厅里看见法拉利顶级跑车、AUDI 的迷你车，但却不一定能马上买到。你要预订，要与营业员沟通，彰显你的品位，对爱车的理念与赏识，甚至你的个人喜好都要娓娓道来，即使这样要马上开走车，也还要再等几天，或者在你取车时他们给你举办一个交易成功的仪式，美酒、鲜花渲染一番。这不是做作，而是形象，体现你的尊贵。在北京如此，在上海如是，在广州亦然，每一家店，每一笔交易，都是如此讲究。奢侈品卖的就是那种被人羡慕的感觉，拥有者看到别人羡慕和嫉妒的眼光时会有一种最大的满足感和成就感。因此，奢侈品的渠道建设非常讲究陈列，讲究氛围，讲究独特，而且舍得花重金。

通俗而言，营销渠道就是企业赖以将其产品或服务有效销售出去的所有中间环节或过程。奢侈品行业不同，奢侈品营销渠道的开发与管理工作也不同，因此作为特殊的奢侈品行业或企业，需要对公司的员工进行有针对性的相关岗位知识培训，对营销渠道的本质内涵，比如，营销渠道的基本含义、功能与流程等知识，结合奢侈品自身的特点进行有效的诠释，结合奢侈品行业了解营销渠道的演变过程与现状。

二、奢侈品营销渠道的特征

渠道策略是整个营销组合的重要组成部分，它是指产品从企业转移到消费者的途径。渠道的选择对于产品的促销、定价等方面有着重要的影响。一些销售渠道，如装饰豪华的旗舰店本身就是促销的一种手段。另外，由于奢侈品企业通常选择昂贵的地段、装修精美的店铺进行分销，这就必然会增加企业的成本，高昂的费用最终会转嫁到消费者身上。

奢侈品的渠道策略从整体上讲就是保持对市场的有限覆盖，从不在渠道中提供大量的产品以供消费者选择，使得渠道始终保持在一种不饱和的状态。在有限的前提下，则尽可能的要求完成对目标市场的有效覆盖。

在这种策略指导下，奢侈品的分销结构追求重点覆盖，把精力集中于少量对高质量服务有特别需求的网点。对于增加零售网点，进入新市场的考察非常详尽，决策周期也比较长。保证渠道价值链上每个环节都有高利润产生，以便维持奢侈品高贵形象所需的高额市场费用。同时，在渠道组合上又尽量做到有效覆盖，把零售网点设在目标顾客最集中的地方。①

三、营销渠道的结构

1. 渠道的结构（按长度划分）

按照从生产者到消费者渠道的长短，可以将分销渠道划分为零层渠道、一层渠道、二层渠道以及三层渠道。在零层渠道中，产品直接从生产者转移到消费者手中，又称为直接渠道。一层渠道、二层渠道以及三层渠道又被称为间接渠道，在产品的转移过程中，增加了零售商、批发商、经纪人或中间商（图 1–1）。

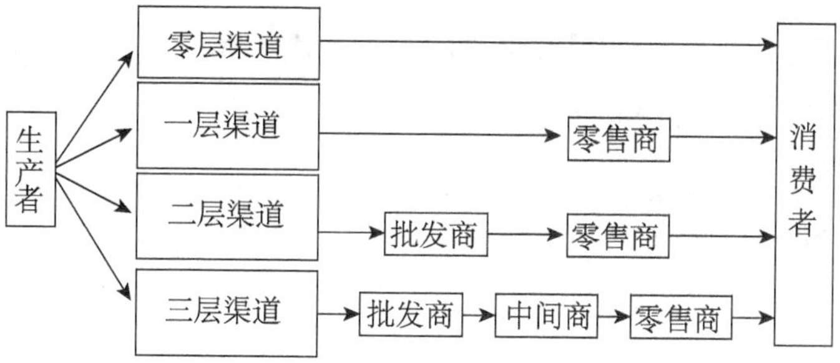

图1–1　渠道结构

资料来源：中国营销传播网

案例思考：对于奢侈品营销渠道管理部的角色定位，不同的人有不同的看

① 吉启明 . 中国奢侈品市场与营销策略研究 [D]. 西南财经大学硕士论文，2007.

法，结合案例谈谈自己对渠道管理部的认识？

2. 渠道结构（按宽度划分）

按照渠道的宽度，即按照渠道的每个层次中使用同种类型的中间商数目的多少，可以将分销渠道划分为以下三种：

（1）密集分销 (Intensive Distribution）

密集分销是渠道结构中最宽的一个类型，是指生产者尽可能多地通过中间商，例如批发商、零售商等来推销自己的产品。实行密集分销的产品特点为：低价值商品、高购买率、标准的消费者购买行为等。例如一般性的消费类商品，如香烟、洗衣粉、零食、可口可乐之类。对于奢侈品品牌来说，几乎不采用密集分销这种渠道来销售商品。

（2）选择分销 (Selective Distribution）

选择分销是指在市场上选择少数符合企业要求的中间商来经营企业的产品。它是一种介于宽与窄之间的销售渠道。实行选择分销的产品特点为：中等价值商品、低购买率、复杂的消费者购买行为等。例如长期使用的商品，如品牌家具、专卖店服装等。

（3）独家分销 (Exclusive Distribution）

独家分销是指企业仅在特定的市场内选择一家中间商来销售自己的产品。这是一种最窄的销售渠道。实行独家分销的产品特点为：高价值商品、低购买率、复杂的消费者购买行为等。例如奢侈品。

任务1　认知奢侈品营销渠道的内涵及分类

活动 1：下面的资料内容描述了消费者可以通过哪些渠道购买到奢侈品，仔细阅读，完成材料后面的任务表单。

假设有这样一位消费者，在法国旅游期间，她首先在老佛爷底层大厅香水化妆品专卖区的 Chanel 和 Dior 的专柜买了几瓶香水；然后又在 Louis Vuitton 巴黎旗舰店购买了一件新款 Artsy 女士牛皮单肩包；又去了著名的巴黎圣·安诺赫街（Rue du Faubourg St–Honore），看中了一套 Chanel 新款夏装；之后又去了巴黎山谷购物村，著名的奥特莱斯集中地，为其先生选购了一套 Armani 的西服和一双 Salvatore Ferragamo 鞋；回国之前，又在戴高乐机场的免税店购买了一些化妆品和香槟。

当然，在国内，消费者也可以购买到自己喜欢的品牌的产品，可以在北京王府井百货的 Chanel 和 Dior 专柜购买香水和化妆品，可以在上海恒隆广场的 Louis Vuitton 专柜购买与在法国同样的产品，可以在雅诗兰黛的官网上购买到自己想要的化妆品，还可以在丝芙兰化妆品超市购买 LVMH 集团旗下各化妆品品牌的产品。

上述这些购物过程虽然为虚构，但是却向我们显示了这些奢侈品的生产商是如何通过不同的分销渠道将产品送到消费者手中的。

分销渠道，一方面是奢侈品生产商将产品出售给消费者的通路或者桥梁，另一方面也是奢侈品生产商与其国内外经销商（批发商和零售商）等中间商之间形成的组织结构。

现有的奢侈品生产商，其分销渠道往往是结合了直接分销、间接分销等多种分销方式的混合分销渠道。

➢ 活动问题

1）案例中都有哪些具体的奢侈品营销渠道?

2）给这些奢侈品营销渠道分类。

3）你所理解的奢侈品营销渠道是什么？

➢如何完成活动

组建课堂小组，成员 4～6 人，确定本次活动小组组长，实行组长轮换制。

确定一个小组名称，以奢侈品品牌命名，当作自己小组的产品品牌。

小组的主要工作是开展奢侈品营销渠道的构建及管理工作。

1）回顾市场营销渠道策略相关知识，阅读以上资料先自己尝试列出有哪些奢侈品营销渠道，并尝试把分类记录下来。

2）小组讨论奢侈品营销渠道的分类依据，并填写下列记录单（表 1–1）。

表1–1　奢侈品营销渠道分类记录单

讨论问题	自己的观点	团队其他人的观点
1. 什么是奢侈品营销渠道？		
2.奢侈品营销渠道怎样分类？		
3.案例中的奢侈品营销渠道分类结果怎样？		
4.不同类型的奢侈品营销渠道的区分？		
5.各奢侈品营销渠道之间是否存在竞争？		
6.对奢侈品营销渠道理解的关键点是什么？		

➢活动评价（表 1–2）

表1–2　活动评价表

评价指标	单项指标	评价标准	自我评价
参与情况	学习投入情况	按课堂要求思考问题、参与小组活动	☆☆☆☆☆
	提出问题并发表见解	参与讨论问题，因自己的见解	☆☆☆☆☆
合作与交流情况	认真听取别人意见并询问	认真倾听，礼貌，有回应，适时询问	☆☆☆☆☆
	将自己的资料与大家分享	表达自己见解并与大家交流	☆☆☆☆☆
	参与团队讨论	积极主动，踊跃发言	☆☆☆☆☆
时间利用	在规定的时间内完成任务	时间效率	☆☆☆☆☆
学习主动性	遇到自己不能解决的问题请教他人	询问并记录要点	☆☆☆☆☆
	遇到自己不能解决的问题查资料	查阅且做好记录	☆☆☆☆☆
任务完成情况	是否完成所有任务	能完成每个任务	☆☆☆☆☆
	有新的发现	能否创新	☆☆☆☆☆
	对问题的理解	迅速找到问题的关键词	☆☆☆☆☆

续表

评价指标	单项指标	评价标准	自我评价
综合表现	展示出自己最好的状态	根据自我感受	☆☆☆☆☆
评价结果“☆”少的如何改进：			
教师点评：			

注：优 ☆☆☆☆☆　良 ☆☆☆☆　中 ☆☆☆　差 ☆☆　没参与☆

活动 2：当前有“渠道为王”“得渠道者得天下”的一些说法，针对这样的一些说法，对于奢侈品来分析“奢侈品营销得渠道者得天下”这样的一个主题，思考奢侈品营销渠道的重要性，以小组形式收集相关资料，形成正反方观点并在课堂上展开辩论，辩论过程中由教师填写下表并给出表现打分，辩论结束后由教师点评（表 1–3）。

表1–3　活动记录及评价表

小组名称	作为正方主要观点	作为反方主要观点	教师对综合表现打分
小组A			
小组B			
小组C			
小组D			
小组E			
教师综合点评：			

任务2　认知奢侈品营销渠道的特征

➢ 活动问题

活动问题 1：某公司对从事奢侈品营销渠道开发与管理工作的新员工进行岗前培训，培训目的是使他们能够尽快地熟悉奢侈品营销渠道的基本知识和工作任务。公司招聘的新员工接受过一系列的营销渠道工作及培训，还有必要接受奢侈品行业自身的相关知识培训吗？奢侈品营销渠道有什么特殊性？

活动问题 2：阅读以下内容，思考奢侈品分销渠道与大众消费品分销渠道的区别，并进一步分析奢侈品营销渠道的特征。

奢侈品销售行业作为一种零售业态，为最终消费者提供消费品，同时奢侈品又不同于一般消费品，一方面其较为强调“原产地生产”，产品中流淌着品牌文化起源地的血液，而另一方面其销售却又非常强调“国际性”，产品需要在全球范围内发售，生产地和消费地是跨国界的。因此有没有强大有效的零售网络从某种程度上决定了一家公司的成败，分销渠道的建立决策也尤为重要。

奢侈品营销对象是特定高端消费群，所以奢侈品营销必须保持稀缺性管理。对于奢侈品牌来说，市场占有率和曝光频繁并不决定其身份，也不决定其经济利益，恰恰相反，正因为一物难求，更彰显其奢华的本性。作为奢侈品要树立高端大气的形象，在传统渠道的选择上就必须以中心商圈品牌连锁店为主，而中心商圈的租金往往价格不菲。以上海市为例，据 2014 年 12 月《每日经济新闻》提供数据看，上海恒隆广场的首层店铺租金约为 117 元 / 平方米 / 天，一个 200 平方米的店铺的租金就要高达 842.4 万元 / 年。加上奢侈品行业的人力成本比较高，据 2013 年“中国奢侈品行业人力资源报告”显示，奢侈品行业主要职位平均年薪，店长为 25 万元 / 年，店员为 8 万元 / 年。按一个单店 2 个店长和 8 个店员算，人力成本将高达 114 万元 / 年。还有奢侈品的库存资金成本，由于不同产品资金成本有较大差异，故无法详细列出，这里还不包括店面的装修成本和库存商品的维护成本。这样简单地算下来，奢侈品企业建立一个单店的成本保守估计不低于 1500 万元 / 年。[①] 对于奢侈品而言，显然，密集型分销渠道是不适合的。一般而言，奢侈品生产商更多还是选择选择性分销渠道。奢侈品的分销是跨国界的，这也决定了其拥有普通商品所没有的免税业务。由于其销售的商品没有关税，价格比较便宜，相当于享受了一个折扣，因此全球免税店的销量对于一家奢

① 李冕鸿 . 奢侈品企业 O2O 模式营销渠道建设必要性分析 [J]. 中国管理信息化 .2015(3):169-170.

侈品生产商也非常重要。

活动问题 3：阅读下面的案例资料内容，思考开设奢侈品旗舰店与普通商品销售旗舰店的区别，并进一步总结旗舰店作为奢侈品营销渠道的特征。

旗舰店一般只出现在一线城市。巨大的人流量保证了旗舰店是奢侈品销售的主要场所。PRADA 位于东京最大的名牌集中地表参道的旗舰店犹如伫立着的一块巨大水晶，是一座高达六层的玻璃体大楼。该店的外墙设计颇具革命性，由数以百计的菱形玻璃框格构成极具现代感的幕墙。菱形玻璃能产生虚幻却透彻的视觉效果，人们既可从店外透视店内陈列的 PRADA 服饰产品，也可从店内欣赏店外的景致。2003 年一开店，这里就成了东京著名的时尚景观。不光普通消费者，甚至很多明星都会像朝圣一样来拜访这间著名的旗舰店。这种集零售与艺术于一体的旗舰店是最新的流行趋势，成功的旗舰店甚至能在消费者心中营造高处不胜寒的感觉，让人忍不住对其顶礼膜拜。

爱马仕在银座的旗舰店请来了曾经在 20 世纪 70 年代设计蓬皮杜文化中心的意大利建筑家皮亚诺，重新设计了一座高 14 层的由玻璃砖作为建筑表皮的透明玻璃大厦，是依据爱马仕著名的丝巾比例来设计的。

2002 年秋竣工的路易 · 威登表参道店，由设计路易 · 威登银座店的青木淳担任，这是一座独立的建筑，有着地上 8 层，地下 2 层的大楼。路易 · 威登表参道店开张的时候，特别请来现在不仅在日本而且在世界上也属当红的艺术家村上隆做设计。村上隆的艺术风格来自动漫的影响，并将这种新型的艺术融入路易 · 威登那已经早在百年之前就定型的风格中。他巧妙地利用了路易 · 威登的符号文字，把那些飞翔快乐的卡通小人精致地组合在文字符号中。

➢ **如何完成活动**

对以上三个活动问题思考完毕后，完成下面的活动任务表单。

1）确定本次活动任务的组长。

2）先自己思考尝试列出奢侈品营销渠道的特征，并把特征逐条记录下来。

3）小团队讨论奢侈品营销渠道与一般消费品营销渠道的差别，并填写下列记录单（表 1–4）。

4）全班交流。

表1–4　奢侈品营销渠道的特征分析记录单

讨论问题	自己的观点	团队其他人的观点
1.奢侈品具有哪些特殊属性？		
2.与一般消费品相比，奢侈品营销渠道有哪些特殊的影响因素？		
3.奢侈品营销渠道有哪些独特的特征？		
4.旗舰店作为奢侈品营销渠道的一种具有什么特征？		

➢活动评价（表1–5）

表1–5　活动评价表

评价指标	单项指标	评价标准	自我评价
参与情况	学习投入情况	按课堂要求思考问题、参与小组活动	☆☆☆☆☆
	提出问题并发表见解	参与讨论问题，因自己的见解	☆☆☆☆☆
合作与交流情况	认真听取别人意见并询问	认真倾听，礼貌，有回应，适时询问	☆☆☆☆☆
	将自己的资料与大家分享	表达自己见解并与大家交流	☆☆☆☆☆
	参与团队讨论	积极主动，踊跃发言	☆☆☆☆☆
时间利用	在规定的时间内完成任务	时间效率	☆☆☆☆☆
学习主动性	遇到自己不能解决的问题请教他人	询问并记录要点	☆☆☆☆☆
	遇到自己不能解决的问题查资料	查阅且做好记录	☆☆☆☆☆
任务完成情况	是否完成所有任务	能完成每个任务	☆☆☆☆☆
	有新的发现	能否创新	☆☆☆☆☆
	对问题的理解	迅速找到问题的关键词	☆☆☆☆☆
综合表现	展示出自己最好的状态	根据自我感受	☆☆☆☆☆
评价结果"☆"少的如何改进：			

续表

教师点评：

注：优 ☆☆☆☆☆　良 ☆☆☆☆　中 ☆☆☆　差 ☆☆　没参与☆

任务3　认知奢侈品分销渠道的结构

➤ *活动问题*

活动问题 1：阅读以下案例内容，完成案例后面的活动任务表单。

古驰就是一个例子。1993 年，尽管有着相当于现在 2 亿欧元的销售额，但其在美国以及日本市场依然主要是一个批发品牌。除了位于纽约的旗舰店外，其只拥有 500 家百货商店专柜。产品供应也较为有限，主要出售鞋子、领带以及围巾。在日本，250 家百货商店拥有此品牌，且通常都表现为高端品牌。古驰随后决定整合这些柜台以完善高端品牌的策略，以达成“店中店”（品牌店）的统一战略目标。随后，这些商品组合得到了扩充，诸如女子用品以及成衣的销量增长到了原来的十倍。到了 2010 年，随着销量超过 20 亿欧元，古驰在日本拥有 44 家门店，在美国拥有 49 家。品牌模型得到了彻底的改变，这归功于从批发转零售这一理念的成功。

由于销售与利润的惊人增长，许多专家由此就臆断零售模式比起批发模式有着更多的优点。我们却无法得出与这相同的结论，因为我们认为分销模式应该随着品牌以及产品特性等原因进行相应的转变。有一个例子正可以论证此点，拉夫·劳伦运用了完全不同的分销模型取得了成功。他们的“弹性综合模型”将批发、零售以及特许经营合为一体，为公司带来了约35亿欧元的收入以及2.8亿欧元的利润。这一表现甚至优于爱马仕。他们整合了广告与推广，并且依靠本土分销商独特的优势使得他们可以很好地运用直营店以及特许经营店。其销售收入55%来源于批发，5%来自于特许经营，40%来自于零售，其中仅仅23%来自于直营店。

与古驰在美国所拥有的49家门店相比，拉夫·劳伦在美国和加拿大拥有8611家门店，在日本却仅有120家。事实上，在其账面记录中，批发分销店有11000家，而零售店则仅有153家，还有158家工厂店。拉夫·劳伦特许欧莱雅（L' Oreal）经营其香水业务，让陆逊梯卡（Luxottica）经营其眼镜业务，历峰（Richemont）经营手表业务，以及让美商华纳集团（Warnaco Group）经营运动皮套裤业务，Dealers经营男衣裁剪服务，汉佰（HanesBrands）经营内衣裤和睡衣裤业务，以及让the Warnaco Group经营运动皮套裤业务。拉夫·劳伦是一个多样化经营的商业品牌。尽管所有产品最终都会陈列于店铺内，但他们通过管理控制渠道中间商诸如批发以及零售来增加公司产品深度。

在古驰的例子中，1993年之前的500家美国门店在投入很少的情况下在美国民众间建立起了很强烈的品牌认知度。也正因如此，古驰后续单独战略进展得以顺利进行。多亏良好的客户基础，这些新店得以顺利开张并迅速取得盈亏平衡。因此，随着商誉以及资本的积累，如今，拉夫·劳伦其实已有能力在某天尝试转变成完全零售的分销模式。在奢侈品行业，开设新店是冒险且成本很高的行为。在大城市的黄金地段开设新店需要大量的人力物力，以及会有巨大的融资负担。那这种行为究竟有效么？当然，古驰已经证明了这点。但对于其他的大多数品牌而言，运用百货专柜、特许分销商的策略至少是更有效以及经济的。

零售对于主要奢侈品牌的重要性有多少？最近十年，奢侈品厂商注重于发展其零售业务，在2000~2010年间，一些厂商将直营店的数目翻了一番，而有些，诸如宝格丽（Bulgafi），增加了不止一倍，从2000年的126家到2010年的276

家。许多品牌在其店面面积上也有所增加。零售已经成为奢侈品行业的主要经营模式。零售店管理、控制以及雇佣人员已经成为了奢侈品牌管理的重要组成部分。经营业务并没有简化，如今奢侈品牌更多依靠其零售模式。

➢ ***如何完成活动***

完成以下渠道模式分析记录单（表 1–6），并在课堂上交流讨论。

表1–6　奢侈品营销批发与零售渠道模式分析记录单

讨论问题	自己的观点	团队其他人的观点
1.奢侈品营销渠道批发与零售的区别？批发模式是什么时候出现的？		
2.古驰奢侈品营销渠道的是如何演变的？		
3.为什么古驰会有这样的奢侈品营销渠道演变？		
4.古驰与拉夫·劳伦营销渠道结构的区别？		
5.你对奢侈品批发与零售这两种分销模式有何理解？		

活动问题 2：查找本小组命名所用的奢侈品品牌，了解其营销环境与特点，以小组为单位。

完成以下渠道类型及结构表（表 1–7），并在课堂上交流讨论。

表1–7　×××奢侈品品牌营销渠道类型及结构描述表

渠道类型	对应的渠道结构	课堂交流后补充观点

活动问题 3：阅读以下两则资料内容，分析奢侈品营销渠道结构中经销商和代理商所扮演的角色。

资料 1：在奢侈品销售渠道中，由于单品价格及利润都较高，故而批发渠道商往往也参与终端销售，进而整合了传统意义上的零售商功能。奢侈品的批发既可以是由品牌直接管理，也可以是通过品牌授权非直接管理。而主要的批发分销通道有：代理商、经销商、特许经营、旅行零售商等。经销商模式在我国现阶段中奢侈品牌分销中使用较少。以服装生产和服装加工发展起来的服装品牌一般需经历以下的发展阶段：在品牌的成熟过程中，首先逐渐形成自己的优势产品，然后拥有稳定的生产加工基地和技术、质量控制技术以及新产品的研发能力，再通过一定程度的品牌推广和宣传，使自己掌握一定的消费群体，进而对中间商产生吸引力，最后逐渐建立起以经销商为主体的销售网络。相比于代理，经销商的投入更少，稳定性较低，对品牌的维护积极性相对较弱。故而这种分销渠道在高端的奢侈品牌上很少使用。但是对于一些未建立代理或者未正式进入的奢侈品市场，经销商渠道仍有其存在的价值。

资料 2：奢侈品为何告别代理商，选择自开直营店？

当中国市场在奢侈大牌的销售额中占的比重越来越大，这些大牌开始更深入地渗透进来。与刚进入时选择代理商不同，它们此时更愿意以开设直营店的方式进入。一个个品牌代理权由此被收回，奢侈品牌和代理商正在基于市场开发权利展开博弈。

2008 年 9 月中旬，入驻西安长安国际广场刚满一年半的蔻伊（Chloé）选择了撤出。这是其在短短 2 个月内撤出的第二家店。7 月份在经历了一次打折甩卖后，这个世界第二大奢侈品集团瑞士历峰集团旗下的旗舰品牌退出了北京的新光天地。

鲜为人知的是，这两家店均由香港代理商 I.T 集团经营。Chloé 香港公关部对《第一财经周刊》证实，现在 Chloé 在中国由代理商经营的店铺只剩下了苏州一家。

与之相对应的是，LVMH 集团则在继续挺进中国二线城市。在全球完全拒绝代理的 LV 将在 10 月进驻乌鲁木齐，距离 LV 长沙店的开张只有 3 个月。“只有自己亲自打理的店面才能保证优良血统。”LV 方面这样对《第一财经周刊》解释直营对于健康扩张的决定意义。

这是一个关键时刻。大多数奢侈品牌正更深入地渗透中国市场，而隐藏在开店风潮背后的，是奢侈品牌和代理商对于这块诱人市场开发权利的博弈。在今年逐渐收回代理权的品牌名单有长长一串：杰尼亚、Coach、Loewe、万宝龙……它们甩开了代理商，大举扩张。

现在，阿玛尼集团高端品牌 Giorgio Armani 除了北京和上海之外，其余地区全部采用代理商。2001 年以来中国已经迅速成长为阿玛尼除日本之外亚洲最大的市场。然而 2007 年阿玛尼在中国成立了中国公司，当时计划 2008 年在中国开设 50 家直营店。

历峰集团旗下品牌在中国逐渐收回代理权也不止 Chloé 一家。英国男装品牌登喜路正收回温州、宁波、杭州地区的代理权。甩掉代理商，奢侈品全面直营在今年已经从零星之势演变得如火如荼。

➢ **如何完成活动**

1）确定本次任务组长。

2）先试着自己列出问题答案，把想法记录下来。

3）小组形式讨论奢侈品代理商和直营模式的特点，并填写下列记录单（表 1–8）。

表1–8　奢侈品营销渠道结构中代理商和直营分析记录单

讨论问题	自己的观点	团队其他人的观点
1.奢侈品分销渠道中代理商和经销商所扮演的角色是什么？		
2.为什么一些奢侈品纷纷告别代理商，选择开直营店？		
3.奢侈品直营销售渠道模式有何特点？		
4.LV为什么在全球拒绝代理模式？		
5.你对奢侈品的代理和直营这两种分销模式有何理解？		

> 活动评价

完成以上三个活动后的综合评价表（表 1–9）：

表1–9　活动评价表

评价指标	单项指标	评价标准	自我评价
参与情况	学习投入情况	按课堂要求思考问题、参与小组活动	☆☆☆☆☆
	提出问题并发表见解	参与讨论问题，因自己的见解	☆☆☆☆☆
合作与交流情况	认真听取别人意见并询问	认真倾听，礼貌，有回应，适时询问	☆☆☆☆☆
	将自己的资料与大家分享	表达自己见解并与大家交流	☆☆☆☆☆
	参与团队讨论	积极主动，踊跃发言	☆☆☆☆☆
时间利用	在规定的时间内完成任务	时间效率	☆☆☆☆☆
学习主动性	遇到自己不能解决的问题请教他人	询问并记录要点	☆☆☆☆☆
	遇到自己不能解决的问题查资料	查阅且做好记录	☆☆☆☆☆
任务完成情况	是否完成所有任务	能完成每个任务	☆☆☆☆☆
	有新的发现	能否创新	☆☆☆☆☆
	对问题的理解	迅速找到问题的关键词	☆☆☆☆☆
综合表现	展示出自己最好的状态	根据自我感受	☆☆☆☆☆
评价结果“☆”少的如何改进：			
教师点评：			

注：优 ☆☆☆☆☆　良 ☆☆☆☆　中 ☆☆☆　差 ☆☆　没参与☆

情境二

奢侈品品牌进入中国市场的渠道模式

【教学目标】

知识目标：

理解奢侈品直接分销模式的内涵及特点；

掌握奢侈品间接分销模式的基本形式；

理解奢侈品直接分销模式与间接分销模式的区别。

能力目标：

能比较直接分销和间接分销的优缺点；

能列举出奢侈品直接分销和间接分销模式所采用的一般形式；

能根据具体的案例内容区分奢侈品采用的直接分销与间接分销模式。

【背景知识】

一、直接分销模式

直接分销是指奢侈品的生产商不通过中间商，而直接将产品销售给最终顾客的分销方式。即生产者和消费者之间没有任何中间商的存在，销售没有中间环节，这也是一种历史最为悠久的分销方式。奢侈品行业自起源即是采用的这种方式，当时工匠为皇室定制奢侈品，之间不通过任何环节。而当今大的奢侈品生产商大多数都是从手工作坊为客户直接定制产品而发展到现在的知名度和规模的，比如，Chanel 是从起初香奈儿女士在巴黎坎朋街开设的一间帽子店的基础上慢慢发展而来的。

直接分销有许多优点。首先，直接分销使得奢侈品生产商对市场的控制力很强，因为不存在中间商，直接面对最终消费市场，奢侈品生产商对于市场的把握是第一手的。其次，由于没有中间商，生产商取得的全部销售收入和利润都是属于自己的，而不需要让渡部分利润给中间商。但是直接分销也存在几大缺点。其一，由于所有的销售网络都是由生产商搭建的，需要支付店铺的租金、销售人员的开销、工资等，因而成本较高。其二，奢侈品生产商并不一定了解当地市场的情况以及消费者的行为。上文提到，奢侈品的销售是国际化的，因此生产商难以把握某一国家市场的情况，贸然进入一个自己不熟悉的市场往往需要承担很大的风险。其三，单靠生产商自己搭建销售网络，由于其资金往往有限，使得销售网络不够广阔，不能够将产品的铺市率达到最佳的水平。

二、间接分销模式

大多数奢侈品生产商在结合旗舰店、网上商店等直营的方式之外，还会在当地选取合适的经销商来销售自己的产品，即间接分销。间接分销是指生产商通过经销商、零售商等中间商将产品交付到消费者手中的分销渠道。

对于奢侈品而言，显然，密集型分销渠道是不适合的。一般而言，奢侈品生产商更多还是选择选择性分销渠道，即根据不同地域的消费特点以及市场容量，选择熟悉当地市场、销售能力强的若干家经销商，同时对于经销商会有销售水平以及服务水平要求。

奢侈品进驻新兴市场，比如中国、俄罗斯，有的时候有一个合作方将会更有利于奢侈品品牌打开市场，在起步阶段，一个有资源的合作方可以使奢侈品品牌在核心地段快速把店开起来。另一种情况，这个合作方非常了解本土市场，有利于帮助品牌聚集客户，打开局面。第三种情况，当奢侈品品牌处于扩张阶段，特许经营不失为一种比较经济的模式，但是必须考虑一点，需要做好合作商的控制，尽量减少因非自营以及合作方逐利的特点对品牌造成的伤害。

1. 特许经营模式

特许经营权是特许人和受许人之间的一种契约关系。根据契约，特许人向受许人提供一种独特的商业经营特许权，并给予人员训练、组织结构、经营管理、产品采购等方面的指导与帮助，受许人向特许人支付相应的费用。

在这种情况下，品牌与外部个体签订合同，允许他们在指定城市的指定地点建造和经营商店。例如，一个时尚品牌可能与一个有钱人签订合同，这个有钱人想在乌克兰基辅开一个单一品牌专卖店。在特许经营权合同中，他将拥有基辅（或整个乌克兰）的唯一经营权，并承诺自己每个季度会购买最少若干数量的产品，而且店里不卖其他品牌的产品。品牌可能没有把基辅列为一个优先的区域，但是很高兴让一个当地的投资者先于它而行。品牌每季度从产品的销售中获利，还可以要求零售的版税（通常是净销售额的3%～5%）。品牌必须确保零售商店的环境得到总部的批准，商店的设计与巴黎和米兰的商店是完全相同的。对消费者来说，这样的商店和全资拥有的商店是无差异的——同在全资商店里一样，他们可以找到相同的产品，拥有同样多的选择，看到相同的店面设计，欣赏完全一样的展示窗口，拿到同样的购物袋。

这个系统对品牌来说有一个巨大的优势，因为它使得零售经营得到发展却没有任何投资成本。当然，当地的投资者通常会寻找那些实力较强的、他们认为可以在他们的地盘上卖得很好的品牌，但是他们也会做好准备购买商品并接受指导。在外部人员不愿意在乌克兰、哈萨克斯坦或马来西亚投资商店时，这就更加有意义了。特许经营人可以发展品牌的生意，为品牌增加销量和可见性，并满足品牌要展示在世界的任何地方的需求。

那么发展特许经营商店有什么缺点吗？如果特许经营店的位置被合理规划，特许经营合同给予品牌足够的控制权，并且品牌代表经常到店里巡视以保证所有的指导被遵守，这样的话，缺点不是很多。（很坏的情况，如果特许经营人自己店里品牌的销售出现问题，那么便引入一些不出名的产品，或者更坏的情况，引入其他品牌，以达到他期望的交易量。但是，这种情况只发生在当特许经营人认为他再也不会被巡查且不受总部控制的时候。）

因此，特许经营权系统如果能良好控制，是相对高效和高产出的。但是如果品牌战略发生较大改变，特许经营权系统将产生很难克服的限制。另一种零售系统是签订特许经营权合同，让当地的合作伙伴经营零售商店，但是通过合资的方式进行，奢侈品牌投入大部分资本（不少于51%），当地的合作者不超过49%。在这种情况下，品牌对经营有更强的控制力，如有必要可以作出重要的战略调整。当然，在这种情景下，奢侈品牌必须融资51%作为初始投资，还可能承受第一年经营的部分损失。

2. 奢侈品免税店模式

奢侈品的分销是跨国界的，这也决定了其拥有普通商品所没有的免税业务。在我国，免税店是指经海关总署批准，由经营单位在中华人民共和国国务院或其授权部门批准的地点设立符合海关监管要求的销售场所和存放免税品的监管仓库，向规定的对象销售、供应免税品的企业。主要设立在机场、保税区之内。由于其销售的商品没有关税，价格比较便宜，相当于享受了一个折扣，因此全球免税店的销量对于一家奢侈品生产商也非常重要，尤其在一些大型国际机场，人流较大，旅客也较为高端。免税店和机场之间往往是一种合作关系，免税店的经营者需要向机场支付一定的佣金。由于佣金水平的差异，同样商品在不同机场的免税店价格存在着很大差异。

3. 设立销售分公司模式

对于一些规模较大的奢侈品集团，往往会选择在某些重要的业务量大的市场，比如美国、日本以及目前增速迅猛的中国，设立一家专门负责产品销售的分公司来专门负责该市场的产品销售。这样的分公司仍然服从总公司的管理，但是在国外为独立的法人机构。

一家销售分公司中，最核心的是两个部门即销售部门与市场部门。销售部门负责产品在所在国的销售工作，完成总公司分配的销售目标。而市场部门则可以在总部的框架下，根据所在国的情况独立进行市场营销活动。因此销售分公司的设立能够加强奢侈品生产商在该国的销售及铺货能力，扩大市场占有率；由于产品直销比例加大，增强了其对市场的控制力，也避免了总公司与国外经销商进行交易存在的风险；同时销售分公司也能够更好地在当地进行市场营销活动，对于提高在当地的服务水平也有一定的作用。

但是，销售分公司的设立需要具备一些前提条件。首先，奢侈品的生产商必须具有较强的资金实力。因为设立一家分公司存在着租用办公场地的成本、法律成本、向所在国政府纳税，同时还需要聘用员工支付薪水，加上销售人员诸如出差等的成本支出，这将是一笔很大的开支。如果总公司没有较强的资金实力，将无法支付设立销售分公司的成本。其次，其产品必须要在当地有较强的盈利能力，如果产品盈利能力不强，那么即使能够有资金建立分公司，其较弱的盈利水平也会使得分公司入不敷出，难以实现盈利。最后，设立销售分公司所选取的国家必须有着较为广阔的市场、有待开发的市场容量大、当地消费者购买力强，而且需要有着较为良好的经济政治环境、较为便利的基础设施等一系列条件作为支撑。

因此，设立销售分公司对于一些实力雄厚的奢侈品生产集团进入消费能力较强、容量较大的奢侈品消费市场是一个不错的选择，而对于一些小的奢侈品品牌生产商来讲，则不太适合。

一家奢侈品生产商的国际分销渠道往往是通过旗舰店、店中店，尤其是直营的实体店铺以及网上商店来销售自己的产品，同时也会通过当地的经销商间接分销产品。作为国际化销售的产品，免税店业务对于奢侈品公司也非常重要，而且对于有较大发展前景的市场，一些大的奢侈品集团往往会以直接设立销售分公司的方式进驻。

任务1　认知奢侈品直接分销模式

➢ 学习材料

（一）展会

每年，大部分奢侈品行业每年都会有一次或者两次展会，奢侈品的生产商会在展会上发布和销售自己的最新产品，接受来自世界各地的订单。因此，展会是奢侈品的生产商展示和销售当年最新产品的契机。对于某些特定的行业，比如服装行业，新品发布是否成功、是否引起广泛关注，直接关系到新一季产品的销量是否能够使公司盈利。

奢侈品行业每年在全球范围内主要有如下展会或者发布会：

1. 服装行业

巴黎、伦敦、米兰与纽约国际时装周并称为世界四大国际时装周，这四大时装周毫无疑问是全球影响力最大、最吸引眼球的时装盛宴，每年的流行趋势从这四大时装周强力辐射向世界的每个角落，引领全球时尚。每年，四大时装周各举办两次，2 月与 3 月期间举办当年的秋冬时装周，各大品牌发布本年秋冬季成衣（Ready-To-Wear，RTW）；9 ～ 10 月期间举办来年的春夏时装周，各大品牌发布来年春夏季成衣。

巴黎时装周（Paris Fashion Week）起源自 1910 年，由法国时装协会组织安排每年的开展时间与各品牌开秀的日程表。凭借法国时装协会的影响，卢浮宫卡鲁塞勒大厅（Carrousel du Louvre）和杜乐丽花园（Jardin des Tuileries）被开放成为官方秀场。在每年的 2～3 月份以及 9～10 月份，巴黎时装周一共开展大约 100 场时装秀。法国巴黎一直被誉为世界的“时尚之都”“服装中心的中心”，从每年的巴黎时装周发出的信息是国际流行趋势的风向标，不但引领法国纺织服装产业的走向，而且引领国际时装风潮。参加的品牌包括香奈儿、迪奥、伊夫·圣洛朗、路易·威登、纪梵希等在内的一线大牌，从参加的品牌阵容即可以很直观地看到巴黎时装周对世界时尚界的影响力。

意大利的纺织服装业以优质的面料、精致的裁剪、精巧的设计而文明，皮革制品更是以精湛的生产工艺而享誉全球。作为意大利的历史悠久的文化名城，米兰是世界时装业的中心之一，米兰时装周（Milan Fashion Week）开始于 1958 年，由意大利时装协会（The National Chamber for Italian Fashion）主办，参与的品牌包括 Gucci、Prada、Dolce & Gabbana 等。

第一届纽约时装周实际上也是世界第一届时装周，举行于 1943 年，当时由于正处第二次世界大战期间，美国时尚界的人士不能前往巴黎观秀，于是组织了第一届纽约时装周，初衷是希望给纽约的设计师一个展示自己作品的机会，此举也提升了美国在时装界的地位。现在，纽约时装周在时装界有着至高无上的地位，著名设计师、名模、名流、明星一起演绎一场时尚界的盛宴，参与的主要品牌有 Ralph Lauren、Calvin Klein、DKNY、Vera Wang 以及 Anna Sui 等。

四大时装周中，最年轻的为伦敦时装周，第一届举行于 1984 年，由英国时装协会（British Fashion Council）主办。伦敦时装周虽然不如其他三大时装周历史悠久，但是它却以另类的服装设计概念以及奇异展出形式而闻名。一些“奇装异服”以别出心裁的方式呈现出来，给观众以惊喜。参与的主要品牌有 Burberry、Vivienne Westwood 等。

2. 腕表与珠宝行业

在腕表与珠宝行业，我们着重介绍巴塞尔世界钟表珠宝展与香港钟表展。这两大展览一个在瑞士，另一个开在香港。

巴塞尔是钟表、珠宝行业最重要的聚集地。它的历史可以追溯到 1917 年的瑞士巴塞尔工业展中的钟表、珠宝展区，而现在的巴塞尔已经发展成为世界钟表和珠宝领域最大规模的展会，被视作全球奢侈品市场的风向标。

香港钟表展起源自 1983 年，是亚洲乃至全球最具有影响力的钟表展之一，由香港贸易发展局、香港表厂商会有限公司、香港钟表业总会有限公司联合主办。2011 年度共有 712 家来自 12 个国家及地区的商号参展，吸引了 16799 名来自 100 个国家及地区的买家到场参观。

3. 葡萄酒与烈酒行业

世界葡萄酒及烈酒展览会，Vinexpo 开办于 1981 年，由波尔多商务与工业部（Bordeaux Chamber of Commerce and Industry）主办。2011 年，Vinexpo 共有来自世界各地的 2400 名供应商参展，吸引了 48000 名专业观众以及 1200 多名记者到场参观。该展会目前为全球规模最大、影响力最深远的葡萄酒及烈酒展览会。

4. 皮革展览会

这里主要介绍意大利米兰国际皮革展览会，意大利米兰国际皮革展览会分为春、秋两季，在米兰国际展览中心举办。春季由国际皮衣展（MIFUR）、国际皮具及箱包展（MIPEL）和国际鞋类展（MICAM）三个专业部分组成，秋季有皮具箱包和鞋类两部分。该展会自 1962 年举办以来，已经举办了 94 届，自 2005 年起，展出面积约五万平方米。4 天的展期中前来参观的观众约 15000 人，其中 40% 来自意大利以外的国家和地区，为行业内全球规模最大、最有影响力的展览。

（二）旗舰店

旗舰店是一个品牌级别最高的品牌展示店。可以用几个“最”来形容，即地段最繁华、装修最精美、规模最大、产品系列最全的品牌专卖店。旗舰店内一般还会陈列一些限量版的商品。对于以品牌为生命的奢侈品生产商而言，旗舰店非常重要，可以说是品牌的一张立体名片。

通常来说，奢侈品品牌旗舰店具有以下几个主要特点：

1. 选址严格

为了达到更有针对性的最大化广告传播效果，奢侈品品牌在建立旗舰店时通常选址更为严格，内外部装修更为考究，旗舰店通常坐落在城市最昂贵的地段。黄金地段是国际奢侈品品牌选址时考虑的首要因素，例如北京 CBD（Central Business District）、巴黎香榭丽舍大街、纽约第五大道、伦敦邦德大街、米兰蒙特拿破仑大道等。在黄金地段工作或经常前往黄金地段购物的群体通常具有较强的消费能力，再加上众多奢侈品品牌在城市的黄金地段开店，形成奢侈品商业圈，高端品牌聚集更容易吸引消费群体。

2. 尊贵的购物环境

旗舰店的购物环境必须具有特色并与其地位相匹配。为了打造时尚和个性化的品牌形象，旗舰店通常营造出充满人文情怀的购物环境，并在装修、规模、风格等方面都能十分强烈地吸引人们的视线，让顾客在不知不觉中感到自己在这里领略了美、享受了美，使其在不知不觉中感受品牌文化，进而体验一种全新的生活理念。路易·威登在设计装修上，对旗舰店的要求非常高，例如 2009 年 7 月在深圳开业的路易·威登旗舰店，临街外墙采用双层玻璃幕墙和云石材料，醒目明亮的灯箱组合将品牌经典的格子背景墙衬托得通透奢华，加上路易·威登经典款箱包的陈列，令这长 50 米、高近 26 米的巨型外墙显得奢华和与众不同。这一全新的设计概念使路易·威登深圳旗舰店无论在白天或夜晚都华美夺目。

3. 高品质的服务

对于奢侈品品牌来说，服务的价值是产品形象的延伸。几乎所有奢侈品品牌在销售过程中都实行"一对一"的销售服务，熟练地戴上手套、小心翼翼地拿取货物、专业的销售语言和肢体动作，奢侈品企业力求让消费者无时无刻不感受到销售服务人员在细节处营造出的尊贵服务气氛，让客户拥有高贵、尊崇的奢侈品消费体验。

（三）店中店

店中店是指开在某些百货商店内的品牌专卖店，而店铺管理和销售人员则来自于奢侈品生产商，经营管理的费用包括员工工资、物流费用等都是由生产商自己承担，店中店的装修可以采用自己的风格，以更好地展示品牌形象。一般而言，店中店与百货商店往往是采用联营的模式。世界著名高档百货公司见表 2–1。

表2–1　世界著名高档百货公司

百货公司	国家	创始年代
老佛爷百货（GALERIES LAFAYETTE）	法国	1893年
巴黎春天（PRINTEMPS de PARIS）	法国	1865年
哈罗德百货公司（HARODDS）	英国	1849年
伦敦指标百货公司（Selfridges & Co）	英国	1906年
哈维·尼克斯（Harvey Nichols）	英国	1813年
拉·里纳仙特（La Rinascente）	意大利	1918年
波道夫·古德曼（Bergdorf Goodman）	美国	1899年
内曼·马库斯（Neiman Marcus）	美国	1907年
萨克斯第五大道（Sake Fifth Avenue）	美国	1898年
西武百货	日本	1949年

1995年国家取消外汇券，所有高端品牌开始以人民币统一零售时，中国市场的奢侈品品牌销售真正开始发展。1998年后，中国经济迎来高速发展，北京的国贸、上海的中信富泰及恒隆广场都在此后几年陆续开业，奢侈品零售从星级酒店、百货商场开始向购物中心转移。

一般来说，大型购物中心通常建立在城市的主要街道上。在大型购物中心里，各个品牌被分配在一定的区域内进行销售。这种方式是奢侈品品牌早期进入中国时最常采用的方法。但是，由于百货商店的经济目标是追求其自身利润的最大化，这有可能造成与品牌之间的利益冲突。

（四）工厂直销中心（OUTLETS）

工厂直销中心是指奢侈品的生产商集中销售其过季商品、下架商品、断码商品和样品的购物中心。由于离繁华地段远、租金低、装修简便，在工厂直销中心销售的商品，价格往往会比品牌专柜便宜很多，因此也受到了很多购物迷的欢迎，能够以合意的价格购买到奢侈品。

在欧洲，工厂直销中心主要是以购物村的形式出现，九大购物村分别是米兰Fidenza购物村、巴黎La Vallee购物村、伦敦Bicester购物村、巴塞罗那LaRoca购物村、布鲁塞尔—杜塞尔多夫Maasmechelen购物村、马德里Las Rozas购物村、法兰克福Wertheim购物村、慕尼黑Ingolstadt购物村、都柏林Kildare购物村。

（五）网上商店

网上商店在当今是一种越来越重要的分销方式。奢侈品生产商在官网上建立自己的网店，使那些购物时间较少的消费者可以足不出户购买到自己想要的产品。同时也是打击一些电商网站销售假冒产品的一种有效方式。当然，有时奢侈品生产商也会与一些大的电商网站合作来销售自己的产品。

以上的这几种类型，无论是在展会中面向批发商还是在店铺中面向单个消费者，都是奢侈品生产商直接将产品出售到消费者手中，而没有任何中间商的参与。

➢ ***活动问题***

1）以上学习材料中都有哪些具体的奢侈品分销形式？

2）给这些奢侈品直接分销形式分类。

3）你所理解的奢侈品直接分销渠道模式是什么？

> **如何完成活动**

1）确定本次任务组长。

2）先试着自己列出问题答案，把想法记录下来。

3）小组形式讨论奢侈品直接分销模式的特点，并填写下列记录单（表2-2）。

表2-2　奢侈品直接分销模式分析记录单

讨论问题	自己的观点	团队其他人的观点
1. 奢侈品直接分销模式有哪些具体表现形式?		
2.奢侈品展会直销模式主要适合什么行业?		
3.奢侈品品牌旗舰店直销模式的特点是什么?		
4.不同类型的奢侈品直接分销模式如何区分?		
5.你对奢侈品直接分销渠道模式如何整体理解和把握?		

> **活动评价（表2-3）**

表2-3　活动评价表

评价指标	单项指标	评价标准	自我评价
参与情况	学习投入情况	按课堂要求思考问题、参与小组活动	☆☆☆☆☆
	提出问题并发表见解	参与讨论问题，因自己的见解	☆☆☆☆☆
合作与交流情况	认真听取别人意见并询问	认真倾听，礼貌，有回应，适时询问	☆☆☆☆☆
	将自己的资料与大家分享	表达自己见解并与大家交流	☆☆☆☆☆
	参与团队讨论	积极主动，踊跃发言	☆☆☆☆☆
时间利用	在规定的时间内完成任务	时间效率	☆☆☆☆☆
学习主动性	遇到自己不能解决的问题请教他人	询问并记录要点	☆☆☆☆☆
	遇到自己不能解决的问题查资料	查阅且做好记录	☆☆☆☆☆
任务完成情况	是否完成所有任务	能完成每个任务	☆☆☆☆☆
	有新的发现	能否创新	☆☆☆☆☆
	对问题的理解	迅速找到问题的关键词	☆☆☆☆☆
综合表现	展示出自己最好的状态	根据自我感受	☆☆☆☆☆
评价结果“☆”少的如何改进：			
教师点评：			

注：优☆☆☆☆☆　良☆☆☆☆　中☆☆☆　差☆☆　没参与☆

任务2 认知奢侈品间接分销模式

➢ 学习材料

学习材料 1：特许经营权系统

一个恰当的例子是贝纳通（Benetton），1998 年，贝纳通是一个非常有实力的品牌，批发销售量为 100 万欧元，还有他们自己的零售商店。它主要通过特许经营商店来发展，并且它承认非常乐意每天多开一家商店。大多数商店都比较小（800～1000 平方英尺）且主要是特许经营商店。在某城市如纽约，几个特许经营人被给予的独有领地就只有曼哈顿的小部分。之后，新的进入者如 H & M 或 Gap 拥有更大的商店——大小为 5000～10000 平方英尺，位置分配也基于更大的人口数量。贝纳通无法做出反应：它不能禁止它的一些特许经营人开更大的商店，因为它们的独有领地太小与其不匹配。它必须与 4 ～ 5 个特许经营人协商，让他们关闭自己的商店来扩大一个特许经营人的独有领地，然后这个人就可以开一个新的更大的商店。更加复杂的情况是，不同的特许经营合同有不同的到期日和不同的时间安排条款。因此，1998 ～ 2010 年间，贝纳通继续经营着比新的竞争者更小的商店，失去了机会。如果它自己是所有零售商店的拥有者，商店大小的改变可能依然困难，但至少是可行的。

目前，国际上的豪华车在中国市场上的分销渠道主要是该种方式，比如宝马、奔驰等豪车，他们首先在中国建立子公司，起到了一级分销商的作用，如宝马（中国），然后将产品分销到全国各地的经销商手中，而这些经销商是很有实力专门从事汽车销售的大型公司，比如中达汽车集团、华星汽车集团，这些大型的汽车集团，通过宝马或奔驰的资格认证，建立 4S 店，这些店的装修风格和标识都是由特许方统一制定的。他们的分销渠道为二级渠道。豪华车的分销渠道如图 2-1 所示。

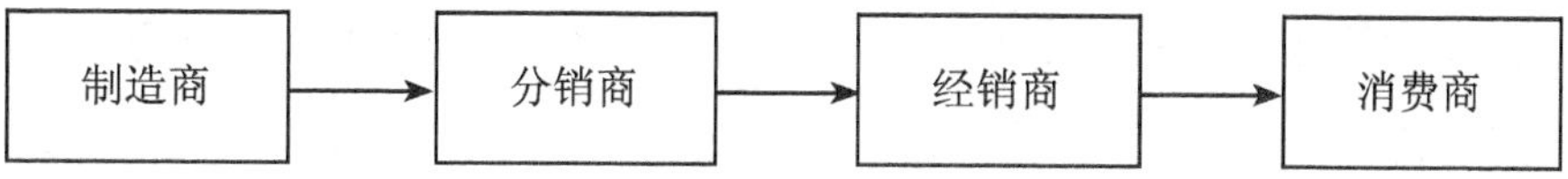

图2-1　豪华车的分销渠道

这些国际奢侈品牌汽车的销售中还包括一级渠道：例如针对特殊中国用户的国际直销业务，在这类业务中会直接省略掉经销商，而由分销商直接面向消费者进行销售，例如，宝马企业直接针对大使馆和外交人员的销售。为了彰显这些特殊消费者的地位，直接采用了通过宝马（中国）向宝马在德国的工厂直接定制的方式。

学习材料2：著名奢侈品品牌中国市场进入时间和进入模式（表2-4）

表2-4　著名奢侈品品牌中国市场进入时间和进入模式

样本品牌	进入年份	中国运营品牌产品公司	传统模式类型	进入模式
路易·威登	1992	路易·威登（中国）商业销售有限公司	资产进入	全部直营
登喜路	1993	登喜路（中国）有限公司	资产进入	直营和代理
鳄鱼	1994	上海梦田服装有限公司	非资产进入	全部代理
卡地亚	1990	卡地亚（中国）有限公司	资产进入	直营和代理
香奈儿	1993	香奈尔（中国）贸易有限公司	资产进入	全部直营
爱马仕	1997	爱马仕（上海）商贸有限公司	资产进入	直营和代理
蔻驰	2000	蔻驰（中国）有限公司	资产进入	直营和代理
古驰	1996	上海纳梵投资管理有限公司	资产进入	直营和代理
巴宝莉	1993	上海古丽贸易有限公司	资产进入	直营和代理
杰尼亚	1991	杰尼亚（中国）有限公司	资产进入	直营
波士	1994	骏思集团	资产进入	直营和代理
卡尔文·克莱恩	2002	利丰集团	非资产进入	全部代理

资料来源：卢晓．国际奢侈品牌中国高端消费市场进入模式分析[J]. 财贸经济,2012(08):105-112.

学习材料3：案例：路易·威登进入中国时的市场调研

路易·威登在进入中国市场前做了大量的调研工作，弄清楚了中国奢侈品市场的特征，从而在中国的奢侈品市场上独领风骚。2008年，中国成为LVMH集团酒类品种的第二大市场，更是第一次成为其旗下旗舰品牌轩尼诗（Hennessy）在全球的最大市场；同时，LVMH集团中最具知名度的LV品牌，在中国市场的销售额也已位居全球第二。

路易·威登通过对中国消费者的研究发现：全新的奢侈品文化已登陆中国。LV 瞄准中国奢侈品消费的三类顾客：35 岁以上的商人，具有很高的收入，这类顾客作为“暴富”的群体；以白领阶层为主，年龄在 20 多岁到 30 多岁之间的消费者，他们比较注重奢侈品品牌的款式、风格和品位，这部分群体人数最多；而 20 岁左右的年轻奢侈品消费者们会选择不同的奢侈品牌以彰显其独特个性。于是，在对中国消费者的研究基础上，针对这些年轻的热爱时尚的消费者，路易·威登已开始向中国客户提供以下创新服务：

①由于当季商品的数量及范围不断增加，每一季奢侈品的货架期都相应缩短了。在华奢侈品品牌推出时尚商品的频率越来越高，数量也越来越多。

②正如路易·威登在中国提供较小（因此不太昂贵）商品的策略所体现的，“可得到的奢侈品”或“价值导向奢侈品”的主要目标在于吸引年轻的新会员。奢侈品品牌 LV 作出的低姿态不仅没有损害其尊贵的形象，反而因此抓住了中国消费者的特性，了解了他们购买的动因和能够承受的范围，占据了中国奢侈品消费的鳌头。

➢ 活动问题

1）阅读以上三则材料内容，分析都有哪些具体的奢侈品间接分销模式?

2）给这些奢侈品间接分销形式分类。

3）你所理解的奢侈品间接分销渠道模式是什么？

➢ 如何完成活动

1）确定本次活动任务的组长。

2）阅读完以上材料内容，先试着自己填写以下问题的答案，形成自己的观点。

3）以小组为单位，经过团队讨论后填写完整下面的活动记录单（表 2–5）。

表2–5 奢侈品间接分销模式分析记录单

讨论问题	自己的观点	团队其他人的观点
1.分析特许经营这种间接分销模式的特点是什么?		
2.分析国际上的豪华车在中国市场上的分销渠道有哪些?		
3.列举出你所熟悉的著名奢侈品品牌进入中国市场的间接分销模式。		

续表

讨论问题	自己的观点	团队其他人的观点
4.LV进入中国市场时的调研是基于对中国消费者哪些特点的研究?		
5.假设你是LV的一名调研人员，请设计一份该品牌进入中国市场的分销渠道模式的方案。		
6.你对奢侈品间接分销渠道模式如何整体理解和把握?		

➢ **活动评价（表 2–6）**

表2–6　活动评价表

评价指标	单项指标	评价标准	自我评价
参与情况	学习投入情况	按课堂要求思考问题、参与小组活动	☆☆☆☆☆
	提出问题并发表见解	参与讨论问题，因自己的见解	☆☆☆☆☆
合作与交流情况	认真听取别人意见并询问	认真倾听，礼貌，有回应，适时询问	☆☆☆☆☆
	将自己的资料与大家分享	表达自己见解并与大家交流	☆☆☆☆☆
	参与团队讨论	积极主动，踊跃发言	☆☆☆☆☆
时间利用	在规定的时间内完成任务	时间效率	☆☆☆☆☆
学习主动性	遇到自己不能解决的问题请教他人	询问并记录要点	☆☆☆☆☆
	遇到自己不能解决的问题查资料	查阅且做好记录	☆☆☆☆☆
任务完成情况	是否完成所有任务	能完成每个任务	☆☆☆☆☆
	有新的发现	能否创新	☆☆☆☆☆
	对问题的理解	迅速找到问题的关键词	☆☆☆☆☆
综合表现	展示出自己最好的状态	根据自我感受	☆☆☆☆☆
评价结果“☆”少的如何改进：			
教师点评：			

注：优 ☆☆☆☆☆　良 ☆☆☆☆　中 ☆☆☆　差 ☆☆　没参与☆

情境三

国际奢侈品零售渠道在中国的演变

【教学目标】

知识目标：

理解国际奢侈品在中国的零售渠道有哪些；

掌握国际奢侈品在中国的零售渠道的演变过程；

了解国际奢侈品在中国的零售渠道的演变规律。

能力目标：

能复述国际奢侈品在中国的零售渠道的演变过程；

能列举出某知名奢侈品品牌在中国的零售渠道的演变阶段；

能根据具体的案例内容分析国际奢侈品在中国的零售渠道演变。

【背景知识】

一、国际奢侈品零售渠道在中国的演变

目前，国际奢侈品牌零售渠道在我国的发展呈多样化趋势。20 世纪 80 年代最早进驻高星级酒店，到 20 世纪 90 年代起进驻高端百货店，再到 2000 年以来进入购物中心和著名的商业街区，20 多年来，奢侈品品牌逐渐从专柜、专卖店发展为旗舰店形态，从店中店逐渐转向商业街区，越来越突出公共橱窗展示、独特空间设计、完整的系列产品组合。甚至一些国际奢侈品品牌还会选择我国上海等城市内著名历史建筑开设“品牌之家”概念店，采取体验型零售模式，实现品牌附加值最大化。根据国际奢侈品品牌零售渠道在我国的发展历程，基本上可以分为三个阶段：第一阶段是代理模式下零售渠道的发展；第二阶段是由代理模式向

直营模式转变下零售渠道的发展；第三阶段是直营模式成为主流渠道下衍生零售渠道的发展。

自20世纪90年代初期国外奢侈品初步进入中国市场以来，国外奢侈品品牌的分销渠道经历了三个主要阶段：代理经营期，撤销代理期，直营扩张与代理并存期。

1. 代理经营期

20世纪90年代初期，中国奢侈品市场虽刚起步，国外奢侈品品牌却十分看好中国的市场潜力。但由于对中国市场和文化的陌生，以及2004年以前中国市场法规诸多的限制，国外奢侈品品牌并不敢贸然大规模进入中国市场。在国外奢侈品最初进入中国市场之时，在五星级酒店建立代理这种分销渠道被作为首选，因为在90年代初，国外奢侈品的消费人群比较有限，而五星级酒店的消费者，是这有限人群中的主要部分，包括一些在中国的外国消费者在内，他们在酒店的居住期间，能够有时间欣赏，挑选这些奢侈品。例如高级红酒，在酒店的宴会和私人聚会中经常被消费掉。

一批规模较大的民营外贸公司则更熟悉本土市场，甚至已经具有现成的销售通路，因此他们作为奢侈品牌的先遣部队，成为奢侈品牌进入中国市场的代理商。通常情况下，奢侈品品牌与代理商的合作模式是：代理商以一定折扣从奢侈品品牌商买入产品，负责支付开店及运营成本，组织人员招聘及培训，进行促销活动等，并享有某个地区的品牌经营权；而奢侈品品牌商仅需要在店面形象方面给予支持。代理商取得代理权后，凭借其强大的销售网络，选择最适合该品牌商品的渠道，例如五星级酒店及各大高档百货。因此，通过代理商现成的通路，奢侈品品牌不仅迅速拓展新兴市场“布局网络”统一物流，而且可以利用代理的渠道模式，将库存风险转嫁到代理商处。虽然，代理商模式是各大奢侈品品牌最初进入中国市场的最优选择，帮助其以最快的速度打开市场，但同时也给奢侈品品牌带来了一些不利影响。

首先，一个代理商能同时代理多个品牌。例如，香港俊思集团旗下同时代理了Gucci、Coach、VERSACE等多个品牌，需同时打理几个品牌的客户，管理“员工培训”，进行商品展示等，由于节约成本和资源合理配置方面的考虑，代理商必然不可能完全专注于一个品牌的经营。这不仅导致了资源的非充分配置及利用，而且对于在各方面高要求的奢侈品品牌来说，不充足的投入也可能导致其形象或服务不足。

其次，代理商拥有对商品进行促销打折的权利，为了获取短期利益，奢侈品长期经营的品牌价值难以获得保障。例如，皮尔·卡丹虽因国内代理商迅速开店而打开知名度，但大量广告打折降价以及产品供应量的剧增，使得其多年积累起来的高端形象尽损。奢侈品的品牌价值远远高于产品价值，是品牌商花费大量的时间和金钱建立与维护起来的，然而代理商屡有发生的失控现象很大程度上削弱了品牌商赖以生存的根本。

尽管代理商为奢侈品品牌带来了一些负面影响，但毋庸置疑的是，奢侈品品牌通过代理方式不仅收获了市场日益增长所带来的利润，而且打通了品牌知名度，建立了成熟的销售网络，并培养了消费者的品牌忠诚度。

2. 撤销代理期

2004 年，国家解除对零售领域的管制，外国零售商可以独资经营，并在中国任何地方开店，开放的政策给予奢侈品品牌商更大的发展机会。一方面是扩大的巨大市场空间，另一方面是奢侈品品牌商从中国逐年上涨的奢侈品消费中获得的巨大利益空间。此外，经历 2008 年全球金融危机后，国外奢侈品消费萎靡不振，2008 年美国奢侈品消费的增长幅度较 2007 年基本持平，欧洲缩减为 2007 年的一半，奢侈品消费大国日本则甚至出现负增长。然而，中国的消费增长却高达 12%，占全球市场份额也不断提高。欧美高端消费领域的表现与中国市场的强劲增长形成巨大反差，这促使奢侈品品牌迎合全球奢侈品市场的走势，调整在中国战略，纷纷加速布局，希望从中国奢侈品市场的高速发展中获得更多的利润。

奢侈品品牌调整战略的结果就是不惜通过大量资金陆续回收中国代理商的代理权。2005 年 10 月，万宝龙在中国 15 个城市的市场被收回，十多家店关闭，其他城市的店也被逐步整合。2008 年 1 月，万宝龙宣布收回上海国瑞信钟表有限公司代理权。Coach 也从代理商俊思集团手中收回中国区零售业务。历峰集团旗下男装品牌登喜路逐步收回宁波、温州、杭州地区的代理权，其旗下品牌 Chloé 宣布，由香港代理商 I.T 集团代理经营的店铺只剩苏州一家。回顾全球奢侈品牌近两年来在中国的发展战略，至少 1/3 的奢侈品牌，在 2005 年至 2009 年前后取消了代理商。

然而，代理商对奢侈品牌商回收代理权却是措手不及，代理商与奢侈品牌早年签下的代理合同被单方面终止，代理商与品牌商的纠纷事件不断，如万宝龙与代理商上海国瑞信的索赔纠纷，深圳可派公司与韩国 SK 集团下属 SKN 公司的诉讼等。眼见门店运营投入的利润回收与中国奢侈品市场的美好前景，代理权戛然而止，这使得代理商们心理严重失衡。然而，由于品牌商掌握着品牌与货源，代理商处于弱势地位，即使大喊生存危机，给品牌商带来“分手门”“过河拆桥”等舆论压力，但各大牌奢侈品牌仍未回心转意。

通过撤销代理权，奢侈品牌商将品牌经营重新揽回自己手中，不仅可以掌控利润，还可以使品牌商在中国市场掌握更多的主动权与话语权。首先，直营能够减少代理商的中间渠道环节，从前支付于代理商的“中间费”过渡为品牌商的利润回报，毛利空间大大增加。其次，直营模式更有利于奢侈品牌商维护品牌形象、运营及销售服务，更好地进行货品配置。

3. 多元化渠道期

目前，国外奢侈品品牌呈现多元化的分销渠道，包括直营、代理以及电子商务，随着全球金融危机渐趋尾声，经济复苏步伐日益稳健，奢侈品消费者的购买力逐渐增强，尤其是中国消费者。当前，我国奢侈品销售额显著增长，成为国际奢侈品巨头疯狂扩张的战略重地，众多国际一线奢侈品品牌纷纷收回中国市场的代理权，采取直营模式，并扩大门店扩张与渠道下沉的速度。据波士顿咨询公司的研究报告，在中国，超过 53% 的奢侈品销售点，都是近三年开业的。2011 年，ARMANI、登喜路、BOSS、COACH 等在中国门店已超过 100 家。

随着奢侈品的直营扩张，有些城市的奢侈品市场几近饱和，因此，奢侈品品牌继续将渠道向二三线城市扩张，获得新消费份额的机会。而部分奢侈品牌在中小城市继续采用代理模式，帮助品牌扩大市场，但是二三线城市的扩张速度较缓。

此外，奢侈品牌还通过社交媒体进行大量网上营销，以激发消费者的兴趣和增加品牌的心理占有率。兰蔻开发 iphone 应用程序，COACH、巴宝莉、宝缇嘉等在开心网、人人网、新浪微博等进行营销等。目前，奢侈品品牌电子商务在中国仍处于起步阶段，各种网络渠道模式共同存在。如巴宝莉在网络自主经营，维护自己的电子商务站点。ARMANI、BALLY 与第三方电子商务平台 YOOX.com 进行合作，提供与零售门店相同的产品与价格。此外，还有 BOSS、宝格丽、D & G 等针对价格敏感的消费者开展促销，开设出售季末产品的网上折扣店。

二、直营与代理相结合的具体形式

到了 20 世纪末期，由于对中国市场的不断熟悉，再加上奢侈品得到了越来越多消费者的认可，更多的奢侈品企业在利用代理商进行试探性经营后，开始逐渐放弃代理这种经营模式，利用直营的分销模式，在中国开始扩张。在这一阶段，奢侈品企业大多采用直营与代理相结合的方式来进行品牌经营。这是奢侈品企业从代理向直营的一个过渡时期。为了全面控制在中国的销售利润，奢侈品企业不断加大直营力度。于是，越来越多的代理商面临生存的危机。据预测，在未来几年，将有超过三分之一的代理商会逐渐消失。

1. 品牌专卖店

基于我国国内市场的巨大潜力和良好前景，近年来，众多国际奢侈品品牌企业将未来的投资和发展重心转移到我国，并开设直营专卖店，国内奢侈品专卖店的数量持续攀升。大多以中国消费者熟悉的奢侈品牌为主，其销售体现量小、质优、高毛利的特点。专卖店由奢侈品厂商采取直接定价销售和开架面售的形式，因此更注重品牌形象，由具备专业知识的店员提供专业服务。此外，专卖店的地理位置一般位于我国各大城市的中心商业街区或购物中心，其营业面积也是根据经营商品的特点而定。

虽然我国是奢侈品品牌争相抢占的市场，但奢侈品品牌在我国开设门店的数量受到严格的限制，主要的原因有以下几点：一是维护品牌的稀缺性特征，防止因为供应过多而降低品牌价值。二是奢侈品品牌的独特魅力可以让潜在的消费者，跨越地域界线来购买。如北京国贸的路易 · 威登专卖店每天的消费者中不乏外地的顾客，这也增添了品牌的魅力和价值。三是高端奢侈品的使用周期较长。例如一款蒂芙尼（Tiffany）的传世项链可能会流传几代人，一只路易 · 威登的限量版皮包会有它的二手市场，所以限量的供应是必然的。四是一些奢侈品的生产制造受到了地域的限制，产量不高，如高档红酒。法国的奢侈品牌红酒，其产地就是其高端的象征。总体来说，奢侈品品牌在我国开设专卖店的趋势势不可挡，但在扩张市场的同时，仍要注重奢侈品品牌本身的形象。目前，我国奢侈品专卖店主要有以下几大类：

（1）高星级酒店专卖店

高星级酒店设立的直营模式的奢侈品专卖店，与奢侈品品牌在进入一个新市场初期的酒店专柜相比较，它不仅仅是销售商品、展示产品和提供优质服务，更多的是吸引在酒店这种特殊环境下的消费群体。这部分消费群体大多数并不来自于本地，而是来自全国各地，甚至全世界的商务或旅游人群。这些流动性极强的人群，可以将其对品牌的认知和情感传递到各地，起到较大品牌宣传作用。例如位于上海黄浦江畔的半岛酒店，与周边“外滩源”著名历史建筑群和谐融合，相互辉映。酒店内集聚了香奈尔（Chanel）、乔治·阿玛尼（Giorgio Armani）、普拉达（Prada）等11家国际奢侈品牌专卖店，强强联手的模式，带动了奢侈品牌和酒店价值的共同提升。

（2）购物中心内专卖店

购物中心内的奢侈品专卖店，独立开展经营活动，有其自身的信息系统。众多奢侈品牌的专卖店汇聚于同一个购物中心内，不仅可以依托购物中心的区位优势吸引消费者，也可以借助其他品牌的号召力，吸引潜在消费者加入。上海的主要商圈有外滩、南京西路、淮海中路、徐家汇、陆家嘴等区域，这些商圈中的购物中心几乎都设有奢侈品牌专卖店，如恒隆广场、梅龙镇广场、香港广场、国金中心商场、港汇广场等。

（3）中心商业街区专卖店

中心商业街区的奢侈品专卖店直接开设在中心商业区繁华的街道上。一般中心商业街辐射范围较广，服务人群规模较大，区域外消费人群所占比例较大，商品和服务的选购性较强。中心商业街区上的奢侈品牌专卖店都有其独立的店铺，店内设计和产品展示都体现其品牌的特点，直接为消费者所认知。例如上海淮海中路上汇聚了卡地亚（Cartier）、万宝龙（Montblanc）、万国表（IWC）、伯爵表（Piaget）等品牌专卖店，其建筑和橱窗设计，直接向路边的行人展示其品牌形象。

2. 品牌旗舰店

随着我国经济的不断发展，越来越多的奢侈品品牌选择我国作为其亚太区总部的所在地，而旗舰店的宣传及展示功能，也更好地推动了该品牌在我国的宣传和推广。此外，奢侈品旗舰店的建立，也能满足我国不断扩大的奢侈品消费人群的一站式购物需求。目前，我国旗舰店主要分为购物中心内旗舰店和中心商业街区旗舰店两大类。

（1）购物中心内旗舰店

如今，在我国各大购物中心内开设奢侈品旗舰店已经较为普遍。在购物中心内开设旗舰店，需要考虑购物中心的地理位置、规模及其配套设施的成熟度。例如上海恒隆广场集聚了路易·威登（LV）、爱马仕（Hermès）等奢侈品旗舰店。上海浦东陆家嘴地区的上海国金中心（IFC）商场于2010年4月营业，其一期首层即汇聚了25家国际奢侈品品牌旗舰店，包括路易·威登（LV）、香奈儿（Chanel）、爱马仕（Hermès）、古驰（Gucci）、普拉达（Prada）、卡地亚（Cartier）、杰尼亚（Zegna）、萨尔瓦多·菲拉格慕（Salvatore Ferragamo）、乔治·阿玛尼（Giorgio Armani）、蒂芙尼（Tiffany）、登喜路（Dunhill）、巴宝莉（Burberry）及杜嘉班纳（Dolce & Gabbana）等。上海淮海中路香港广场和力宝广场的路易·威登（LV）全球旗舰店，杰尼亚（Zegna）、蒂芙尼（Tiffany）、苹果电子产品等品牌旗舰店也相继开业。

（2）中心商业街区旗舰店

在我国中心商业街区的奢侈品旗舰店，相比专卖店规模更大，大多有其独栋建筑，在装修、风格上更加出色。这些奢侈品品牌不仅注重店内设计及陈列，店铺所在建筑的外观设计也因其能直观地向消费者传递信息，促进品牌的宣传和展示而显得格外重要。例如，位于上海淮海中路的路易·威登（LV）、杰尼亚（Zegna）、苹果电子产品等国际奢侈品牌的旗舰店。目前，中心商业街区奢侈品旗舰店在我国并不是很普遍，国际奢侈品牌更倾向于将旗舰店开在大型购物中心。

3. 品牌概念店

随着国际奢侈品品牌在我国的快速发展，为了在激烈的竞争中获得更多的市场份额，各大奢侈品牌企业开始更加关注消费者的个人体验。沿街概念店能帮助奢侈品牌企业在广大的消费者中找出自己的目标顾客，并找到能满足大多数人某种共同的特殊需求，以便奢侈品牌针对目标顾客的特殊需求，展现自己的品牌特色，通过有意识的营销来创造某种消费潮流。概念店的终极目的是营销，培养顾客的购物习惯和品牌忠诚度。对于奢侈品牌来说，其培养的对象主要是社会中产阶层。这些群体最容易被概念店中的服务、文化、体验、享受等附加值所打动，成为对这些奢侈品牌最忠诚的消费者。在我国，沿街品牌概念店的历史并不长，其发展还处于初始阶段，概念店和旗舰店一样，无论是从店铺的外观、室内设计、产品展示，还是从销售人员的服务来看，都是将其品牌理念倾注于其中，无时无刻不体现其品牌精神、塑造品牌形象。为了更好地体现其稀缺、尊贵的价值形象，一些奢侈品牌概念店会选择入驻某些历史保护建筑。例如，2008 年淮海中路 796 号双子别墅（原上海电影局办公楼）的改造项目，由淮海商业集团与世界著名奢侈品牌集团——历峰集团合作，引进“江诗丹顿”和“登喜路”两大知名品牌的概念店，成为上海最新的时尚地标之一。其中位于双子别墅西楼一层、二层的是“登喜路之家”（Dunhill Home），是全球仅有的三家“殿堂”级概念店铺之一（上海、伦敦和东京）；位于双子别墅东楼一层、二层的是“江诗丹顿之家”（Vacheron Constantin），是高级腕表的艺术殿堂；位于双子别墅东西两楼三层、四层的是商务会所，三楼分为餐厅和酒吧两个区，四楼为“江诗丹顿”和“登喜路”的商务包房。这种奢侈品牌与历史建筑的融合，能更好地体现出两者的价值。

任务1　理解代理商模式下的零售渠道

➢ **学习材料**

奢侈品在进入一个新兴市场的初期，通常会选择与该国的代理商进行合作。这种与代理商合作的模式是：代理商向品牌持有者买断品牌商品后在店内销售，同时负担门店的租金和日常运营的开销，处理存货，并享有某个地区的经营权。奢侈品牌则在店面形象方面给予支持。通过代理模式，奢侈品牌将风险转嫁给代理商。通常代理商取得代理权后，会凭借其强大的渠道网络，选择最合适该品牌商品的零售渠道。在20世纪90年代初，我国的奢侈品消费处于萌芽阶段，国际奢侈品品牌在进驻中国市场时，由于不熟悉中国市场，不了解中国消费者的购买行为，大多数企业采用代理商的分销形式，利用代理商在中国广泛的人力资源，转嫁进入一个新市场时所面临的风险。在这一时期，他们大多选择开设专卖店或进驻高级商场的形式来进行销售，例如上海友谊商店等。

在20世纪90年代，一些国际奢侈品品牌企业率先在沿海城市进入我国，这一时期正是我国奢侈品市场的萌芽阶段，这些国际奢侈品品牌主要通过代理模式入驻顶级的高星级酒店和百货店，设立品牌专柜。此外，还有近年来在我国悄然兴起的奢侈品品牌集成店也是代理商模式下的零售渠道。

奢侈品代理商一般都同时代理多个品牌，这些品牌一般都定位于高端消费品或者是奢侈品。奢侈品代理往往是以私人公司的名义运作的，由于要为奢侈品品牌在开拓和培育一个新市场需要投入大量资金和时间，绝大多数的公共公司很难忍受这漫长的市场培育期，漫长的投入期正是奢侈品品牌代理多为家族控制私有公司发展起来的一个重要的原因。在成熟奢侈品市场，奢侈品代理业已经相当成熟。而在中国，来自香港的代理集团承揽了大部分国际高档服装品牌的代理权。香港规模最庞大的是吴光正家族执掌的连卡佛、Joyce、俊思集团三驾马车。连卡佛手中就有 Alberta Ferretti、On Pedder 及 Sergio Rossi 等众多知名时装品牌。而俊思则代理 Salvatore Ferragamo（菲拉格慕）、Gucci、Coach、Versace、HugoBoss、Paul & Shark、DKNY、Diesel 等。这三家代理集团曾经代理和仍在代理的这些品牌几乎占了中国奢侈产业的半壁江山。此外，香港蓝钟集团（Bluebell）、LC Group、迪生创建国际有限公司（Dickson Concepts）等代理商也在大中华区有着广泛的影响力。

1. 高星级酒店专柜

在国外奢侈品进入我国市场之初，一般由奢侈品代理商在高星级酒店设立专柜是奢侈品品牌零售渠道的首选。这是由于当时国内奢侈品的消费人群比较有限，而高星级酒店的消费者，包括一些暂居我国的外国消费者在内的这些人是国内奢侈品消费者中的主要部分，他们在酒店的居住期间，有时间欣赏和购买这些奢侈品。另一方面，由于当时中国的政策法规禁止外商在中国设立公司或直营店铺，加上中国奢侈品市场刚刚起步，居民收入较低，出于规避风险的考虑，国际奢侈品品牌大多选择通过代理商进入中国市场。这些奢侈品代理商熟悉中国的国情、人脉资源较为丰富、渠道拓展较有优势、管理经验更加成熟，依托这些优势，代理商们慢慢将奢侈品的概念引入中国，为国际奢侈品品牌在中国的发展打开了局面。例如北京王府饭店、广州中国大酒店、波特曼酒店等成为奢侈品品牌进入中国最早的落脚点，吸引了第一批进入中国的奢侈品品牌，包括路易·威登（Louis Vuitton）、欧米茄（Omega）、杰尼亚（Zegna）等。

2. 百货店专柜

百货店专柜这种零售渠道在奢侈品牌进入我国之初，使奢侈品牌以最快的速度打开了我国的市场，如 1993 年在深圳开张的西武百货以及上海友谊商店等，均成为当时国际奢侈品进入我国这个新市场的主要销售场所。这些专柜一般为化妆品、服装、手表等奢侈品所有。目前，雅诗·兰黛（Estee Lauder）品牌在我国 33 个城市设有 88 个品牌专柜，其中上海 11 个，长三角地区（含上海）24 个，整个长三角地区的总销售额约占到全国的 30%。

百货店专柜这种零售渠道模式虽然可以帮助奢侈品牌很好地拓宽市场，但同时也对奢侈品品牌有一些不利的影响。一方面，百货店专柜大多由一些代理商代理，但一个代理商通常同时代理数个奢侈品品牌，因此不能很好地兼顾。例如，香港俊思集团代理了古琦（Gucci）、蔻驰（Coach）、范思哲（Versace）等品牌，出于节约成本和资源合理利用方面的考虑，它的团队需要同时打理几个品牌在各大百货店的柜面展示、客户管理、员工培训等，不可能完全专注于一个品牌的经营。另一方面，进行促销打折的权力都掌握在各个专柜处，各专柜往往为了自己短期的利益而牺牲奢侈品长期经营的品牌价值，而且每个专柜的打折时间、力度都不能完全统一，会在一定程度上削弱奢侈品品牌长久以来在消费者心中的形象和地位。此外，由于对奢侈品来说，其品牌价值远大于其产品的价值，盲目地促销打折在很大程度上弱化了奢侈品赖以生存的根本，因此各大奢侈品企业需要花费大量的时间和金钱来建立与维护其品牌形象。

3. 品牌集成店

目前，在我国还存在另外一种代理模式下的奢侈品零售渠道——品牌集成店。在我国大多数商场的经营模式是与奢侈品牌合作的联营模式，而像这种买手制的奢侈品集成店，则数量较少。但随着奢侈品消费的逐渐繁荣，催生了我国奢侈品零售业态的多样化，奢侈品集成店也在我国悄然兴起。这些奢侈品品牌集成店让消费者可以在只逛一家店的情况下，买到多个奢侈品正品。按照惯例，这些奢侈品集成店里的商品，一般比这些奢侈品牌在国内专柜的价格便宜20% 到 30% 不等。例如，香港著名的多品牌集团 I. T 是奢侈品集成店经营得比较成功的一个例子。类似的还有香港的 Joyce 公司，以及它与连卡佛组成的 Lane Crawford Joyce 集团。此外，在我国内地，奢侈品集成店也在悄然出现。2011 年 11 月 25 日，位于杭州庆春路上的杭州中都百货为了扩大经营，切合市场需求，与上海奢尚集团合作，在中都百货一楼设立了“奢尚中都名品店”，由上海奢尚集团提供买手资源，直接在欧洲采购这些奢侈品牌。该奢侈品品牌集成店的正式建成开业，填补了杭州奢侈品一站式购物的空白。该店将古驰（Gucci）、普拉达（Prada）、巴宝莉（Burberry）、缪缪（Miu Miu）、宝缇嘉（Bottega Veneta）、菲拉格嘉（Ferragamo）、芬迪（Fendi）和托德斯（Tod's）等奢侈品品牌的箱包和配饰汇聚一堂，除了突出品牌集中的优势之外，还提供给顾客更多的选择，并借鉴欧美百货的成功经验，定期推出会员形象设计、服饰与鞋包的搭配法则等服务内容。中都百货还从意大利原产地直接采购一些设计感强、在当地具有知名度的品牌。

➢ 活动问题

1）阅读以上资料内容，分析奢侈品代理商模式下的零售渠道有哪些？

2）分析这些代理商模式下的奢侈品零售渠道的特点？

3）你所理解的代理商模式下的奢侈品零售渠道是什么？

➢ 如何完成活动

1）确定本次任务组长。

2）先试着自己列出奢侈品代理商模式下的零售渠道特点，并记录下来。

3）小组形式讨论代理商模式下的奢侈品零售渠道，并填写下列记录单（表3–1）。

表3–1　代理商模式下的零售渠道分析记录单

讨论问题	自己的观点	团队其他人的观点
1.什么是代理商模式下的零售渠道？		
2.奢侈品代理商模式下的零售渠道有哪些形式？		
3.这些代理商模式下的不同零售渠道形式如何区分？		
4.代理商模式下的奢侈品零售渠道的特点是什么？		
5.你所理解的代理商模式下的奢侈品零售渠道是什么？		

➢ 活动评价（表3–2）

表3–2　活动评价表

评价指标	单项指标	评价标准	自我评价
参与情况	学习投入情况	按课堂要求思考问题、参与小组活动	☆☆☆☆☆
	提出问题并发表见解	参与讨论问题，因自己的见解	☆☆☆☆☆
合作与交流情况	认真听取别人意见并询问	认真倾听，礼貌，有回应，适时询问	☆☆☆☆☆
	将自己的资料与大家分享	表达自己见解并与大家交流	☆☆☆☆☆
	参与团队讨论	积极主动，踊跃发言	☆☆☆☆☆
时间利用	在规定的时间内完成任务	时间效率	☆☆☆☆☆

续表

评价指标	单项指标	评价标准	自我评价
学习主动性	遇到自己不能解决的问题请教他人	询问并记录要点	☆☆☆☆☆
	遇到自己不能解决的问题查资料	查阅且做好记录	☆☆☆☆☆
任务完成情况	是否完成所有任务	能完成每个任务	☆☆☆☆☆
	有新的发现	能否创新	☆☆☆☆☆
	对问题的理解	迅速找到问题的关键词	☆☆☆☆☆
综合表现	展示出自己最好的状态	根据自我感受	☆☆☆☆☆
评价结果“☆”少的如何改进：			
教师点评：			

注：优 ☆☆☆☆☆　良 ☆☆☆☆　中 ☆☆☆　差 ☆☆　没参与☆

任务2　理解由代理模式向直营模式转变下的零售渠道

近年来，随着我国市场环境的活跃、居民消费收入的提高、市场容量的扩大、品牌运营经验的丰富，国际奢侈品品牌企业更愿意以开设直营店的方式开展业务。于是国际奢侈品品牌逐渐收回代理权，转而向直营模式发展，以便加强对品牌及产品的质量控制，维护店铺风格的统一性和独特性，同时提升销售利润水平。例如，杰尼亚（Zegna）于 2005 年便陆续停止与代理商的合约，并开始投资直营店；阿玛尼（Giorgio Armani）于 2007 年在我国成立了独资公司；万宝龙（Montblanc）于 2008 年 1 月宣布收回合作 5 年之久的上海国瑞信钟表有限公司的代理权；蔻驰（Coach）于 2008 年 5 月收购了香港俊思集团在香港、澳门以及内地代理的蔻驰零售业务；古驰（Gucci）2009 年新开的店面全部采取了直营的方式；英国最大的奢侈品零售商 Burberry 集团公司于 2010 年 7 月 17 日，宣布收购其特许经营伙伴 Kwok Hang Holdings 位于中国内地的 Burberry 特许经营店，2011 年 3 月，汤米（Tommy Hilfiger）将迪生创建代理权收归己有。[①] 各大品牌纷纷收回代理权，开设直营店，昭示着奢侈品在我国直营时代正逐步到来。

活动：下面的文字叙述的是关于奢侈品的案例，仔细阅读，完成案例后面的任务。

案例：奢侈品告别代理商

在全球完全拒绝代理的 LV 将在 10 月进驻乌鲁木齐，距离 LV 长沙店的开张只有 3 个月。“只有自己亲自打理的店面才能保证优良血统。”LV 方面这样对《第一财经周刊》解释直营对于健康扩张的决定意义。

这是一个关键时刻。大多数奢侈品牌正更深入地渗透中国市场，而隐藏在开店风潮背后的，是奢侈品牌和代理商对于这块诱人市场开发权利的博弈。在今年逐渐收回代理权的品牌名单有长长一串：杰尼亚、Coach、Loewe、万宝龙……它们甩开了代理商，大举扩张。

现在，阿玛尼集团高端品牌 Giorgio Armani 除了北京和上海之外，其余地区全部采用代理商。2001 年以来中国已经迅速成长为阿玛尼除日本之外亚洲最大的市场。然而 2007 年阿玛尼在中国成立了中国公司，并计划 2008 年在中国开设 50 家直营店。

历峰集团旗下品牌在中国逐渐收回代理权也不止 Chloé 一家。英国男装品牌登喜路正收回温州、宁波、杭州地区的代理权。甩掉代理商，奢侈品全面直营在今年已经从零星之势演变得如火如荼。

对一些奢侈大牌来说，早年进入中国市场之时依赖代理商不过是权宜之计。2004 年以前，中国市场法规限制诸多，市场前景不明，因此大多数品牌选择转

① 资料来源：上海市商务发展研究中心、上海市商业信息中心进行的部分奢侈品牌企业调研分析报告。

嫁风险。

最初一批规模较大的民营外贸公司便成了奢侈大牌进入中国市场的先遣部队。对于奢侈品牌来说，代价很小，几乎为零，并且这些代理商更熟悉中国市场，有些已经有了现成的销售通路。彼时代理商和奢侈品牌合作的模式一般是：品牌以一定折扣卖给代理商，代理商负责开店成本、人员招聘等，品牌在店面形象方面给予支持，代理商负责处理存货，并享有某个地区的经营权。最开始的商业合作甚至非常粗糙。一位业内知情人士称，手表品牌欧米茄（OMEGA）最开始进入中国市场时甚至没有和当初的代理商签订正式合同。在中国也没有关于平行输入的限制，一个品牌同时拥有几个代理商的情况也屡见不鲜。但本刊未能联系到欧米茄方面对此置评。大牌在这些代理商的帮助下，获得了丰厚利润，1990年代便来到中国的杰尼亚就是其中之一。当时这家意大利时装品牌想把它的店铺开在五星级酒店里，把产品卖给来中国出差的外国人，它找到了一个本土合作伙伴温州夏梦公司。夏梦帮助它进入中国之后，自1991年开始，杰尼亚在中国的销售额每年以20%的速度增长，现在中国是杰尼亚在全球的第四大市场。

然而当大牌对市场足够了解之后，便开始考虑甩开代理商，集中控制力自己经营。今年由于美国次贷危机影响，奢侈品牌在美国的销售失去活力加速了这种趋势的形成。8月，德意志银行调低了整个奢侈品行业的盈利预期。贝恩咨询则预计整个行业增长为2%，而在2007年这个数字为6.7%，这使得中国更加成为希望之地。总想与LV比肩的女式皮包制造商Coach就是这么打算的。今年5月，Coach和其代理商俊思集团（Imaginex Group）签订了收购协议，接手香港、澳门及中国大陆的零售业务。“我们已经准备就绪，把中国市场打造成第三根支柱，延续Coach在美国和日本的成功。”Coach公司CEO路·法兰克福（Lew Frankfort）在宣布收购协议时说。

不过，奢侈大牌选择直营最重要的原因是，代理商经营不善，会伤害大牌们最为珍视的品牌形象。代理商和大牌利益出发点的最大区别是，前者追求短期利润最大化，后者追求品牌形象最大化，在此基础上追求利润。因此尽管共栖共生，但奢侈品牌和代理商的利益博弈就从来没有停止过。

代理商急于清理库存降低成本，只愿意拿好卖的单品摆放在自己的货架上，而奢侈品牌往往每季服装都会有一个主题，呈现这个主题的所有单品显然会耗费更多的成本。

为了节省成本，经销商对于品牌形象的控制和相关服务有时候也会大打折扣。

一位同时在代理商和奢侈品牌都工作过的业内人士透露，比如在温州，代理商往往代理多个奢侈品牌的相关业务，只有一两位人员来管理旗下30多个不同品牌的橱窗陈列；而在一个独立品牌如杰尼亚，就有二三十人的橱窗陈列团队，并且每个单店有一位指定的员工协助陈列专员打理店面形象。

英国男装品牌登喜路在上海和北京的店多为直营，其余地区均采用代理。然而杭州、宁波的店面形象完全不同，后者无论是店铺面积还是氛围都离登喜路想传递的低调奢华的英伦绅士风格相去甚远，因此今年登喜路也开始收回该地区的代理权。

此外，一些奢侈品牌在本地生产之后，代理商便会直接向工厂拿货，当这些代理商代表的销售渠道的力量过于强大，和生产厂商过于紧密的时候，奢侈品牌便会失去控制力，这便引出许多灰色地带。奢侈品牌在中国对于知识产权保护能做的十分有限。

在奢侈大牌的眼中，在中国全面直营的时机已经成熟。中国的内需已经开始被充分拉动，奢侈品的主要消费市场已经不再是像原来那样由京沪粤三地和发达省会城市组成，二线省会城市如成都、武汉等也开始进入大牌的视野。LV就开始将开店地点选在长沙、乌鲁木齐这样的省会城市。2004年中国遵照WTO承诺放开外商投资商业领域的限制，奢侈大牌在中国掀起一波开店高潮。

只是，奢侈品牌全面直营也并非手到擒来。制约因素包括和渠道方谈判的时候并不总是能够如愿找到合适的店铺，代理商由于长期和渠道合作，和渠道可能有更深的积累。奢侈品牌并不一定在与渠道商谈判的过程中获得优势。

成本控制则是另外一个考验。表面上看上去，直营会赚更多的钱，但是也会带来更多的成本。一件1万元的衣服，如果5折卖给经销商的话，一旦采取直营，看上去奢侈品牌便能多赚5成的利润。然而实际上，奢侈品牌需要分给高端商场一部分利润。除此之外，直营还会带来库存和更高的管理成本。如果不能自己控制好库存，相当于无形增加成本。

管理成本是成本的另一来源。代理公司往往是多品牌代理，这样分摊到一个品牌的管理人员和直营是没有办法比拟的。尽管如此，“直营毫无疑问更赚钱，并且更快。”为众多时尚品牌提供咨询的《观潮网》主编叶琪峥说。①

➢ 任务问题

1）奢侈品代理模式何时出现的？为什么会出现？

2）案例中分析了奢侈品营销渠道由代理模式向直营模式转变的原因有哪些？

3）奢侈品直营渠道模式受什么制约？

➢ 如何完成活动

1）确定本次活动小组组长。

2）阅读案例记录奢侈品营销渠道由代理模式转向直营模式的原因。

3）小组讨论由代理模式向直营模式转变的原因，并填写下列记录单（表3–3）。

4）全班交流。

表3–3　奢侈品告别代理商案例分析记录单

讨论问题	自己的观点	团队其他人的观点
1.奢侈品代理商模式是什么时候出现的？		
2.为什么会出现奢侈品代理商？		
3.列举出奢侈品由代理模式转向直营模式的原因。		
4.奢侈品直营渠道模式有什么特点？		
5.奢侈品直营模式受哪些因素制约？		

① 资料来源：华西都市报。2011–12–19。

➢ 活动评价（表 3–4）

表3–4　活动评价表

评价指标	单项指标	评价标准	自我评价
参与情况	学习投入情况	按课堂要求思考问题、参与小组活动	☆☆☆☆☆
	提出问题并发表见解	参与讨论问题，因自己的见解	☆☆☆☆☆
合作与交流情况	认真听取别人意见并询问	认真倾听，礼貌，有回应，适时询问	☆☆☆☆☆
	将自己的资料与大家分享	表达自己见解并与大家交流	☆☆☆☆☆
	参与团队讨论	积极主动，踊跃发言	☆☆☆☆☆
时间利用	在规定的时间内完成任务	时间效率	☆☆☆☆☆
学习主动性	遇到自己不能解决的问题请教他人	询问并记录要点	☆☆☆☆☆
	遇到自己不能解决的问题查资料	查阅且做好记录	☆☆☆☆☆
任务完成情况	是否完成所有任务	能完成每个任务	☆☆☆☆☆
	有新的发现	能否创新	☆☆☆☆☆
	对问题的理解	迅速找到问题的关键词	☆☆☆☆☆
综合表现	展示出自己最好的状态	根据自我感受	☆☆☆☆☆
评价结果“☆”少的如何改进：			
教师点评：			

注：优 ☆☆☆☆☆ 良 ☆☆☆☆ 中 ☆☆☆ 差 ☆☆ 没参与☆

任务3　理解直营模式成为主流渠道下的衍生零售渠道

活动：阅读以下关于奢侈品直营模式的资料内容，完成资料后面的任务。

随着我国奢侈品消费市场的持续升温，奢侈品牌在我国运营的日益成熟，奢侈品牌逐渐以直营模式取代了原有的代理商经营模式。虽然直营模式受到各大奢侈品牌的追捧，但奢侈品牌并未完全放弃代理模式，而是重新调整市场策略，整合资源，选择最适合当地市场现状的营销模式。奢侈品厂商在二、三线城市仍会选择与代理商或经销商合作，但对代理商的控制逐步加大。随着奢侈品市场的不断发展，衍生出了其他奢侈品零售渠道，例如品牌折扣店、免税店、二手店，以及愈加流行的网上零售等渠道。

1. 品牌折扣店（Outlets）后来居上

品牌折扣店不同于一般商场，它卖的是一些国际奢侈品品牌的库存货和折扣货，一般都在城郊，离市区较远，店面十分宽敞，配套设施也比较完善，周边配套酒店、休闲娱乐设施应有尽有，且建筑风格多样。据资料显示，我国以“品牌折扣店”为销售概念的第一家零售店出现于2003年，在北京设立了一家“北京燕莎品牌折扣店购物中心”，营业面积为35000平方米，是我国国内第一家品牌折扣店直销中心，其经营的各个品牌由购物中心进行统一管理，品牌商家或品牌生产厂家可以进场参与经营，销售产品包括奢侈品品牌过季商品、下架商品或剩余商品。自北京燕莎品牌折扣店开业以后，我国其他地方先后引发了品牌折扣店旋风，很多城市纷纷开设了以品牌折扣店为销售概念的购物中心或商场。例如上海赵巷的百联奥特莱斯广场、广州的天河城品牌折扣店（Outlets）、深圳的太平洋Outlets购物中心、珠海的日东Outlets购物中心，天津的佛罗伦萨小镇Outlets。此外，品牌折扣店购物公园作为品牌折扣店的升级版，也正逐步建设中，如江苏万和品牌折扣店购物公园，是集购物、休闲、旅游为一体的折扣店升级业态。

2. 免税店成为关注的焦点

奢侈品市场的发展与免税业密切相关，通过免税业务可以增加奢侈品牌特许经营、自有品牌产品开发以及免税产品的品牌代理等，可以拓宽国际奢侈品牌在中国的发展空间。自1979年我国第一家免税店成立以来，历经30多年快速发展，目前我国有28个省、自治区、直辖市的近百个口岸城市和边境地区共已设立150多家免税店，包括国际机场免税店、国际航空公司机上免税店、港口客运站免税店、供船免税店、火车站免税店、外交人员免税店、边境免税店和市内免税店等，其中国际机场免税店最为普遍。目前，我国大陆地区大约有40多家机场免税店，它们分布于各个城市的国际机场 i 其中有日上免税行经营的上海虹桥国际机场免税店、上海浦东国际机场免税店和北京首都机场税店，中国免税品（集团）有限责任公司在北京、上海之外经营的广州白云国际机场免税店、杭州萧山机场免税店等30多家国际机场免税店，以及由海南省免税品有限公司经营的海南海口机场免税店。此外，市内免税店也在逐步增加。1983年隶属于中国出国人员服务总公司的北京市内免税店成立，成为我国第一家市内免税店。2009年9月1日，中国免税品（集团）有限责任公司经营的三亚免税店投入营业。2010年4月16日，重庆中服免税店正式营业。2011年11月12日，中国出国人员服务总公司下属的昆明免税店投入运营。近几年来，随着奢侈品消费市场在国内迅速扩大，我国免税业有了突破性的发展。2011年4月20日，海南岛运行“离岛免税”政策，中免集团三亚免税店正式按离岛游客免税购物模式来运营，将免税对象扩大到乘飞机离开海南本岛但不离境的国内游客。

自2012年11月1日起，财政部对海南离岛旅客免税购物政策的调整开始执行，主要在免税购物额度、免税商品品种、购买数量、政策适用对象年龄等四方面有所放宽。

海南离岛免税政策调整实施以后，政策吸引力进一步增强，旅客购买力进一步提升。海口海关通过加大政策宣传和监管服务力度，有效保障离岛免税政策调整实施平稳有序。据离岛免税海关监管信息系统的数据显示，11月1日～30日，海关共监管三亚、海口两家免税店对离岛旅客销售免税品39.2万件，销售金额

2.7 亿元，有 10 万名旅客提货离岛，比 10 月份分别增加 41%、35% 和 19%。此次政策调整将免税限额调高并允许免税余额调剂使用，促使 5000 元至 8000 元的中高档免税品销售量大增，11 月该区间类免税品销售金额环比增长 59%，8000 元以上商品销售量环比也增长 16%。三亚市内免税店、海口美兰机场免税店的销售额也显著提升，其中三亚市内免税店销售金额约 2.3 亿元，环比增长 23.5%，海口机场免税店销售金额约 4000 万元，环比增长 39%。11 月 30 日当天，三亚市内免税店继 2012 年春节以来单日销售额再次突破千万元。[①]

3. 品牌二手店初露端倪

无论从拥有者的寄卖还是淘宝者的购入来看，消费者对于二手奢侈品的认识在不断深入，二手奢侈品逐步在我国各大城市走俏。二手奢侈品店铺的商品种类丰富，品种款式较多，甚至还有市面上难以找到的限量版和珍藏版。例如专营二手品牌手袋的“米兰站”，总部在香港，目前在北京、上海、杭州等城市都设有分店，店内全是路易·威登（LV）、香奈尔（Chanel）、古驰（Gucci）、爱马仕（Hermès）、圣罗兰（YSL）、普拉达（Prada）、缪缪（Miu Miu）、巴黎世家（Balenciaga）等大品牌手袋，无论是永不过时的经典款，还是当季最炙手可热的新款，甚至全球限量版手袋都有出售。此外，“米兰站”还规定了 3 个月之内可以以 7 折的价格卖回，这让一些时尚达人每月换一个名牌包袋的梦想成为现实。上海淮海中路的“聚贤阁”是国内最早经营二手名牌的商家，原本是中国大陆第一家取得积家手表代理资格的零售店，后因国内外积家手表差价太大而举步维艰，逐渐改为经营各种二手顶级手表。该店采取寄卖的形式，由客户自己制定出售价格，商店仅从所得款项中抽取 5%～15% 的佣金。“What's Up Store”是上海唯一一家出售二手 Levi's 牛仔的服装店，其货源 99% 来自美国本土，所有的二手牛仔裤都经过精心挑选和特殊消毒处理。在那里，几乎能找到任何一款经典的 Lev's，包括著名的几乎已在市面上绝迹的 017 型、015 型和 001 型牛仔裤。像 What's Up 这样性格不羁的店，不仅能带来体验真品 Levi's 的乐趣，同时也蕴含了二手名牌服装独特的韵味。此外，还有上海的“法国站”和“巴黎站”，北京的“古

---

① 资料来源：海南省人民政府网站。

着”“溜美”和“米兰轩”等奢侈品二手商店。随着中国奢侈品市场的不断繁荣，奢侈品二手市场也将不断发展，奢侈品二手店的数量将越来越多。

4.品牌网上零售在乱象中成长

网络零售是近几年出现的新型奢侈品零售渠道，具有覆盖面广、成本低、效率高的特点。一些国际奢侈品牌或在知名度较高的电子商务平台上建立官方网站，或自己单独搭建一个官方网站进行网络零售。例如，巴利（Bally）通过与意大利网络零售商Yoox合作在中国推出了全新的中文电子商贸网站；周大福也开通了公司网站进行直销，以确保中国内地的客户无论身在何处都能在网上浏览商品和购物。与此同时，从事奢侈品网络营销的第三方电子商务平台也日渐兴起。第三方购物平台通过提供丰厚的折扣、安全的付费系统、成熟的物流服务和各种促销保证了消费者的良好购物体验。2007年，DFS环球免税店集团有限公司与上海帝芙斯信息科技发展有限公司合作在中国创建首家奢侈品网上购物平台“历尚”网站。“历尚”充分运用“以顾客为中心”的理念，将购物带来的奢华感受以及便捷的网络体验融合在一起，为顾客提供随时随地的购物体验，清晰明了地向顾客介绍各个奢侈品品牌的历史故事和内涵，并使顾客能够方便地在网上找到他们心仪的产品。2010年4月，日本网上奢侈品零售巨头魅力惠登陆中国市场，魅力惠推行“限时特售”，每天在固定时间段推出包括顶级国际品牌服饰、配件、包袋、珠宝及化妆品等产品，每个品牌通常会有30件左右的产品上线，由于价低量少，魅力惠采取先来先得的方式，售完即止。如今魅力惠的发展已经初见成效，高速增长的网上订购和付款模式让魅力惠收益颇丰。

根据艾瑞咨询集团的报告，中国内地2010年奢侈品网络购物交易规模（C2C部分与B2C部分合计）为63.6亿元，2011年交易规模约107.3亿元，实现68.8%的年增长。预计在2015年，这一数字将达到372.4亿元。从奢侈品网络购物交易规模占国内奢侈品总体交易规模的比例来看，2010年其比率为3.16%，2011年该比率达到4.37%，2015年奢侈品网购占比可达到8.03%。随着电子商务产业以及配套服务体系的多元发展，奢侈品在线销售将得到进一步发展。

目前国内奢侈品购物网站主要包含综合购物网站（含C2C和B2C综合购物网站），如淘宝网、拍拍网、淘宝商城、京东商城等；奢侈品购物网站，如唯品会、走秀网、佳品网、尚品网等；奢侈品细分购物网站，如钻石小鸟、珂兰钻石、聚风尚等；除此之外，还有部分传统企业、时尚媒体、门户网站推出的奢侈品购物网站或奢侈品购物频道，如传统企业银泰百货推出的银泰网、时尚媒体YOKA推出的Ymall.com，门户网站网易推出的网易尚品。这些不同类型的网站也各自具有其利弊。如唯品会、走秀网这类时尚购物网站在奢侈品网络购物行业中的主要优势在于：一是全网产品丰富，货源相对稳定；二是网站日均访问人数和月度访问次数规模较大，目标用户群体相对庞大；三是仓储物流庞大，用户体验较好。其劣势在于：并非真正奢侈品购物网站，不能完全服务好奢侈品用户。作为奢侈品细分品类购物网站，珂兰钻石和聚风尚是钻石珠宝和顶级名表两个品类的典型购物网站，但发展速度差异较大，主要差异在于珂兰钻石网站品牌即是产品品牌，自身有较大的定价权，发展速度较快。而聚风尚专营国际顶级名表，受关税和品牌商涨价影响大，线上价格优势不大，其销量增长略慢。根据艾瑞咨询分析认为，奢侈品细分购物网站在整体奢侈品购物网站中，优势在于其专业性强、网站信誉好，但最大的劣势在于用户重复购买率低。奢侈品品牌实体店、官方网站和实体折扣店对比见表3-5。

表3-5　奢侈品品牌实体店、官方网站和实体折扣店对比表

项目	奢侈品 网络折扣店	奢侈品 品牌实体店	奢侈品 品牌官方网站	奢侈品 品牌实体折扣店
代表	魅力惠、第五大道	各品牌实体店铺	官方网站	品牌折扣店
价格优势	大	小	小	较大
消费者信赖度	低	高	较高	高
奢侈品的尊贵感	较低	高	较低	低
对消费者影响力的渗透度	高，影响力能随时随地发挥，尤其能充分利用有亲和力的草根明星的影响力，且大众消费者的参考作用强	较低，多启用明星为品牌代言人，和大众消费者有明显距离感，且对大众的参考价值有限	同品牌实体店	低
品牌相关知识教育	高，但多为文字或图片，缺乏亲身体验	一般	高	低
为消费者提供咨询和建议	较充分，由于不需要当面交流，消费者压力较小	非常充分，通过面对面交流能提供个性化建议，但消费者面临压力也较大	不够充分	较充分，消费者压力较大

➢ 活动问题

1）案例中列举了哪些直营模式下的奢侈品衍生零售渠道？

2）分析直营模式成为主流渠道下的各衍生零售渠道的特点。

3）思考你所理解的奢侈品直营模式是什么？

➢ 如何完成活动

1）确定本次活动小组组长

2）仔细阅读资料内容后，自己列举出奢侈品直营模式衍生出来的零售渠道有哪些？

3）小组讨论这些直营零售渠道的特点，并填写下列记录单（表3-6）。

4）全班交流。

表3-6 奢侈品直营模式分析记录单

讨论问题	自己的观点	团队其他人的观点
1.奢侈品直营模式成为主流渠道下衍生出哪些零售渠道？		
2.这些零售渠道各自有什么特点？		
3.为什么会衍生出这些直营零售渠道？		
4.你所理解的奢侈品直营模式有什么特点？		
5.你所理解的奢侈品直营模式受什么制约？		

➢ 活动评价（表3-7）

表3-7 活动评价表

评价指标	单项指标	评价标准	自我评价
参与情况	学习投入情况	按课堂要求思考问题、参与小组活动	☆☆☆☆☆
	提出问题并发表见解	参与讨论问题，因自己的见解	☆☆☆☆☆
合作与交流情况	认真听取别人意见并询问	认真倾听，礼貌，有回应，适时询问	☆☆☆☆☆
	将自己的资料与大家分享	表达自己见解并与大家交流	☆☆☆☆☆
	参与团队讨论	积极主动，踊跃发言	☆☆☆☆☆

续表

评价指标	单项指标	评价标准	自我评价
时间利用	在规定的时间内完成任务	时间效率	☆☆☆☆☆
学习主动性	遇到自己不能解决的问题请教他人	询问并记录要点	☆☆☆☆☆
	遇到自己不能解决的问题查资料	查阅且做好记录	☆☆☆☆☆
任务完成情况	是否完成所有任务	能完成每个任务	☆☆☆☆☆
	有新的发现	能否创新	☆☆☆☆☆
	对问题的理解	迅速找到问题的关键词	☆☆☆☆☆
综合表现	展示出自己最好的状态	根据自我感受	☆☆☆☆☆
评价结果“☆”少的如何改进：			
教师点评：			

注：优 ☆☆☆☆☆ 良 ☆☆☆☆ 中 ☆☆☆ 差 ☆☆ 没参与☆

情境四

国际奢侈品零售渠道终端的类型

【教学目标】

知识目标：

理解奢侈品营销渠道终端类型有哪些；

掌握每种奢侈品零售渠道终端类型的特点；

了解每种奢侈品零售渠道终端类型的代表性国际品牌。

能力目标：

能简述奢侈品现有的零售渠道终端类型有哪些；

对于每种奢侈品零售渠道终端类型能够进行举例说明；

能根据具体的案例分析其采用的奢侈品零售渠道终端类型及特点。

【背景知识】

一、奢侈品零售渠道终端的定义及分类

奢侈品在中国的发展是与中国经济腾飞和社会进步同步的。20 世纪 80 年代初，中国改革开放初期，一些嗅觉敏锐的国际奢侈品品牌商开始考察中国市场，并在经营上进行小规模试探，这一时期的奢侈品品牌进驻北京上海五星级酒店。90 年代，随着中国对外开放的逐步扩大，一大批国际奢侈品品牌进驻国内高端百货店和购物中心。进入 21 世纪以来，伴随中国经济快速发展，新兴消费群体开始崛起，国际奢侈品品牌加速布局中国大陆市场，网点延伸到大都市知名商业街区，在这些商业街区加快开设品牌专卖店、旗舰店、体验店、概念店。目前，上海和北京等地的奢侈品门店数量已经与纽约等地相当，众多奢侈品品牌在完成了

中国一线城市布点之后，又开始着力布局中国的二、三线城市。根据贝恩公司最新报告数据，2010 年中国奢侈品消费总额已达 177 亿美元（约合人民币 1595 亿元，不包括私人飞机、游艇与豪华车等），占全球市场份额约 28，已跻身世界奢侈品消费第三大国。一时间，国内的奢侈品消费热引起了社会各界的广泛争议。但是存在即有其合理性。可以说，奢侈品作为人类文明演进的结晶，跨越了不同国家、不同文化、不同民族的界限，理所当然可以为中国消费者所欣赏并享有。

零售渠道终端是指商品生产者或经营者把商品或服务出售给消费者的整个销售渠道的终点，建立良好的零售渠道的终端主要目的是要把使产品或服务能够在恰当的地点，以恰当的时间、恰当的形式、送达恰当的人。由于奢侈品本身的特殊性，奢侈品零售渠道终端与普通消费品零售渠道终端既有相同之处又有不同之处。正如我们在许多年报中看到的，奢侈品牌经常会提到公司经营的商店的数量。乍看之下，我们可能会以为这是全资拥有的商店。实际上，并不总是这样。提到公司经营的商店时，人们有时候会计入所有的直接管理的百货商店店中店，所有的占主要股份的合资特许经营权商店，有时候会加上他们认为可以完全控制的独立的特许经营商店。

一般来说，奢侈品零售渠道终端类型基本上可以分为以下几类：百货店及高星级酒店的品牌专柜、购物中心或沿街品牌专卖店、品牌旗舰店、品牌概念店、多品牌集成店、折扣店、免税店、二手店，以及新兴网上销售模式。

二、不同类型零售渠道终端的定义

1. 独立店

独立店是一种自食其力的经销店，毗邻街道，并且有面向街道的展示窗。商店的拥有者独立协商租金，在商店自己的位置上可以做任何想做的事情。

2. 购物中心零售商店

购物中心零售商店是位于购物中心的独立零售店。品牌拥有者支付租金，租金通常来说都是固定的，但是在某些情况下还需要销售额的小部分来支付常规的促销活动或帮助购物中心融资。这样的零售商店也可以再细分为两类：第一类是位于购物中心的经销店，顾客从一家商店走到另外一家，客流主要取决于购物中心里商店的多样性和购物中心所提供的不同品牌的总体吸引力；第二种是位于商业区的经销店，独立的经销店全部位于同样的商业区域，但是各自拥有独立的出入口和停车位，因此每一个品牌都必须吸引自己的顾客。顾客很大程度上为整个商业区的品牌多样性和吸引力所影响，所以每个品牌需要确保它们的顾客认为它们足够有吸引力以使消费者在它们的商店停驻。第二种模式要求品牌更多的是一个“目的地”品牌，使得顾客付出额外的努力来到它们的店面。

3. 百货商店中的店中店

百货商店中的店中店是指位于百货商店的零售店，但是看起来更像是一个独立店，至少商店的三面都有墙，并且有一个门直接通向百货商店的其他部分。在店中店里，一般来说品牌持有商品所有权，并且直接为商店的销售人员支付工资，其销售人员属于品牌企业，管理、物流以及员工的费用完全由生产者提供。它的租金并不是固定的，而是基于百货商店的利润。通常来说，在店中店的设定下，品牌通常没有自己的收银机。顾客购买之后，必须去中心收银机处支付销售单，然后回到店中店领取商品。有时候，商店也有自己的收银机，但是它们总是与百货商店的收银系统相联系，系统取走零售费用，还给品牌的数额为销售总额减去零售费用。在店中店的系统下，品牌的优势是它们有一个只依赖变动成本的经济系统：它们并不需要支付固定租金，唯一的固定成本是销售人员的工资；另一个优势是它们不需要吸引自己的顾客，但却可以从百货商店通过其吸引力和促销活动拉来的顾客中获益。百货商店中的店中店通常受到规模的限制，但是有时它们也可以非常庞大，比如东京松屋百货的路易·威登和大阪大丸百货的香奈儿，这两个例子中，店中店都有两层，并且大丸百货的香奈儿甚至有自己的电梯，可以从第一层到达第二层。在全球范围内，同一品牌的店中店一般有着相同的品牌形象，其目的是让消费者熟悉品牌价值。

百货商店中的专柜是百货商店中分给品牌的一块区域，并不能清楚地区分品牌，百货公司拥有这些商品并支付员工工资。在这种情况下，百货公司的经营者可以决定如何给商品定价、商品分类是什么、占据多少空间以及做什么样的活动进行促销。

百货商店中的角落商铺是一个介于专柜和店中店之间的系统。在角落商铺中，这块区域并不能明显看出是属于某个品牌的，但是即使被两面甚至三面墙分开，它也会对百货商店开放。这种系统下，销售人员的工资通常由品牌支付，但是货物归属于百货公司。角落商铺实际上是一块给予品牌有限识别性的区域，但是仍然保持部分百货商店的视觉陈列。例如，名牌男士西装通常都陈列在角落商铺，这样不同品牌的西装看起来像是百货商店所提供商品的一部分。一些特殊的角落商铺的例子是百货商店一楼的香水和化妆品。通常，每个品牌都有自己的标准设置，明显可以看出是品牌的一部分，但是又处于一个开放的环境中。手表在百货商店中通常以角落商铺的方式陈列，每一个品牌都有自己的易辨认的柜台，品牌自己的员工在一个相对开放的空间展示商品。

厂家直营店概括地说，它们是店中店的特殊形式，但并不是在百货商店里，而是在一个特殊的建筑物中，其经营者专门组织不同品牌的折扣销售。

4. 品牌折扣店

“奥特莱斯”是英文 Outlets 的中文直译。Outlets 原本意思是“清理库存，廉价出售”。品牌折扣店专指销售过季、下架、断码品牌商品的商店组成的购物中心，因此也被称为“品牌直销购物中心”，是一种厂商与零售商为了调整库存量，大批量廉价出售过季或断码商品的零售方式。品牌折扣店（Outlets）最早诞生于美国，迄今已有近一百年的历史。当时的 Outlets 是专门处理工厂尾货的“工厂直销店”，主要包括两大类：第一类叫 factory outlet store，是一些奢侈品厂商为了清理滞货、过期货，以及一些不合规格尺寸或是有细微瑕疵的商品，以半价以下的价格拍卖；第二类叫 retail outlet store，是一些百货公司与其他零售商，为了清除自家店内存货的特卖方式，而将这些零售商店汇集在一处的购物中心，则是 outlet mall。进入 20 世纪 70 年代后，品牌折扣店（Outlets）业态在美国发展迅速，陆续在大都市近郊开设此类大型购物商场。随着品牌折扣店开发商的加入，这种业态逐渐发生实质性的变化。首先是供货渠道从过去商品工厂的单一供货渠道发展为由商品工厂、品牌所有者、品牌代理商、品牌批发商乃至大型百货商店共同参与的供货渠道。其次是折扣店功能更加齐全，除了提供购物，还附带餐饮、娱乐、社区服务等功能，实现了休闲购物一体化。最后是注重购物环境的营造。但为了区别于销售同种品牌商品的百货公司专柜、专卖店等销售渠道，通常品牌折扣店将场地布局在离都市中心约 100 公里的近郊。此后，这种品牌折扣店集中布局渐渐发展成为大型或超大型购物中心，并逐渐发展成为一个独立的零售渠道。

工厂直销中心，也称为奥特莱斯，Outlets 最早就是“工厂直销店”专门处理工厂尾货。一般来说，工厂直销中心的面积非常大，包括许多直接管理的单一品牌销售点。在欧洲，村庄形式的工厂直销中心非常受欢迎。在这一村庄中，消费者可以发现很多著名的奢侈品品牌，它们都拥有自己单一直接管理的销售店。在工厂直销中心销售的产品具有以下特点：未售出的以及损害的商品、过季商品、样品、展览会或商品博览会上的产品等。在工厂直销中心，奢侈品品牌企业有着不同于其他销售点的定价策略。在这里，消费者可以比其他销售点较低的价格购买到奢侈品。通常在商品的标签上会标明打折前的价格以及折扣。在工厂直销中心，折扣的定价方式是由企业直接管理制定的。然而，并不是所有的奢侈品品牌都采用这些选择性的直接分销渠道。它们可以选择其中的一种或几种进行分销，对于那些从来不打折的奢侈品品牌，消费者当然不可能在工厂直销中心找到。

工厂店 1969 年发源于美国。过去，工厂在自己的营业场所都设有小型商店，以销售过剩库存或其他质量不过关的产品。这些工厂直营店销售产品的价格非常低。大多数产品只能以现金购买，不能退换。工厂直营店是取自车间的一小块地方，并没有努力使它变得精致和与众不同。慢慢地工厂店中可以引入顶级品牌，变得像一个标准的购物中心，尽管离城市中心很远，但依然很受欢迎。然后就有班车接送居民，包括游客，从大城市的中心免费送他们到这些工厂店，通常要花费 45 分钟到一个小时。随着时间推移，这样的工厂店里展示的商品发生了变化。除了剩余库存和过季商品，一些商店现在也专门为这种渠道制造特定的商品，价格也是非常诱人的。工厂直营店也被一些品牌用来试验新的配饰、新的模板或新的颜色，以降低风险。如果成功，它们会把它推广到主要的独有经营商店。几乎每个品牌，除了非常高端的那些，都会通过工厂店来处理剩余库存。一些品牌，如蔻驰（Coach）、拉夫·劳伦和巴宝莉（Burberry）是这种系统的强大用户，这也可以当做一种吸引年轻客户的方式。这些年来，工厂店已经变成了一种独特的分配渠道，可以很有效地向特定的群体推广品牌。

5. 免税店

免税店是指经免税店所在国海关总署批准，在该国授权部门批准的地点，由经营单位设立的符合该国海关监管要求的销售场所和存放免税品的监管仓库，向规定的对象销售、供应免税品的企业。免税店一般设立在出入境的口岸机场、港口、车站等处，主要针对已办完出境手续（边防验讫、海关检查）即将登机、上船、乘车前往他国的旅客，向他们免税提供世界各地具有特色的精致商品。其中，经营成熟的机场免税店是世界免税市场中最主要的销售渠道，其销售额约占世界免税市场的 45% 左右。免税品销售业务是各国普遍开展的一项业务，主要是为了满足国际旅客途中购物的需要。每个国家的免税店根据所在国免税政策的不同，其购物方式也有所不同。各国的免税店都集聚了众多奢侈品品牌。

6. 网上零售

网上零售是指交易双方以互联网为媒介的商品交易活动，即通过互联网进行信息的组织和传递，实现有形商品和无形商品所有权的转移或服务的消费。网上零售属于针对终端顾客的电子商务活动，属于 B2C 的电子商务范畴，买卖双方通过电子商务的应用，实现交易信息查询、交易和交付等。网上零售的实现是建立在互联网技术的基础上的，互联网和企业网站正在逐渐成为企业打造品牌和进行营销沟通的重要平台。

任务1　认知奢侈品专卖店的特点及分类

活动：阅读以下关于奢侈品专卖店的材料，完成材料后面的任务。

专卖店是一种直销的形式，专卖店是指专门经营或授权经营某一品牌商品的零售业态，是一种最基础的直营形式，只包括一级分销渠道，即商品从制造商直接到零售商，而不经过批发商。国外的奢侈品制造商，直接在中国内地的一级或二级城市调研、选址、建立该品牌的专卖店。专卖店一般选址于繁华商业区、商业街或高星级酒店、购物中心等场所，是珠宝、高档化妆品、皮具等奢侈品最普遍的零售渠道，但是一般这些专卖店都集中在大城市的最繁华的商业区内，并且在国内的数量受到了严格的限制，其主要原因有：第一，为了维护其品牌的稀缺性，防止供应泛滥而降低品牌价值；第二，这类商品体积小、便于运输，并不需要在所有的城市都建立专卖店，因为他们相信其品牌的吸引力可以让潜在的消费者不怕劳顿，跨越城市来购买其商品，如北京国贸的LV旗舰店每天的消费者中会不乏外地的顾客，而这种奔波，却又增添了品牌的魅力和价值；第三，这些奢侈品的使用周期长，例如一款蒂芙尼的钻石项链，可能会流传几代人，一只LV的限量版皮包会有它的二手市场，所以限量的供应是必然的；第四，奢侈品的生产制造，受到了地域的限制，比如法国的奢侈品牌红酒，其产地是其尊贵的象征。

与其他零售店相比，奢侈品专卖店商品品种齐全，款式多样，更符合消费者选择性、专业性和特殊性的需要。同时，奢侈品专卖店的营业员专业知识丰富，不但熟悉商品的基本性能、功能及顾客的利益所在，还熟悉商品的原料特性、保养方法等相关知识。专卖店在规格上比百货店专柜高，是对百货店专柜的进一步发展，能更好地展示奢侈品的品牌形象。如意大利的大部分奢侈品牌，其零售渠道终端主要采用品牌专卖店的形式，对专卖店的大小各方面都由公司总部统一部署或指导，以保证专卖店的整体形象与品牌定位保持一致。目前，随着消费者消费理念的不断提高，专卖店的发展也日益高档化、精品化，服务更加专业化。

一是购物中心内品牌专卖店。购物中心是多种零售店铺、服务设施集中在由企业有计划地开发、管理、运营的一个建筑物内或一个区域内，向消费者提供综合性服务的商业集合体。购物中心特别是城市中心和富人居住区的高端购物中心常常是奢侈品专卖店汇集的地方。例如美国贝弗利山庄购物中心。贝弗利山庄位于南加州的中心、洛杉矶市中心的西部，这里汇聚了大量的豪宅，同时每年有大量旅游者。因此，贝弗利购物中心汇集路易·威登、古驰、巴宝莉、万宝龙等170多家奢侈品牌专卖店，同时还有梅西和布隆明戴尔2家百货店作为主题店。中国购物中心大规模开发出现于20世纪90年代中后期，其典型代表为北京王府井半岛酒店购物中心、北京国贸商城购物中心、上海恒隆广场购物中心、北京金融街购物中心等，也成为国际奢侈品品牌进驻国内开设直营专卖店的首选场所。

二是品牌旗舰店。“旗舰店”一词来源于欧美大城市品牌中心店的名称，也就是城市中心店或地区中心店，一般是指某商家或某品牌在某地区繁华地段设立的规模最大、同类产品最全、装修最豪华的直营样板店，是各大国际奢侈品牌企业顺应商业发展需要和参与市场竞争的必然产物，也是品牌竞争的有力手段，对企业本身有重大意义，对奢侈品行业的发展也能起到绝佳的示范作用。奢侈品品牌的旗舰店一般处于交通便利的核心商圈，周边人口密度高、购买力强。通过营造充满人文情怀的购物环境，使消费者在购物的过程中，不知不觉地感受奢侈品品牌的文化，体验一种全新的购物方式。比较常见的奢侈品牌旗舰店主要有化妆品品牌旗舰店、服装品牌旗舰店、钟表品牌旗舰店等。旗舰店对品牌的推广意义大于销售意义。例如普拉达（Prada）东京表参道的旗舰店，位于东京最大的名牌集中地表参道，是一座高达六层的玻璃体大楼，犹如一块伫立着的巨大水晶。该店的外墙设计颇具革命性，由数以百计的菱形玻璃框格构成极具现代感的幕墙。菱形玻璃能产生虚幻却透彻的视觉效果，人们既可从店外透视店内陈列的普拉达产品，也可从店内欣赏店外的景致。从2003年开店，表参道的普拉达旗舰店便成了东京著名的时尚景观。不光普通消费者，其至很多明星都会像朝圣一样来拜访这间著名的旗舰店。这种集零售与艺术于一身的成功的旗舰店甚至能在消费者心中营造出高处不胜寒的感觉，让人忍不住对其顶礼膜拜。

三是品牌概念店。“概念店”这个词汇源于欧美，流行于日本，采用全程顾问销售模式，在了解顾客的需求和问题之后，为其介绍、推荐量身定做的配套产品，被业内人士称为是对品牌有忠诚度的消费群体的消费天堂。奢侈品概念店把个人消费作为自我实现的一种手段，转变了那些旧有的打造奢侈品牌的观念，不再是单方面把品牌信息扔给消费者，而是通过与消费者之间的双向互动使沟通更进一步，让消费者的奢侈体验得到更大的满足，进而达到推广奢侈品牌的目的。过去，品牌经理的主要工作是如何建立品牌知名度，消费者被假设为只要知道该品牌就会尝试去购买或者使用，但现在的奢侈品消费者不仅追求品牌知名度，更希望自己能和他们所选择的品牌建立真实的关联，他们需要知道这个品牌是“为我而存在的，与我有关的，能理解我，能帮助我实现自我，其精华就是帮我体现自我”。事实证明，不同收入层的消费者都认为能从奢侈“体验”中获得更大的满足，而不是仅仅“拥有”一件奢侈品。例如，娇兰（Guerlain）2003 年曾在上海龙之梦丽晶大酒店设立了娇兰水疗中心，在顾客的自我评估问卷结果的基础上，结合营养、环境、生活方式、情绪和身体状态，为顾客提供特制的护理方案，让顾客得到个性化的服务体验。

高档的百货商店与大型购物中心成为了一种重要的零售渠道。一般来说，大型购物中心通常建立在城市的主要街道上，处于城市最繁华的地段。例如，北京具有标志性的国贸商城、新光天地，上海的恒隆广场、中信泰富，香港的中环已成为消费者心目中奢侈品购物的天堂。在大型购物中心里，各个奢侈品品牌被分配一定的区域进行销售，这种方式也是目前奢侈品企业在中国最常采用的零售渠道形式。

➢ **活动问题**

1）材料中列举了哪些奢侈品专卖店形式？

2）思考这些奢侈品专卖店各自的特点和区别。

3）你所理解的奢侈品专卖店是什么？

➢ **如何完成活动**

1）确定本次任务组长。

2）先试着自己列出奢侈品专卖店的各种形式及其特点。

3）小组讨论不同的奢侈品专卖店的特点及区别，并填写下列记录单（表 4–1）。

表4–1　奢侈品专卖店分析记录单

讨论问题	自己的观点	团队其他人的观点
1. 奢侈品专卖店是什么?		
2.奢侈品专卖店在国内数量受限制是为什么?		
3.奢侈品专卖店有何特点?		
4.奢侈品专卖店有哪些具体形式?		
5.不同形式的专卖店有何特点及区别?		
6.你所理解的奢侈品专卖店是什么?		

➢ *活动评价*（表 4–2）

表4–2　活动评价表

评价指标	单项指标	评价标准	自我评价
参与情况	学习投入情况	按课堂要求思考问题、参与小组活动	☆☆☆☆☆
	提出问题并发表见解	参与讨论问题，因自己的见解	☆☆☆☆☆
合作与交流情况	认真听取别人意见并询问	认真倾听，礼貌，有回应，适时询问	☆☆☆☆☆
	将自己的资料与大家分享	表达自己见解并与大家交流	☆☆☆☆☆
	参与团队讨论	积极主动，踊跃发言	☆☆☆☆☆
时间利用	在规定的时间内完成任务	时间效率	☆☆☆☆☆
学习主动性	遇到自己不能解决的问题请教他人	询问并记录要点	☆☆☆☆☆
	遇到自己不能解决的问题查资料	查阅且做好记录	☆☆☆☆☆
任务完成情况	是否完成所有任务	能完成每个任务	☆☆☆☆☆
	有新的发现	能否创新	☆☆☆☆☆
	对问题的理解	迅速找到问题的关键词	☆☆☆☆☆
综合表现	展示出自己最好的状态	根据自我感受	☆☆☆☆☆
评价结果“☆”少的如何改进：			
教师点评：			

注：优 ☆☆☆☆☆ 良 ☆☆☆☆ 中 ☆☆☆ 差 ☆☆ 没参与☆

任务2　认知奢侈品百货店和店中店

活动：仔细阅读下面的学习资料和案例内容，完成材料后面的任务。

在西方各国，人们很容易在百货店中看到奢侈品品牌。无论是开设专业店，还是开设专柜，百货店都是奢侈品必选的店铺。同时，在百货店的经营业绩中，奢侈品也占有相当大的比重。

在像日本和美国这样的国家，百货商店是奢侈品的主要零售渠道。在这两个国家，超过 75% 的奢侈品香水和化妆品是在百货商店销售的。这也是许多几乎没有独立店的时尚奢侈品牌销售产品的主要渠道。

香水和化妆品在一些国家，如法国、意大利和德国，主要通过一些小型香水店销售，而在日本、美国、加拿大、澳大利亚或英国，百货商店是主要的。因此，香水和化妆品的营销计划总是分为两个项目：一个为香水店国家准备，另一个为百货商店国家准备。

为了时尚，即使在一些百货商店不是唯一重要的销售网店的国家，百货商店仍然很重要，因为它们往往是时尚领导者，并且积极地寻找新颖的品牌来推广和发展。商店的品牌销售经理通常会参观巴黎和米兰的商店，去寻找一下灵感或侦察新品牌。当发现喜欢的新品牌 时，他们甚至会在品牌的管理者还没有到访他们的国家之前，开始它的配送。因此，百货商店通过成为新品牌第一个出口网点而为其提供一个进入某个国家的便利且简单的途径。百货商店可以定义为一个零售基地，专门满足各类消费者个人和住宅耐用产品的需求，同时提供给消费者所有产品分类的多种价格的多条商品线。百货商店通常会在一个至少 25000 平方英尺的地方销售包括衣服、香水、家具、家电用品或电子产品在内的商品，在百货商店中，没有一个单独的产品分类可以占据超过一半的销售区域。

一般来说，百货商店通常建立在城市的主要街道上。在百货商店中，各个品牌被分配一定的区域进行销售。这种方式是奢侈品品牌早期进入中国时最常采用的方法。但是，由于百货商店的经济目标是追求其自身利润的最大化，这有可能造成与品牌之间的利益冲突。

在过去的十年中，百货商店的表现并不突出，一方面受到奢侈品独立店发展的影响，另一方面则是受到新的大众市场“选择性”品牌如 Gap、H & M，Zara 和优衣库（Uniqlo）成长的影响。尽管如此，它们依然是奢侈品牌重要的合作伙伴。

专业商店比百货商店小，产品的选择范围更小。它们通常专门销售时装或配饰，且定位非常高端。时装品牌是非常有趣的，因为它们提供了进入美国的高端形象，同时也能接受随处可见的低端减价甩卖，而奢华的富有创意的产品描述又给商店带来一些特别的东西。从这一方面来说，我们必须提到波道夫古德曼和巴尼斯。

波道夫·古德曼：开始只是一个裁缝店，1928 年开张时位于现今的曼哈顿第五大道和 58 街交界处，前康内留斯·范德比尔特（Cornelius Vanderbilt）大厦里。今天，它以专业时装店而闻名。它包含了香奈儿、阿玛尼、古琦和伊夫圣洛朗（Yves Saint Laurent）的精品店中店。1990 年，波道夫·古德曼在女士时装百货商店的对面开了一家男士商店。

巴尼斯 1923 年起源于纽约。现在它在美国的主要城市拥有 13 家实体店。纽约店位于麦迪逊大道第 59 街，在游客中很受欢迎的一个地方，靠近一些顶级奢侈品牌商店，如卡尔文·克莱恩（Calvin Klein）、托德斯（Tods）和爱马仕。它可以被看做一个全系列的服装百货商店，地下层还专门卖香水和化妆品。巴尼斯因其很强的创造精神而和时而“骇人”的橱窗而闻名。它也一直在寻找发掘新的设计天才。巴尼斯的时装总监被纽约时报杂志称为“时尚界最有影响力的人物”。她是第一个把阿尔伯·艾尔巴茨（Alber Elbaz）、普罗恩萨·施罗（Proenza Schouler）、奥利维尔·泰斯金斯（Oliver Theyskens）和戈雅（Goyard）引入美国的人。毫无疑问，时尚界的每个人都应该了解和尊重这个商店。

案例 1：鳄鱼恤的店中店

鳄鱼恤进入北京市场已近 20 年，一直以来，代理商在各大商圈都建立了自己的网点。公司改变原有的代理制经营模式后，在原有的基础上，正着力建立自己的终端销售网点。目前的18家店铺都是商场店中店，这延续的是以前的销售模式。

"我们要做的工作是整合网点，把18家零散的店铺重新调整。"鳄鱼恤北京分公司副总经理说，未来一年的工作重点是做好品牌形象，并计划对店铺作一个清晰的划分：20%专卖，80%百货商场。把专卖店开起来，调整现有的百货，因为他坚信终端是最好的广告。

在北京周边，如顺义，鳄鱼恤选择开专卖店。副总经理解释说，"实际上，这个地方的商场与品牌形象是有很大差距的，比较低端，所以我们会选择开专卖店。因为这里租金成本低，做出来的生意额都不错。"

在王府井商圈，鳄鱼恤租下新东安市场200平方米以上的店中店。"除了租店铺，我们还会买店铺，因为在零售中租金占了很大的比例，房价一直往上爬，就意味着租金也会一直涨，所以我们会以合理的价格把它买下来，开我们的专卖店。这样一方面可以减轻租金的压力，还可以避免租赁合同到期被挤出这个商场。这是我们的重点策略，很多品牌也都在这么做。"根据不同地域特点，专卖店与店中店搭配销售，各取所需，在销售渠道建设上，鳄鱼恤找到一条适合自己的路。

案例2：店中店——别无他选？

依革思儿（EXR）品牌由韩国投资，设计团队也都是由韩国人组成，在中国的运作处于起步阶段。"新品牌进入一个国家，第一关就是要得到百货公司的认可，只有百货公司给你一席之地，才会有可能让消费者进而认识。"在依革思儿（上海）商贸有限公司北京分公司营业部经理张科峰看来，在商场开店中店是必然的选择。

"我们把渠道分为十二种，最重要的就是购物中心和百货商场。在购物中心和百货商场开店中店是白领拓展渠道一贯的模式。"白领服饰有限公司总经理董振宇说，"不开街边店是根据企业运营的独特方式，这样可以有一些针对性的策略，比如可以进入机场或直营。在百货公司开店中店也是国际一、二线品牌进入中国最普遍采用的模式，这个渠道对他们非常重要。"

"现在很多品牌开街边的专卖店也获得了很好的发展，在做服装的同时也做了商业地产，两方面都可以得利。开专卖店还是店中店要根据自己的策略，因为白领是高端的品牌，要做专卖店就必须有很好的街区，目前在中国，不管哪个城市，这样的街区都很少。此外专卖店要培养固定客流形成，有一个时间成本。而在百货公司本身就有很大的客流，这对成本控制非常有利。”

专卖店——无奈的选择？

尽管品牌专卖店也是服装销售的重要方式，然而与商场店中店相比较，专卖店似乎只能退居二线。

在中国商业联合会副秘书长，商业信息中心副主任王耀看来，在街边开专卖店更多是为进入高端商场做准备。“一些品牌的定位比较高，但不能进入高端市场，只能先进入低一些的市场，希望再慢慢拔高。但这种拔高是很困难的，进入二级商场后，便很难再进入一级商场。规避这个问题的方法是，自己先开专卖店，将品牌形象做好，给商家一个不错的印象，经过一段时间的积淀，再进入高端百货。”

“在一些商圈，店中店是很难开的，想请你进去的商圈人流不是很大，你想进入的商圈又没有位置，在这种情况下不得已开专卖店。一般选择专卖店这种形式有两种：一是品牌非常成熟，更利于培养忠诚客户，一是不能进入好的商圈，用专卖店来培育品牌。”

服装企业——只有顺从？

“在可选择的商圈中，是建立品牌专卖店，还是做店中店，在许多时候不是品牌能够左右的。”在张科峰看来，服装企业在更多的时候只有顺从，“商场有自己的利润分成方式，比如燕莎就是抽成，而其他一些百货就是收租金。在商场收租金的情况下，一般会选择专卖店，而对于商场抽成的情况下，自然就是店中店模式。专卖店模式这种方式操作起来比较简单，就是给商场付租金，专卖店的管理，比如导购人员的选择与培训等，都由我们自己掌控。而店中店的模式下，品牌销售的好与坏与商场的利益挂钩，因此商场会干预品牌的销售，提出一些要求和限制。在销售量比较大的情况下，品牌乐意选择开专卖店：如果我一个月销售额两百万的话，除去十万元租金剩下的都是自己的收入。而假如选择店中店模式，我们盈利多了商场抽成也多，品牌就要付给商场更多的利润。”

七匹狼实业股份有限公司金源新燕莎经理郗运兴介绍说：“北京有多种多样

的商圈形式，商场与我们品牌的合作方式也各不相同。七匹狼品牌与京城商场的合作，有的以租金的形式，有的则属于联营的形式。总的来说，我们还是认为租金形式下的专卖店更好操作，我们可以自己掌控一些促销活动。但是有时候要进某个商场，也不得不根据商场的规定选择联营形式。联营形式下，我们销售的针对性相对差一些。顾客并不是专门冲着你的品牌而来，而是在逛的过程中，看见合适的就买了。而像我们旗舰店的顾客，就体现出更大的品牌关注度和忠诚度。”

郗运兴对于旗舰店这种模式非常青睐：“我们的旗舰店面积大，能够展示丰富的产品品类，来这里的顾客消费层次相对比较高。一个顾客买了上衣，还要搭配裤子、衬衫等，因此单个顾客成交额比较大。这样，我们金源新燕莎七匹狼旗舰店搞会员模式就比较容易。从这几个月的销售情况看，有个别顾客的购买额度在一两个月之内就积累到一两万。而在商场的专柜，要做会员活动就不太方便。”郗运兴比较说，“一是因为商场联营形式下，顾客对品牌的依赖感差一些；二是因为商场总会定期不定期的搞活动搞促销，会员活动就意义不大。”

知识链接 1：新光天地（Shin Kong Place）①

新光天地是由台湾新光三越百货公司与北京华联集团合资成立的一家百货店，双方各占 50% 股份，总资本额逵 7.5 亿元人民币。北京新光天地与华贸中心的丽思·卡尔顿（Ritz-Carlton）、JW 万豪（JW Marriott）两座超豪华酒店、三座甲级智能写字楼相邻，该区域吸引了世界级众多的财团和集团公司进驻，使 CBD 繁华地段东移，形成了新的国际商务区域。作为中国单体面积最大的百货公司，新光天地拥有宽敞舒适的购物空间，其建筑面积为 18 万平方米，营业面积为 12 万平方米，地上六层，地下四层。

新光天地聚集了来自世界的 90 多个国际项级品牌、938 个全球知名品牌，并拥有香奈儿、古琦、普拉达等国际顶级品牌旗舰店，登喜路、安娜·苏等国际名品新概念店，此外，还包括许多首次在中国开设的品牌专柜。新光天地百货商店中进口货品占到 61%，其中许多世界顶级品牌在中国市场保持与世界同步上市，每一季新品与其在巴黎店或纽约店中展示的毫无二致。

---

① 资料来源：新光天地官方网站。

新光天地努力把大众与高端品牌之间的距离缩至最短，为不同类型的消费者提供细致服务，揭开品牌消费文化的神秘面纱，展示全新生活方式。它将国内外百货零售业的领先优势整合在一起，向顾客提供优质服务，例如多语种的全程导购，让你购物沟通无障碍，还有育婴室、修改室、儿童游戏区等，并以独特的“高感度国际百货”经营理念，打造全新百货品牌新概念（图 4–1）。

图4–1　新光天地

知识链接 2：法国的两家百货商店

法国有两家（除乐蓬马歇百货之外）大型连锁店：春天百货（Printemps）和老佛爷百货（Galeries Lafayette）。

春天百货成立于 1865 年，现在有 23 家百货商店，2009 年总销售额达 10 亿欧元。它隶属于奢侈品配送公司 PPR，但 2006 年，它被卖给了家族控股集团毛里齐奥·博莱蒂（Maurizio Borletti），曾拥有意大利复兴百货公司（La Rinascente）和德意志银行资本投资集团。自那次并购之后，它位于奥斯曼大道的主店被全部翻新。在这座专注时尚的建筑物的中心，有一个宽阔的中庭，使商店更加优雅和光亮。奥斯曼商店销售区域面积达 435000 平方英尺，每天接待 40000～100000 名顾客。据估计，奥斯曼商店 25% 的顾客是外国游客。春天百货的格言“现代与传统”并不能传递很多信息，但它的精神是要有非凡的创造性、总能想出新的想法和新的产品。

老佛爷百货，1891 年在老佛爷街的一个拐角创建（这也解释了名字的由来），隶属于一个家族企业。这个企业 2009 年的销售额达 51 亿欧元，其中包括它所持有的另一家百货公司 BHV 和 50% 的不二价连锁商店。老佛爷百货拥有 60 家商店，2009 年的销售额为 25 亿欧元。位于巴黎奥斯曼大道的老佛爷旗舰店占地面积 700000 平方英尺，贡献了超过 10 亿欧元的销售额。它一天可以接待超过 10 万名顾客。这两家百货商店连锁都是非常有创造力和专注时尚的。它们包含了大多数的顶级品牌，无论是在开放的角落商铺、柜台还是店中店。尽管它们在时装销售上占据很重要的地位，但香水和化妆品只占据了它们不足 10% 的销售额。

➢ 活动问题

1）思考为什么会选择奢侈品店中店和百货店？

2）奢侈品店中店和百货店有何区别和联系？

3）你所了解的奢侈品店中店和百货店是什么？

➢ 如何完成任务

1）确定本次任务小组长。

2）阅读完以上案例和材料后思考并记录奢侈品店中店和百货店的特点。

3）小组形式讨论奢侈品店中店和百货店的联系和区别，完成下面记录单（表 4–3）。

4）全班交流。

表4–3　奢侈品店中店和百货店分析记录单

讨论问题	自己的观点	团队其他人的观点
1.你所了解的奢侈品百货店是什么？		
2.有哪些著名的奢侈品百货店？		
3.奢侈品店中店的特点是什么？		
4.选择奢侈品店中店的原因是什么？		
5.奢侈品百货店、店中店、专卖店有何区别和联系？		

➢ 活动评价（表 4–4）

表4–4　活动评价表

评价指标	单项指标	评价标准	自我评价
参与情况	学习投入情况	按课堂要求思考问题、参与小组活动	☆☆☆☆☆
	提出问题并发表见解	参与讨论问题，因自己的见解	☆☆☆☆☆

续表

评价指标	单项指标	评价标准	自我评价
合作与交流情况	认真听取别人意见并询问	认真倾听，礼貌，有回应，适时询问	☆☆☆☆☆
	将自己的资料与大家分享	表达自己见解并与大家交流	☆☆☆☆☆
	参与团队讨论	积极主动，踊跃发言	☆☆☆☆☆
时间利用	在规定的时间内完成任务	时间效率	☆☆☆☆☆
学习主动性	遇到自己不能解决的问题请教他人	询问并记录要点	☆☆☆☆☆
	遇到自己不能解决的问题查资料	查阅且做好记录	☆☆☆☆☆
任务完成情况	是否完成所有任务	能完成每个任务	☆☆☆☆☆
	有新的发现	能否创新	☆☆☆☆☆
	对问题的理解	迅速找到问题的关键词	☆☆☆☆☆
综合表现	展示出自己最好的状态	根据自我感受	☆☆☆☆☆
评价结果“☆”少的如何改进：			
教师点评：			

注：优 ☆☆☆☆☆ 良 ☆☆☆☆ 中 ☆☆☆ 差 ☆☆ 没参与☆

任务3　认知全球知名奢侈品旗舰店

活动：阅读下面关于奢侈品旗舰店的材料内容，完成后面的任务。

奢侈品同的销售渠道对应不同的营销目的。旗舰店，顾名思义：它的意义不仅仅在于赚钱，更是作为一个展示并推广其品牌的店面而存在。除了销售商品，它们像是一个展品陈列室，让记者、品牌代理人和海外经销商更加全面地了解其品牌形象以及其推广途径。

旗舰店一般设立于该品牌的诞生地，比如爱马仕旗舰店就位于巴黎圣·奥诺雷街。传统意义上，巴黎的旗舰店即使不是第一家店，也是年代比较久远的店，它们向世人充分地展示了所有的产品组合。事实上，它们不仅是一家大型商店，更是这个品牌文化的象征。位于巴黎康朋街的香奈儿也是一家旗舰店，作为香奈儿品牌的第一家店面，它完美地展示了香奈儿的所有产品系列。同样，位于巴黎蒙田大道上迪奥也是一家历史久远的旗舰店。

但是在过去的十年中，随着品牌全球化，奢侈品品牌经理人将“旗舰店”进行了新的定义。如今，各大奢侈品牌不仅在其发源地拥有旗舰店，在众多重要的城市，如东京、香港、纽约以及上海等，都设立了旗舰店。这一商业行为的意义在于将奢侈品旗舰店打造成“皇冠明珠”，成为这一地区的品牌象征，彰显品牌理念，促进公共关系。一个真正的奢侈品旗舰店不仅能有效地实现公共关系的促进，还应该带来大量的消费者，达到其根本的盈利目的。

案例：路易·威登巴黎香榭丽舍大道旗舰店：一场时尚与艺术之旅[①]

有人说，没有来过香榭丽舍大道不算真正到过巴黎；没有来过路易·威登的总店，就不算真正到过香榭丽舍大道。

---

① 顶级奢侈品旗舰店全球巡礼。中华网，2006年。

图4-2　路易·威登巴黎香榭丽舍大道旗舰店

2005年10月12日，坐落于巴黎香榭丽舍大道101号的LV旗舰店正式开幕，巧合的是，这个地点正面向路易·威登1914年在香榭丽舍大道70号的旧址，见图4-2。新店共高7层，其中4层都提供零售服务。当顾客进入店内，见到的不是传统式的分层设计，而是接连不断的走道。每一条走道都提供新的景象、新的观感和新的体验。作为时尚旅游的始创者，路易·威登又在开创一个备受瞩目的探索之旅。店内的地面铺砌了优雅的棕色和米黄色石灰岩，与店外街道上的地面图案如出一辙。而坐落于店铺中央的中庭拥有相当于6层楼的高度，分解了由纤巧钢管发射的光线，其设计灵感源自香榭丽舍大道上著名的半球形喷泉。

香榭丽舍大道的路易·威登王国屡创先河：首次选用了一群尖端艺术家的作品在店内做永久性的陈列，让现代艺术成为品牌不可或缺的部分。与艺术的结合可以说是路易·威登在建筑方面的创意，也是品牌与艺术界久远渊源的延续。发掘新鲜事物是每个旅程的目标，因此也是路易·威登旗舰店漫步长廊的基本元素。客人可以见到美国艺术家JAMES的灯饰雕塑，丹麦的概念艺术家OLAFUR也专门为路易·威登带来了作品，升降机的设计概念是将店铺的地面和建筑物顶层直接联系起来，就像一个与店内其他部分完全隔离且“漫无目标”的空间。店里同时设有书籍，除了路易·威登注销版的 *CITY GUIDES*、*CARNETS DE VOYAGE* 外，还有一系列与独特的与艺术、旅游或生活品位有关的书籍。同时，店内提供的独特产品也显示出路易·威登的创意和香榭丽舍大道总店的重要地位。产品包括多款专为香榭丽舍大道总店而创的皮具、鞋履、腕表和珠宝首饰。该店也是全球第一个出售全新太阳眼镜系列的路易·威登专门店。不可不提的是，为了提升香榭丽舍大道形象，首次加入了象征路易·威登的 Monogram 金属层布置。金属层排列在双层高度的橱窗后，向上伸展到圆形大厅的角落，与店铺的外貌非常协调，标志着整座路易·威登建筑物。

知识链接：全球最美奢侈品旗舰店 TOP10

1. Chanel 伦敦 New Bond Street 旗舰店

伦敦 Chanel 旗舰店外部与内部如图 4-3、4-4 所示。

图4-3　伦敦Chanel旗舰店外部

图4-4　伦敦Chanel旗舰店内部

这个店是 Chanel 香奈儿目前全球最大的旗舰店，新店面积 1000 平方米以上。三层楼的空间历经 15 个月建成，展示的是一个“卡尔·拉格斐创造的宇宙”。而梦幻般的雕塑来源于香奈儿的经典珍珠，由 Jean-Michel Othonie 打造，全部由威尼斯玻璃手工吹制而成。

2. Louis Vuitton 上海恒隆广场旗舰店

Louis Vuitton 上海恒隆广场旗舰店如图 4-5、4-6 所示。

图4-5 Louis Vuitton上海恒隆广场旗舰店之一

图4-6 Louis Vuitton上海恒隆广场旗舰店之二

上海恒隆广场（专题阅读）旗舰店升级为中国首家路易·威登之家，推出奢侈品（专题阅读）定制服务。同时手工工作室也位于其中，Louis Vuitton 手工工作室将向客人提供包括个性化定制（Made-to-Order），度身定制（Custom-Made），文字及字母的烫印，绘制以及 Mon Monogram 在内的所有特别订制服务。独立的贵宾楼层则为客人提供完全私密的个性化体验，而四楼则是 Louis Vuitton 收录的各位艺术家作品展览室。

3. GUCCI 纽约第五大道旗舰店

GUCCI 纽约第五大道旗舰店如图 4-7 所示。

图4-7　GUCCI纽约第五大道旗舰店

Gucci 纽约第五大道旗舰店，占地 4000 平方米以上，是 Gucci 全球最大的旗舰店。Giannini 还特别为纽约第五大道的旗舰店，设计了一系列符合纽约顾客品味的限量版产品，而且更会按不同季节而有所变化，并只供第五大道 Gucci 销售。三楼设有 VIP 贵宾区，Gucci 尊贵客户可从五十六街进入贵宾专用电梯，直达三楼的贵宾区。区内设有贵宾试衣间，展示各样产品，同时播放着最新时装展片段，更设有私人酒吧服务，及无线网络服务。

4. GUCCI 东京银座旗舰大楼

GUCCI 东京银座旗舰大楼外部与内部如图 4-8、4-9 所示。

图4-8　GUCCI东京银座旗舰大楼外部

图4-9　GUCCI东京银座旗舰大楼内部

这是Gucci第一次在东京最高级的购物区中拥有一整幢建筑来创建旗舰店。这座八层楼高的塔形玻璃建筑成为东京的时尚标志。4层还有只能在米兰专卖店和银座才能购买到的GUCCI咖啡。此外，在商场6楼不仅有售后服务专区，还开创了展示区，根据时期不同GUCCI还会举办能够体验到世界感的展示会。另外，GUCCI银座也有限量版商品，有很多只有在银座能买到的印刷品以及商品款式。

5. Burberry伦敦摄政街旗舰店

Burberry伦敦摄政街旗舰店外部与内部如图4-10、图4-11所示。

图4-10 Burberry伦敦摄政街旗舰店外部

图4-11 Burberry伦敦摄政街旗舰店内部

位于伦敦摄政街的这间提供终极奢侈服务体验的旗舰店，配置了未来主义的高科技屏显，每个楼层都有订制产品的数字信息显示，部分商品还带有芯片，可用射频识别（RFID）读取其中的影音内容。该店的店员每人都配备了一台iPad，用以记录顾客的购买历史和个人偏好，以提供更好的个性化购物体验。这间营业面积超过4000平方米的旗舰店每周还将举办主题活动，推介音乐、电影、戏剧、艺术方面的年轻人才。

6. Hermès 巴黎总店

Hermès 巴黎总店外部与内部如图 4–12、图 4–13 所示。

图4–12　Hermès巴黎总店外部

图4–13　Hermès巴黎总店内部

爱马仕巴黎圣特娜福宝大道 24 号总店，在 RDA 建筑事务所和 Denis Montel 的精心设计之下，摇身一变将原 Lutetia 游泳池，演变为时尚艺术中心。巴黎爱马仕总店很大，陈列的包只有带标价的是出售的，没有标价的不出售。要买到 birkin 和 kelly 包，只能看运气。H 字的皮带一人只能买一条，也就是您在向柜员询问时一定要想好自己需要什么尺寸、颜色，否则一次问过后，即使没有，再问别的尺寸，柜员一般不予理睬。

7. Valentino 纽约麦迪逊大道旗舰店

Valentino 纽约麦迪逊大道旗舰店外部与内部如图 4–14、图 4–15 所示。

图4–14　Valentino纽约麦迪逊大道旗舰店外部

图4–15　Valentino纽约麦迪逊大道旗舰店内部

坐落在纽约曼哈顿 Madison Avenue 麦迪逊大道 821 号的 Valentino 旗舰店，位于一幢 4 层的大屋内，总面积达 5295 平方尺，采用英国建筑师 David Chipperfield 联合 Valentino 华伦天奴创意总监 Maria Grazia Chiuri 和 Pierpaolo Piccioli 共同打造的零售设计概念。手袋配饰、日常服装和晚装分别占据该店的首层、二层和三层，四层则由三间颜色主题各异的 VIP 室组成，是全美首家附设整层 VIP 套间的 Valentino 华伦天奴门店，而且只接受提前预约。

8. Dior 台北 101 旗舰店

Dior 台北 101 旗舰店外部与内部如图 4-16、图 4-17 所示。

图4-16 Dior台北101旗舰店外部

图4-17 Dior台北101旗舰店内部

Dior 台北 101 旗舰店占地 1800 平方米，并将巴黎 Avenue Motaigne 蒙田大道上的旗舰店之灵感延伸至此。一个液晶体组成的电视墙，将一楼及二楼连成一体，不间断地播放着出自艺术家 OYARAM 之手的录像艺术。

9. Tiffany & Co. 纽约第五大道旗舰店

Tiffany & Co. 纽约第五大道旗舰店如图 4-18 所示。

图4-18　Tiffany & Co.纽约第五大道旗舰店

蒂芙尼位于第五大道的旗舰店是纽约城中最富传奇色彩的浪漫之地。部分蒂芙尼无与伦比的珠宝臻品就打造于这位于第五大道旗舰店上层的工作室。同时美国第一个百达翡丽沙龙就位于蒂芙尼第五大道旗舰店内。而 Tiffany Diamond 蒂芙尼黄也钻一直陈列于主楼层，引得无数顾客纷至沓来，一睹其璀璨光彩。旗舰店毗邻中央公园，现代艺术博物馆，洛克菲勒中心，巨石之顶，卡耐基音乐厅，中央车站等知名地点。

10. Bottega Veneta 米兰旗舰店

Bottega Veneta 米兰旗舰店外部与内部如图 4-19、图 4-20 所示。

图4-19　Bottega Veneta米兰旗舰店外部

图4-20　Bottega Veneta米兰旗舰店内部

意大利品牌 Bottega Veneta 在米兰开设旗下首个品牌之家。面积达 1000 平方米。整间旗舰店坐落在一个 18 世纪的双层宫殿之内，面向一个私家花园。有意思的是门店辟有两个男女两个不同入门。

➢ **任务问题**

1）奢侈品旗舰店的选址有何特点？

2）案例中列举的全球最美奢侈品旗舰店 TOP10 有什么共同特点？

3）你所了解的知名奢侈品旗舰店有哪些？

➢ **如何完成任务**

1）确定本次任务组长。

2）阅读完以上学习资料后，自己列出奢侈品旗舰店的特点。

3）小组讨论后，分析奢侈品旗舰店的选址特点及全球最美奢侈品旗舰店 TOP10 的共同特点，填写下列记录单（表 4–5）。

表4–5　奢侈品旗舰店分析记录单

讨论问题	自己的观点	团队其他人的观点
1.奢侈品旗舰店是什么？		
2.奢侈品旗舰店选址策略有何特点？		
3.列举出全球最美奢侈品旗舰店TOP10有什么共同特点？		
4.思考奢侈品旗舰店与专卖店有何区别？		
5.你所了解的知名奢侈品旗舰店有哪些？		

➢ **任务评价（表 4–6）**

表4–6　活动评价表

评价指标	单项指标	评价标准	自我评价
参与情况	学习投入情况	按课堂要求思考问题、参与小组活动	☆☆☆☆☆
	提出问题并发表见解	参与讨论问题，因自己的见解	☆☆☆☆☆

续表

评价指标	单项指标	评价标准	自我评价
合作与交流情况	认真听取别人意见并询问	认真倾听，礼貌，有回应，适时询问	☆☆☆☆☆
	将自己的资料与大家分享	表达自己见解并与大家交流	☆☆☆☆☆
	参与团队讨论	积极主动，踊跃发言	☆☆☆☆☆
时间利用	在规定的时间内完成任务	时间效率	☆☆☆☆☆
学习主动性	遇到自己不能解决的问题请教他人	询问并记录要点	☆☆☆☆☆
	遇到自己不能解决的问题查资料	查阅且做好记录	☆☆☆☆☆
任务完成情况	是否完成所有任务	能完成每个任务	☆☆☆☆☆
	有新的发现	能否创新	☆☆☆☆☆
	对问题的理解	迅速找到问题的关键词	☆☆☆☆☆
综合表现	展示出自己最好的状态	根据自我感受	☆☆☆☆☆
评价结果“☆”少的如何改进：			
教师点评：			

注：优☆☆☆☆☆　良☆☆☆☆　中☆☆☆　差☆☆　没参与☆

任务4　认知奢侈品品牌折扣店（Outlets）

活动：阅读下面关于奢侈品品牌折扣店（Outlets）的案例，完成后面的任务单。

案例：奥特莱斯低价为何？揭秘工厂店真相

美国密西西比州 Outlets 如图 4-21 所示。

图4-21　美国密西西比州的Outlets是全美最大的工厂店之一

“回国要送礼，去趟 Woodbury Outlets 吧。”

这是现在很多中国朋友到纽约后一定有的旅游项目。就像 1990 年代中期我刚移居美国时，曾被早来的朋友带去两个地方见识资本主义的面貌：一个是大西洋赌城，另一个便是这个叫 Outlets 的地方。

那时真的以为 Outlets 是一个地名，后来才知道其实是一种商业模式，朋友解说为“工厂直销店卖场”，东西跟曼哈顿岛上的相同品牌一样，价格却便宜不少。这听起来就让人兴奋，逛起来也甚是惬意。

第一次 Outlets 之行，我买了一件卡其色 Polo 夹克，售价 50 多美元，比曼哈顿第五大道 Ralph Lauren 旗舰店里的同款夹克至少便宜一半。那时虽然还是穷学生，可看到这么好的 deal 也不禁动了心。

只是那件夹克买回家，我又犹豫起来，于是拿到第五大道上的正规店（Regular Store）去退。不成想，客户服务部工作人员翻看一眼却说退不得："你这是在 Outlets 买的吧？"我十分惊诧他的眼力，他犹豫再三，好像不愿伤害我的自尊，但还是拿过一件店里的夹克对我解释说："你对比着看看就知道了，我们这里的夹克与 Outlets 终究是不同的。""是么？我半明白半糊涂地反问，难道 Outlets 不像宣传的那样，卖的是与正规店一样的东西，只是因为缺少了中间环节，价格才低了下来？"

这一模糊疑问到我工作后很快从反向得到了答案。我供职的第一家公司是靠已有上百年历史的内衣品牌 Maidenform 养活的，其最主要的订单是棉布绣花睡衣。可第一季过后，我找遍全岛百货店也没找到我的设计。

问老板才知道，原来我们的睡衣只在 Maidenform Outlets 销售，就是说，根本不会出现在正规店里。Outlets 卖的果真并不是"工厂直销"。

几年后，我入职一家为纽约某著名内衣设计师品牌提供设计和生产的公司。这位设计师常常带来的合作项目是专为 Saks Fifth Avenue Outlets 订制的设计。

她通常对这组设计有如下要求：要与她卖给 Saks Fifth Avenue 百货公司的设计呼应，即从颜色到材料都具有其当季品牌的辨识度，但又决不能一模一样；当然更重要的，零售价要更便宜。总而言之，她希望让 Outlets 的顾客既能辨认出是她的品牌，又能因为价格低于第五大道而激发出购买欲望。

原来这才是 Outlets 的真相。虽然偶尔的确会销售少量正规店的尾货，比如我就曾以八分之一的价格淘到一件 Ralph Lauren 紫标磨皮夹克，但其货架上绝大部分货品是买手通过独立供应渠道，按照 Outlets 标准采购来的。

➤ ***活动问题***

1）奢侈品品牌折扣店（Outlets）有何特点？

2）阅读完以上案例内容后，思考奢侈品品牌折扣店的进货渠道有哪些？

3）奢侈品品牌折扣店和工厂直销中心是一回事吗？

➢ ***如何完成活动***

1）确定本次任务组长。

2）阅读完案例后，自己列出奢侈品折扣店的特点。

3）以小组形式讨论奥特莱斯这种奢侈品销售渠道的优缺点，完成下面的记录单（表4–7）。

4）全班交流。

表4–7　奢侈品品牌折扣店分析记录单

讨论问题	自己的观点	团队其他人的观点
1.奢侈品品牌折扣店有何特点？		
2.奢侈品品牌折扣店的选址特点？		
3.奢侈品品牌折扣店是工厂直销吗？		
4.奢侈品品牌折扣店有哪些进货渠道？		
5.奢侈品品牌折扣店如何做到低价？		
6.你所理解的奥特莱斯是什么？		

➢ ***活动评价（表4–8）***

表4–8　活动评价表

评价指标	单项指标	评价标准	自我评价
参与情况	学习投入情况	按课堂要求思考问题、参与小组活动	☆☆☆☆☆
	提出问题并发表见解	参与讨论问题，因自己的见解	☆☆☆☆☆
合作与交流情况	认真听取别人意见并询问	认真倾听，礼貌，有回应，适时询问	☆☆☆☆☆
	将自己的资料与大家分享	表达自己见解并与大家交流	☆☆☆☆☆
	参与团队讨论	积极主动，踊跃发言	☆☆☆☆☆
时间利用	在规定的时间内完成任务	时间效率	☆☆☆☆☆
学习主动性	遇到自己不能解决的问题请教他人	询问并记录要点	☆☆☆☆☆
	遇到自己不能解决的问题查资料	查阅且做好记录	☆☆☆☆☆

续表

<table>
<tr><td>评价指标</td><td>单项指标</td><td>评价标准</td><td>自我评价</td></tr>
<tr><td rowspan="3">任务完成情况</td><td>是否完成所有任务</td><td>能完成每个任务</td><td>☆☆☆☆☆</td></tr>
<tr><td>有新的发现</td><td>能否创新</td><td>☆☆☆☆☆</td></tr>
<tr><td>对问题的理解</td><td>迅速找到问题的关键词</td><td>☆☆☆☆☆</td></tr>
<tr><td>综合表现</td><td>展示出自己最好的状态</td><td>根据自我感受</td><td>☆☆☆☆☆</td></tr>
<tr><td colspan="4">评价结果“☆”少的如何改进：</td></tr>
<tr><td colspan="4">教师点评：</td></tr>
</table>

注：优 ☆☆☆☆☆　良 ☆☆☆☆　中 ☆☆☆　差 ☆☆　没参与☆

任务5　认知奢侈品免税店的特点

活动：阅读下面关于奢侈品免税店的学习材料和案例，完成后面的任务。

自从 1947 年爱尔兰香侬国际机场免税店开业，标志着现代免税业的开始以来，免税购物开始在世界各地普及。很大一部分奢侈品是人们在旅行的时候购买的。拿香水来说，据估计全世界 20% 的香水是在免税店购买的。白兰地和领带也是这样，免税购买占全世界销量的 15%。免税店通常位于中转站，例如机场，游客可以在登机前购物。它是经过国家批准的向一定的消费者提供免税商品的场所。在免税店中，奢侈品品牌的目标顾客为偶然性消费者以及出国旅游或工作的传统奢侈品消费者。人们可以在候机过程中，为家人、朋友或自己选购礼物。这些商店展示了这样一个很好的机会——在一个高端的环境里为顾客提供一个折扣价并真正节约成本。另外，对于奢侈品购买者来说，免税店向其提供了一个很好的享受折扣的机会。然而，采用免税店销售商品的不足之处在于有限的空间以及有限的商品。在旅行还不是特别普遍的时候，这个折扣市场是留给少数有特权的人的，即使现在人人都旅行，它还是保留了一些奢华的特点，因为坐飞机或游轮旅行依然是一种相对高端的活动。

免税店购物特点：

①免税店购物优势：

a. 价格优势。机场免税店在部分产品的价格上占有一定优势，通常来说，免税品平均比百货公司相同商品的价格低 30% 左右。尤其是一些化妆品套装，有时候比单一产品加起来还要便宜得多。免税品一般为国际著名奢侈品品牌商品。

b. 品质优势。免税店出售的免税商品都是真品，质量得以保证。

c. 时间优势。消费者可以利用候机时间进行购物，将免税店购物变成旅行的一部分。

②免税店购物劣势：免税店出售的产品相对单一，品种相对较少。许多奢侈品品牌并没有开设免税店零售渠道，消费者可能在免税店不能买到自己想要的商品。

案例：全球免税市场 2015 年达近 600 亿美元[①]

在美国，免税店并不十分普遍，不过由两位美国人创办的 DFS 免税店在世界上还是很有影响力。1960 年，美国人查尔斯·菲尼和罗伯特·米勒在香港创办了第一家 DFS 免税店。随后几十年里，DFS 扣准海外旅行风潮脉搏，焦点对准亚洲旅客，先后在日本、新加坡、中国香港、中国澳门、印度、印度尼西亚等地加大投资，开设机场店及市区店，同时也在澳大利亚、新西兰、欧洲、中东的大机场扩大地盘。到 2014 年，DFS 销售额达到 37.5 亿欧元，全球大型免税店销售额排名第二。

---

① 资料来源：第一旅游网。2016-01-08。

DFS 的长足发展主要得益于看清了方向，跟上了时代。1996 年，轩尼诗—路易·威登收购了查尔斯·菲尼手上大部分的 DFS 集团股份，提出一个结合旅行及奢侈品元素的全新重点方案。从此，DFS 发生了“华丽转身”，不只注重于“免税之便宜”，而且注重于“质量之提高”。DFS 推出了一套围绕五大核心支柱——美妆及香水、腕表及珠宝、时装及配饰、酒类及烟草、美食及礼品的采购策略，并搭配一个全新的品牌口号：“旅行者的奢侈精品店”。

瑞士旅游零售商杜福睿在过去 10 年中通过 10 多项收购快速成长为全球领先的旅游零售商。根据杜福睿官网显示，截至 2015 年 9 月 30 日，这家有着 150 年历史的公司在全球 63 个国家和地区的店铺数量多达 2200 家，经营面积总计 40.3 万平方米。据介绍，杜福睿通过对不同地区顾客消费习惯的分析逐步形成自己的零售理念——以顾客需求为本。杜福睿对所有业务进行垂直管理，使自己能够对顾客的喜好和购买行为有直接和深入的了解。通过对目标市场的充分细分，杜福睿能够很好地将自身的全球拓展战略与对当地市场的了解相结合，以实现利润最大化。

韩国业界把免税市场比喻为“下金蛋的天鹅”。据韩国观光公社数据，2014 年 72% 的外国游客把访韩的目的定位在“购物”上。2014 年韩国全年旅游收入 19 万亿韩元（1 元人民币约合 183 韩元）中的 27%，即 5 万亿韩元由免税店创造。韩国的免税产业主要立足本国特色，发展“韩流”免税。如借助“韩流”热潮，化妆品行业从韩国内需产业，正向出口的新龙头产业转变。

杜福睿的发展史，特别是最近 7 年来的发展，几乎就是一部收购和合并史，也正是这一系列的收购和合并才最终奠定了它行业巨头的位置。杜福睿新闻负责人马里奥·罗拉说，“杜福睿确定了一个基本的经营战略，主要集中在三个方面来进一步发展业务，分别是：保持已有业务增长、大力增加新的特许经营权以及对其他公司进行收购和合并。”

比起欧美免税店，泰国王权免税店可谓后起之秀。随着泰国旅游业发展，王权免税店在 1989 年成立，从最早在曼谷市区开设免税店到后来遍布泰国主要国际机场，并于 2006 年在曼谷设立市区免税购物中心，到目前形成超过 3 家市区免税店和 5 家机场免税店的庞大商业规模。据透露，该公司计划近期在普吉岛开设新的免税购物中心，以吸引更多观光游客购物。

韩国免税市场增长的背后，访韩外国游客特别是中国游客消费规模的不断扩大是其中重要支撑因素之一。中国游客人均购物额达到了来自日本等一些国家和地区游客的4倍。通过自助游访韩购物的个体游客占比正不断提升。新罗免税店方面表示，5年前，来店中国游客多数为40多岁的男性顾客，而最近追逐时尚、“韩流”的20多岁女性成为主要消费群体。

以中国游客为对象，实施“定制型”的市场营销，韩国各免税店可谓不遗余力。乐天免税店市场部总经理金甫俊告诉本报记者，乐天免税店对中国市场和韩国本土市场实施双轨战略。

金甫俊指出，韩国年经济增长率不足3%，而韩国免税市场的增速保持约20%。外国游客利用免税店消费，除了推动免税店自身发展，还带动了周边商圈，扩大了韩国品牌的知名度。以乐天免税店为例，2010年国产品牌销售规模为3725亿韩元，而这一规模到2014年增长为13353亿韩元，增加了2.6倍。过去5年间，韩国国产品牌占比也从17.3%增加到37.6%。通过借助免税店进军海外市场，韩国国产品牌同样可以以此为跳板在国外打响知名度。

泰国朱拉隆功大学经济学院教授提拉纳对本报记者表示，王权免税店的成功在一定程度上反映了泰国旅游业迅猛发展的势头，同时也得益于一段时期以来该公司在泰国免税商品领域的垄断地位。更为重要的是，该公司搭乘泰国旅游业发展的“顺风车”，先后与亚洲航空、素万那普国际机场、廊曼国际机场等战略伙伴合作，占领国外游客赴泰“必经之路”，不断巩固自身的商业地位。

积极开拓海外市场，特别是将目光锁定中国，既是王权免税店长期经营战略，更是激烈市场竞争中的求胜之策。据泰国旅游局统计，2018年前7个月，赴泰中国大陆游客超过478万人次，同比增加112%，游客规模稳居各国第一；中国大陆游客消费总额也达到约2291亿泰铢（约合409亿元人民币），同比增长约139%。

有评论分析指出，杜福睿此前盈利大幅依靠美洲市场，2013年收购竞争对手Nuance的目的就是想要扩大在欧洲与亚洲的市场占有率。据报道，2013年，

Nuance 的全球营业额中有近 67% 的部分来自亚太和欧洲市场。据行业内数据分析机构预计，由于亚洲市场的迅速崛起，到 2019 年，全球机场零售额预计将从 2014 年的 368 亿欧元增长至 570 亿欧元。对市场进一步扩大的预期也成为杜福睿近年来加快收购和合并步伐的一个重要原因。

旅游零售商店在两个基本条件下运营。由于它们销售的商品并没有真正进入这个国家，它们并不需要交进口税。因为它们没有“在这个国家”销售，它们不受当地经销商的利润管制。虽然当地的免税运营商不需要支付进口税或地方税，但它们要支付机场费，可能会使价格高出两到三倍。表 4–9 说明了免税系统的运作过程。

如下表所示，如果一个香水公司在德国的香水店以 105 欧元的零售价格销售它的产品，它的出口价格实际只有 26.2 欧元，如最后一列所示，之间的差异主要是因为经销商的巨额利润及广告和促销计划的成本。当产品直接销售给法兰克福机场免税店的经营商，香水公司只需要开价格为 32 欧元的发票；也就是说，如果通过德国经销商来销售，价格几乎是机场的两倍。因此，每个人都是获益的，消费者得到一笔更划算的交易，制造商卖了一个更高的出口价格，即使成本结构中不加入广告预算。

表4–9　免税店定价系统

单位：欧元

项目	法国国内零售	欧洲免税店零售	经过当地经销商的德国零售价格
零售价格	100	—	105
没有增值税的零售价格	83.61	—	—
免税店零售价格	—	80	
批发价格	50	—	52.5
出口价格		32	16.2

表 4–10 从免税店运营商的角度解释了系统是如何运作的。

当免税店的运营商以 32 欧元的价格买入它只有 20% 的利润率；出口价格和免税零售价的差异大多是支付给机场运营商的佣金。实际上，机场有两个主要的收入来源：飞机的起落停放费和免税佣金；在许多情况下后者提供给机场一半以上的收入。

表4-10　免税店运营商的价格结构

名称	总量	百分比
机场零售	80	100
机场佣金	32	40
运营商利润	16	20
出口价格	32	40

免税店的运营商靠机场的特许权运营，特许权通常授予出价最高的竞拍者。这样的特许权可以持续一到七年，但是大多是七年。在准备竞价时，运营商会根据飞机的数量、目的地和国家的数量以及旅行者的类型（例如，是观光者还是商务旅行者）来预测他们的业务量，然后保证给一定数量佣金（可能在销售额的35%～55%），有时候也会承诺在特许权持续期间每年的最小销售量。

一般来说，在一个大型机场，竞拍的过程是十分激烈的，几乎全世界的运营商都会参与。运营商在竞拍时会考虑到一些因素，例如会不会开发新的目的地和新航线，然后利用他们每年对国籍和旅行类型的估计组合每一种奢侈品的分类：日本的消费者比美国消费者抽烟多，但是他们通常会抽柔和七星（Mild Seven），日本销量第一的香烟品牌。美国人购买威士忌和白兰地，对于白兰地，他们喜欢的牌子是轩尼诗（Hennessy），然后是人头马（Remy Martin）等。运营商可以根据他们对销量的估计准备一个商业计划，还有他们可以付给机场管理者的最大的特许权费用。

考虑到高额的机场佣金（可能是免税零售价的一半以上），在一些国家和地区如中国香港、关岛、新加坡和巴拿马设立市中心展览馆更加合理，因为这些地方没有进口税，且并不需要支付高额的机场特许权费用。

但是在这种情况下，免税运营商又回到了原始状态：他们处于当地经销商的官方领地，除非他们可以给他们的品牌施加压力以获得妥协。当然，即使这些市中心商店也是每个国家特殊的免税系统的成果。

一些时装和配饰品牌也经常在大型机场的店中店出现（如哈洛德的商品在希

斯罗一号航站楼销售）。这能否给顾客一个好印象？不一定是顶级的，但是如果他们不这样做，而他们的竞争者在这方面很有实力，他们就会被看低。

知识链接 1：全球主要经营免税业务的集团

① DFS（Duty Free Shop）环球免税店，隶属于 LVMH 集团。DFS 由两个美国的企业家创办于 1960 年，起初在香港经营，之后扩张到欧洲和全球各地。目前，全球范围内一共有 13 家 DFS 环球免税店，面积从约 2000 平方米到 16000 平方米不等。这 13 家店面遍布世界各地，包括奥克兰、巴厘岛、关岛、香港、澳门、夏威夷、冲绳岛、塞班岛、新加坡以及悉尼等地，主要销售美容化妆品、奢华精品、皮具以及服饰这几类商品。

② Nuance 集团。瑞士 Nuance 集团为全球规模最大的免税店集团，有着 90 多年的历史，目前店铺分布在四大洲 18 个国家的 61 个机场，一共经营 360 多家商店。1998 年，Nuance 集团与屈臣氏集团在香港成立合资公司，开展免税业务，目前为香港主要的免税零售商之一，主要在香港、澳门以及珠海的机场拥有 40 多家店铺。

③ BAA（British Airports Authority）。BAA 的前身为英国机场管理局，目前拥有和管理包括伦敦希思罗机场在内的英国各大机场，也经营机场的免税业务。

知识链接 2：三亚奢侈品免税店——奢侈品购物天堂[①]

三亚免税店（图 4–22）是由中国免税品（集团）有限责任公司倾力打造的世界一流、亚洲领先的市内免税店，见图 4–22。根据里昂证券的统计，中国奢侈品消费 56%发生在海外。三亚免税店共分为两层，面积 7000 平方米，经营香水、首饰、手表、皮具等几十类共两万种商品，包括近百个奢侈品的品牌。其中 GUCCI、Tiffany、阿玛尼、万宝龙等品牌都是首次在中国设立免税品牌。三亚免税店购物的免税零售价格将比国内百货商场低 10%～35%，与周边免税区域持平甚至更低。免税商品限额的同时也实施限量，化妆品、服装、笔、糖果限定在 5 件之内；小皮具限定在 4 件之内；首饰、丝巾、眼镜等限定在 2 件之内。顾客在店内付费，

① 三亚免税店年售 15 亿元被称为"五星酒店水准". http：//www. hkwb. net /newB / content / 2012–05 / 30 / content_765683_2.htm.

凭提货单在机场内提货。为保证旅客离岛时能顺利取到货物，三亚免税店在三亚凤凰机场提货隔离区设置了 40 个提货专柜，每个专柜有 2 个工位，预计可满足三亚旅游高峰时的需求，不会造成拥堵和滞留。

图4-22　三亚免税店

三亚免税店自开业以来，创造了多项销售纪录。天梭表单店销售数量全球第一。兰蔻、迪奥、阿玛尼、雅诗兰黛等品牌单点销售位居全球旅游零售市场销售前五位。消费者的购买热情反映出整个市场的繁荣。国家宏观经济背景及政策的推动，旅游业和旅游零售业以及中国奢侈品市场的快速发展推动了三亚免税店的成功。

> ***活动问题***

1）阅读以上案例内容，思考全球免税店中奢侈品的营销战略。

2）从免税店运营商的角度解释奢侈品免税店是如何运作的？

3）你所理解的奢侈品免税店营销渠道是什么？

> ***如何完成活动***

1）确定本次任务活动组长。

2）阅读完学习资料后，自己列出奢侈品免税店营销渠道的特点。

3）阅读以上学习内容并上网查询更多的相关资料，以小组形式讨论奢侈品旅游销售的营销策略，并填写下列任务单（表 4–11）。

表4-11　奢侈品免税店分析记录单

讨论问题	自己的观点	团队其他人的观点
1.在免税店购物有哪些优势和劣势？		
2.全球奢侈品免税市场的发展现状是什么？		
3.从免税店运营商的角度解释奢侈品免税店是如何运作的？		
4.奢侈品旅游销售有哪些营销策略？		
5.你有没有去机场免税店购物的经历？有的话说一下体会。		
6.你所理解的奢侈品免税店销售渠道是什么？		

➢ **活动评价（表4-12）**

表4-12　活动评价表

评价指标	单项指标	评价标准	自我评价
参与情况	学习投入情况	按课堂要求思考问题、参与小组活动	☆☆☆☆☆
	提出问题并发表见解	参与讨论问题，因自己的见解	☆☆☆☆☆
合作与交流情况	认真听取别人意见并询问	认真倾听，礼貌，有回应，适时询问	☆☆☆☆☆
	将自己的资料与大家分享	表达自己见解并与大家交流	☆☆☆☆☆
	参与团队讨论	积极主动，踊跃发言	☆☆☆☆☆
时间利用	在规定的时间内完成任务	时间效率	☆☆☆☆☆
学习主动性	遇到自己不能解决的问题请教他人	询问并记录要点	☆☆☆☆☆
	遇到自己不能解决的问题查资料	查阅且做好记录	☆☆☆☆☆
任务完成情况	是否完成所有任务	能完成每个任务	☆☆☆☆☆
	有新的发现	能否创新	☆☆☆☆☆
	对问题的理解	迅速找到问题的关键词	☆☆☆☆☆
综合表现	展示出自己最好的状态	根据自我感受	☆☆☆☆☆
评价结果“☆”少的如何改进：			

续表

教师点评：

注：优 ☆☆☆☆☆ 良 ☆☆☆☆ 中 ☆☆☆ 差 ☆☆ 没参与☆

任务6 认知奢侈品二手店的优势

活动：阅读下面关于奢侈品二手店的案例内容，完成后面的任务单。

案例：二手奢侈品店寄卖背后暗藏暴利[1]

二手奢侈品店铺如图 4-23、图 4-24 所示。

图4-23 二手奢侈品店铺

① 资料来源：华西都市报。2011-12-19。

图4-24　二手奢侈品店铺内部

奢侈品置换店就像二手奢侈品陈列室，所有东西都不是店主的，他们要做的就是为买卖双方牵线搭桥。二手奢侈品店如何赚钱？方式一卖家寄卖抽取成交额15%的服务费；方式二跟卖家谈好一口价，加价卖出，赚差额；方式三把代卖奢侈品借给楼盘、会所等每次获上万租金。成都二手奢侈品买卖有两种方式，一种是从成交价中抽取15%的服务费，另一种是协议价售卖。使用过的奢侈品包还能流通变现，2万多一个的限量版LV包只要六七千。是谁在消费二手奢侈品？传闻二手奢侈品置换店年入百万？记者深入探访成都二手奢侈品店，为您揭开奢侈品置换风光背后的财富密码。

1. 现象：二手奢侈品店现开业潮

一家装修精致的小店内“金屋藏娇”，LV、GUCCI、江诗丹顿、百达翡丽、爱马仕近百款奢侈品陈列其中。今年，这样的二手奢侈品店在成都扎堆出现，平均每1个月就有一家新店开门迎客。从市中心的春熙路，到玉林、紫荆、桐梓林等生活片区随处可见，其中有6～8家都是在年内开业的。华西都市报记者统计发现，仅在以第一城为半径400米范围内，就集中了路克斯二手奢侈品置换、爱家奢侈真品置换、RT奢侈品交流平台在内的4家店，路克斯甚至在香槟广场和第一城开出了两家店。平均每家店陈列的奢侈品包都在100～200个之间。LV、GUCCI等品牌包的基本款成为主打产品，价格从一千元到两三万不等，当然也不乏爱马仕等品牌的限量版豪包。业内人士表示，目前置换店掌握了1500～2000个奢侈品包，总价值超过了500万。其实，早在2008年成都就出现了二手奢侈品置换店，但短暂辉煌后迅速沉寂。“尽管有市场，但培育得不够，货品也很难保证，所以一直只能苦苦支撑。”成都某二手奢侈品店老板表示“客户积累是所有奢侈品置换店开业初期必须面对的难题，小规模的广告根本没有作用，完全靠口碑传播”。路克斯二手奢侈品置换副总经理余俊杰就表示，路克斯之所以能在今年爆发开店就是缘于自身积累的大量皮包洗护客户，“一些客户听说我们开了二手奢侈品置换业务，都欣然将闲置的包交给我们代卖，这是多年积累下来的信任。”

2. 顾客：主要买奢侈品的身份

成都某公司白领许小姐经常要参与一些重要的接待工作，“虽然领的是工薪阶层的薪水，但公司要求着装到举止都要求有国际范。”为此许小姐没少在奢侈品上花钱，以前去香港淘便宜的打折品，现在在成都买二手奢侈品包。许小姐称，“没觉得丢脸，在卖场买一个稍微上档次的包，也要两三千块钱，但同样价格的二手奢侈品包，背在身上就是一种身份。”“我经常光顾二手奢侈品店。”龙飞是某旅游公司的业务经理，他表示经常会去港澳地区或出国，见到中意的、限量版的奢侈品他都会考虑买下来。“长期积攒了一些奢侈品，有些甚至都没有拆包，在二手奢侈品店我既可以寄售，又可以淘一些喜欢的款式。”“来我们店消费的70%是公司白领，还有30%是淘限量版的爱家。”成都某奢侈品店员告诉记者。

3. 盈利：抽成15%或一口价寄卖

置换店就像二手奢侈品陈列室，所有东西都不是店主的，他们要做的就是为买卖双方牵线搭桥。记者走访了米兰站、爱家奢侈品置换等成都二手奢侈品置换店，店员介绍，现在成都二手奢侈品买卖有两种方式，一种是从成交价中抽取15%的服务费，另一种是新推出的协议价售卖的服务。抽成模式非常简单，卖出方把成交价的15%当作佣金支付给店方，一口价即为无论置换店以何种价格成交，顾客都将按照商定好的协议价收钱，不用再缴纳服务费。“一口价主要针对那些工作繁忙的顾客，为他们省去很多不必要的麻烦。”奢侈品置换店工作人员表示，买包的顾客看好包后一般都会降价，为了促成买卖，经常要多次与寄卖的顾客联系，必然会打扰到顾客。余俊杰透露，目前在路克斯固定寄卖的包在600个左右，月销售额稳定在20万～40万元。

出租奢侈品“扎场子”。二手奢侈品店除了代卖能挣钱外，“出租”包包也能赚一笔。一些楼盘、会所会向二手奢侈品店邀约，希望旗下名牌奢侈品包能够到活动现场“扎场子”。爱家奢侈品就曾与蓝光地产某楼盘合作，路克斯更是与多家地产商合作，试水奢侈品品鉴会。“把奢侈品作为活动噱头，一般都能引起很高的关注。”余俊杰表示，这是路克斯的全新尝试，根据客户需要，将奢侈品包在活动现场进行展示，现场也有专人负责讲解奢侈品文化，以及奢侈品日常护理，这种方式赢得了很多高端客户的青睐。不同品牌的包“出场费”也不一样，数量多了肯定还得加价。“价格主要是与客户协商达成，并没有一个固定价格，但基本上一场活动在1万元上下。”短短几个月时间，路克斯已经与万科、保利等多个楼盘合作，进账至少3万元。

4. 分析：模式单一难在鉴定、定价

“最大的瓶颈是鉴定。”爱家奢侈品店相关负责人表示，内地没有专业的“奢侈品鉴定师”只能靠多年经验鉴定，没有可供参考的规章、标准，也没有监测仪器。如何确定价格也是不小的学问，余俊杰表示，“成都的客户对二手奢侈品价格没有太多概念，只有经常接触二手奢侈品的业内人士，才能找准合适的价位。”目前，成都二手奢侈品店内主要依靠自身鉴定师，通过皮料、触感等方面进行鉴定，鉴定师定期将赴中国香港、日本等地进行学习。余俊杰表示：“定价一般参考日本和香港市场，每月我们都会有专人搜集价格信息，但最终需要与卖包的客户协商出一个，既合理又不至于太高的价格。”业内人士表示，置换、寄售业务模式简单，或者以促成双方交易为目的，或者低买高卖，并没有太多的技术含量。但如果不能专业的鉴定和定价，很难长期运营。

➢ 活动问题

1）思考为什么会出现奢侈品二手店这种营销渠道？

2）阅读上面的案例，思考案例中分析了哪些关于奢侈品二手店的营销策略？

3）奢侈品二手店背后暗藏暴利的原因是什么？

➢ 如何完成活动

1）确定本次任务组长。

2）阅读案例记录自己分析的奢侈品二手店的经营特点。

3）以小组形式针对案例中分析的二手奢侈品寄卖背后暗藏暴利现象并展开讨论，填写下列记录单（表4–13）。

4）全班交流讨论。

表4–13　奢侈品二手店分析记录单

讨论问题	自己的观点	团队其他人的观点
1.为什么会出现奢侈品二手店？		
2.二手奢侈品寄卖的经营模式是什么样的？		
3.分析奢侈品二手店这种营销渠道有哪些优势？		
4.二手奢侈品寄卖背后暗藏暴利的原因何在？		
5.你所了解的奢侈品二手店经营是什么样的？		

➢ 活动评价（表4–14）

表4–14　活动评价表

评价指标	单项指标	评价标准	自我评价
参与情况	学习投入情况	按课堂要求思考问题、参与小组活动	☆☆☆☆☆
	提出问题并发表见解	参与讨论问题，因自己的见解	☆☆☆☆☆
合作与交流情况	认真听取别人意见并询问	认真倾听，礼貌，有回应，适时询问	☆☆☆☆☆
	将自己的资料与大家分享	表达自己见解并与大家交流	☆☆☆☆☆
	参与团队讨论	积极主动，踊跃发言	☆☆☆☆☆

续表

评价指标	单项指标	评价标准	自我评价
时间利用	在规定的时间内完成任务	时间效率	☆☆☆☆☆
学习主动性	遇到自己不能解决的问题请教他人	询问并记录要点	☆☆☆☆☆
	遇到自己不能解决的问题查资料	查阅且做好记录	☆☆☆☆☆
任务完成情况	是否完成所有任务	能完成每个任务	☆☆☆☆☆
	有新的发现	能否创新	☆☆☆☆☆
	对问题的理解	迅速找到问题的关键词	☆☆☆☆☆
综合表现	展示出自己最好的状态	根据自我感受	☆☆☆☆☆
评价结果“☆”少的如何改进：			
教师点评：			

注：优 ☆☆☆☆☆ 良 ☆☆☆☆ 中 ☆☆☆ 差 ☆☆ 没参与☆

任务7 认知奢侈品新型销售终端——网络零售

活动：阅读下面关于奢侈品网络零售的学习材料，完成后面的任务单。

奢侈品网上零售渠道的优势：

首先，网站能为顾客提供随时随地的便利——他们可以在任何想购物的时间，在任何方便的地点（比如家里、办公室、机场、咖啡厅等等），登录网站购买奢侈品。对许多顾客而言，他们能够负担得起奢侈品的高昂价格，却不一定有空闲时间。时间就是这部分顾客的奢侈品，因为他们往往是世界上最繁忙的那一群人——花整整一天的时间徜徉在东京银座或者巴黎香榭丽舍大街根本就是天方夜谭，但是他们却能够用很少的时间在网上购买到自己喜欢的奢侈品。

另外，网络能够提供大量直接的顾客信息，例如购买行为、浏览网站的习惯等等，通过跟踪分析各类数据，可以得出顾客正在寻找什么产品，还能帮助统计奢侈品行业的流行方向以及在人口统计学方面的发展趋势（例如，某一地区的顾客对某一类产品显示出了极大的兴趣）。

至于劣势，主要有两点：

第一，顾客能够在专卖店里感觉到实实在在的产品，包括产品的形状、色彩、气味、声音、质地等。但网络的虚拟世界，却无法向顾客提供真实的感受，他们闻不到，也摸不到所展示的产品。

第二，许多顾客把在实体店铺购买奢侈品看作一种社交体验。他们在专卖店里结交新朋友，展示自己的社会地位，同时赢得别人的尊重。然而，在线购买奢侈品却与此截然不同，从登录网站、浏览信息、挑选产品，到付款、收取货物，所有的环节都由顾客独自完成。所以，最近许多在线销售奢侈品的网站纷纷建立了网上社区（Community），通过社区平台，顾客能够找到与自己一样购买了某类产品的人，与他们进行交流，了解奢侈品流行趋势、分享购物体验等。虽然现在奢侈品品牌都开发了内容翔实的网站，但他们在接受网络作为适宜的分销渠道方面则非常缓慢。这种情况是由若干因素造成的：奢侈品以优越的客户待遇为特征，奢侈品品牌力争在出售的同时提供全方面多角度的感官体验，这是网络环境下难以实现的，消费者就不能直接感受到材料的触感和产品的手感，对于已经拥有网络批发的品牌，还要保护第二方分销商。

网上零售平台有助于扩大市场、降低成本、吸引更多年轻的消费者，手表、珠宝等饰品配件尤其适合在网上销售。从目前的情况来说，大部分的奢侈品网站还是以展示为主，销售为辅，但随着电子商务的不断发展，物流配送体系的服务质量不断提高，配套服务体系的不断多元化，奢侈品的在线销售将会有更大的发展。

为什么奢侈品集团用不同的方法开始寻找电子商务的专家：历峰集团得到了 www.net-a-porter.com，在 2009 年被认为是最成功的电子商务时尚网站。路易·威登培养出了一个在其品牌组合下最好的电子商务网站——sephora. com，并且还是 e-luxury.com 在 2000 ~ 2009 年的拥有者，e-luxury.com 是第一个多元奢侈品牌的电子商务网站。这给了他们关于互联网和电子商务的非常好的观念。这些都向我们展示了从 2000 年开始的发展经历。10 年前，20 世纪初的几年间，奢侈品牌都将互联网看作一个外来物——因为它们相信奢侈品和互联网拥有两个完全不同的文化背景（图 4-25）。

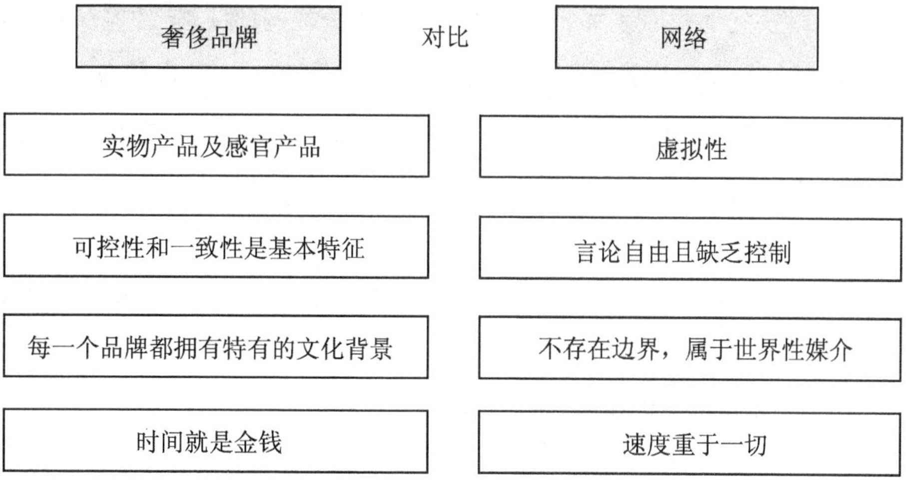

图4-25　奢侈品牌与网络的文化背景

至少有两个特点——虚拟问题和控制问题——是对奢侈品牌与互联网之间爱恨关系有所帮助的，并且它们对于理解这种关系所经历的四个阶段有非常关键的作用。

让我们快速了解一下虚拟问题：如果一个奢侈品的本质是“感觉”和“观念”，那么奢侈品市场商人和销售人员会认为奢侈品只能从商店中买到；此时顾客需要触摸和感受商品，而销售助理的存在就变得尤为重要。这一点当然很重要，但却不是最关键的：关于顾客的研究已经证实了奢侈品的客户是非常折中主义的，如果网络有足够的吸引力并且很有用，那么他们会在网上买任意的奢侈品①。这些年来这个观点一直是一个陷阱——真正的担心是别的方面：奢侈品牌的市场商人和主管都在害怕（还会一直害怕）一个强大的不受控制的网络的出现会危及它们的品牌价值——因为他们会失去对品牌的控制权，转而让给一般的网民。这是真的。因为这种害怕，我们见证了四个阶段——关于这些我们会用一项有趣的研究来说明，这项研究是由 L2 实现的，L2 是一个专注于追踪、分析以及测量奢侈品与网络关系的互联网智囊团（在其 2010 年报告中分析了 72 种奢侈品牌）。

阶段 1：没有网络。普拉达网站的网页上因为只有一个“即将开放”而闻名多年——它只是在 2005 年底建立了一个香水的网站，主网站在 2007 年才完成。

阶段 2：一个机构网站。在这里一个品牌可以呈现它的精华、它的历史、它的重大事件以及它的收藏，而不能与其客户有所联系。他们与奢侈品牌保持疏远，这些品牌与互联网的关系通常表现出一种贵族气质——管理严密，仅仅是敬畏。L2 的研究结果显示在分析的 72 中品牌中只有 39 个有自己的电子商务网站（2009 年有 32 个）。几乎一半的顶尖奢侈品牌仍然处在这样一个阶段，尽管它们可能已经发展出了社交媒体。

阶段 3：一个电子商务网站。一旦互联网就其本身而言被看做一个传播渠道，品牌就已经在其机构网站中加入了电子商务网站（这就是 yoox.com 引人注意的地方）。今天超过一半的奢侈品牌在其网络发展处于这样一个阶段（见 Hermits

① 资料来源：华西都市报。2011-12-19。

网站的案例研究)。达到阶段 3 之后，品牌就可以直接到达阶段 4：销售更可能呈现在多元化的平台上，拥有大型社区，并且和粉丝以及追随者有更多的互动。拥有了电子商务的品牌也是更熟练的数字化市场成员，更可能使用电子邮件，并且对搜索进行付费来吸引流量到网站和商店。

阶段 4：一个自上而下的社交媒体。所有这些熟悉互联网的奢侈品牌都已经跳到了社交媒体的阶段。它们都有 Facebook 的主页，有推特，它们有 iPhone 和 iPad 的应用程序：L2 分析的所有品牌中截至 2010 年有 90% 在 Facebook 上有公共主页（2009 年有 79%），48% 有自己的推特，55% 有 YouTube，39% 开发出了自己的智能手机应用程序。它们有多种多样的接触点，但是却不与顾客接触，不与顾客对话。它们仍然控制着这种信息和关系——并且它们的社交媒体经常会出现不尽如人意的地方。

案例：建立一个与品牌形象相符的网站：爱马仕的案例

在电子商务的阶段，奢侈品牌会面临这样一个最主要的问题：建立一个与品牌价值和品牌形象完全相符的网站。最好的一个例子无疑就是爱马仕。

爱马仕是一个知道如何从容运行的品牌——它的电子商务网站直到 2008 年才建立。这个网站是对这个品牌智慧的非常好的反映。从一开始，网站主页就确立了品牌美学的基本要素，这些要素都与品牌的全球视角（或者道德规范）相关：一个不对称的商标，微微倾斜。许多品牌都把它们展示在正面，爱马仕已经不需要再做声明了。运用绘画和书法：爱马仕一些重要的东西都是手写体的，用工匠和设计者的姿势手法。一个浪漫而又不传统的心境：爱马仕让它的顾客在心中唤起这样一幅画面。用橙色和橙色盒子，作为品牌的象征。在所有的页面上都画有暗淡的虚线———个鞍形针迹——象征其贸易。

下面的一个网页向我们展示的形象是一个马车夫从马车上下来。他为我们供货，带领我们进入爱马仕的世界。你会发现单词“saber”的含义（用刀砍或切），发现军刀的作用，发现关于工具的交响曲；你会被爱马仕关于男爵夫人 Nica de Koenigswarter 的日志所震撼，从埃米尔·爱马仕（Emile Hermès）的收藏中发现拿破仑三世的三轮马车，以及很多很多别的东西。网站通过品牌的工匠、材料和轶事让人们想起了辛酸而又特殊的一段旅程。

当我们开始浏览精品店时，伴随着一个随着鼠标慢慢打开的领带王国，我们看到绘画、题词以及产品交错的排列着。这个网站是感官的盛宴。眼睛和耳朵都被它连续不断地吸引着：品牌表达了它的世界观、它的道德准则和审美标准。它的产品被很好地展示；当顾客浏览网站时，情感上的感受会直接使得顾客购买产品，尽管在线销售产品会非常地（有些人会说是使人沮丧地）受限制。

链接资料：数字市场：一个基本框架

尽管大多数品牌——面临着全新的互联网媒介——已经通过一层一层地叠加建立了自己的网上平台，但现在已经到了奢侈品牌要重新考虑其网络商业模式的时候了。

过去的十年间，奢侈品牌已经发展出与其标准组织和传统商业模式相一致的网络平台，它们所用的方法是添加两个独专的或者近似独立的层：

①一个销售层，包括：商店 + 百货商店品牌店 + 免税商店 + 电子商务网站 + 批发。

②一个通信层，本身包含：公司品牌通信 + 客户关系管理（CRM）+ 社交媒体 + 移动电话。这些只是服务于全球客户关系战略的工具。

奢侈品牌的这种标准组织形式将销售从市场中分离出来，有时甚至从通信中分离出来，而这些都要报告创意总监。不幸的是，这就导致在不同部门之间整合客户关系战略变得困难，最后就变成通信战略 +CRM 战略 + 互联网战略 + 销售战略的结合。

与来源自品牌和其资产的传统文化背景相反，我们提出了一个完全相反的东西。我们相信为了解决互联网专家客户的需求，奢侈品牌需要从 21 世纪最重要的角色——客户——开始，重新聚焦并重建其网络商业模型。这就意味着要重新考虑完全价值链。

建立品牌和客户之间的关系有五个阶段：吸引→参与→保留→学习→关联。每一个阶段都需要特定的杠杆来帮助建立和维持这种关系。图 4-26 向我们展示了一些这样的杠杆。这些杠杆告诉了我们一个道理：我们需要同时考虑商店和网络，因为它们是相互补充的。

吸引

这是一个品牌所具备的最基本的要素，包括其历史、背景、形象及产品

参与

网页：
直觉式界面和导航
交互式内容
用户生成内容
直营店：
态度友好的销售人员

保留

网页：
交易功能
有效传播
数字社区
新颖性
直营店：
追随者
新产品

学习

网页：
获取信息
持续偏好更新
直营店：
善于倾听的销售人员
能力及反馈

关联

网页：
个性化、顾客化
沟通
数字社区
实时互动
直营店：
追随者
个性化商品

图4-26　建立品牌与客户之间关系经历的阶段

➢ **活动问题**

1）参照网络销售的优缺点，阅读以上资料内容后，思考奢侈品网上零售渠道的优势和劣势。

2）以上学习资料中展示的奢侈品网上零售经历了什么样的发展阶段？

3）思考奢侈品实体店经营和网店经营的关系。

4）结合爱马仕的案例，思考如何建立一个与品牌形象相符的网站？

➢ **如何完成活动**

1）确定本次任务组长。

2）阅读完以上学习资料后，自己列出奢侈品网络零售的优缺点及注意事项。

3）以小组形式讨论奢侈品网络零售目前的发展现状及营销策略，完成下面的记录单（表 4–15）。

表4–15　奢侈品网络零售分析记录单

讨论问题	自己的观点	团队其他人的观点
1.奢侈品网上零售有何优势?		
2.奢侈品网上零售有何劣势?		
3.分析奢侈品网络零售的发展阶段。		
4.奢侈品网络零售的销售策略有哪些?		
5.奢侈品网络零售如何与实体店经营有效结合?		
6.怎样建立一个与品牌形象相符的奢侈品网站?		

➢ 活动评价（表 4–16）

表4–16　活动评价表

评价指标	单项指标	评价标准	自我评价
参与情况	学习投入情况	按课堂要求思考问题、参与小组活动	☆☆☆☆☆
	提出问题并发表见解	参与讨论问题，因自己的见解	☆☆☆☆☆
合作与交流情况	认真听取别人意见并询问	认真倾听，礼貌，有回应，适时询问	☆☆☆☆☆
	将自己的资料与大家分享	表达自己见解并与大家交流	☆☆☆☆☆
	参与团队讨论	积极主动，踊跃发言	☆☆☆☆☆
时间利用	在规定的时间内完成任务	时间效率	☆☆☆☆☆
学习主动性	遇到自己不能解决的问题请教他人	询问并记录要点	☆☆☆☆☆
	遇到自己不能解决的问题查资料	查阅且做好记录	☆☆☆☆☆
任务完成情况	是否完成所有任务	能完成每个任务	☆☆☆☆☆
	有新的发现	能否创新	☆☆☆☆☆
	对问题的理解	迅速找到问题的关键词	☆☆☆☆☆
综合表现	展示出自己最好的状态	根据自我感受	☆☆☆☆☆

续表

评价结果“☆”少的如何改进：
教师点评：

注：优 ☆☆☆☆☆ 良 ☆☆☆☆ 中 ☆☆☆ 差 ☆☆ 没参与☆

任务8　认知奢侈品其他零售渠道终端

活动：下面是关于奢侈品其他零售渠道终端的资料，仔细阅读后，完成后面的记录单。

1. 关于奢侈品集成店

奢侈品集成店，实际上是由百货店自营的一种销售模式，是指由百货店的专业买手根据自己的偏好和需求直接从奢侈品原产地拿货，然后将这些奢侈品牌集中在一起进行销售的模式。一般在奢侈品集成店内出售的商品都是各品牌热卖的经典款，消费者可在一家店内买到不同品牌、不同款式的奢侈品，并且集成店内的奢侈品一般都会比在专卖店内的同样商品便宜。此外，奢侈品集成店的店面装潢和设计，都会根据所陈设商品体现出不同的风格，让消费者在购物的同时，也体验到不一样的购物环境。奢侈品集成店出现的主要原因是随着消费市场的日趋成熟、竞争的不断加剧以及消费的日趋多元化，单品牌店的“聚客力”逐渐减弱。把不同品牌集合在一起，可以拓宽消费者的选择面，利用某几类品牌的区域号召力，实现所有品牌产品的销售。在国外，这种由百货店自营的多品牌集成店销售模式已经发展得非常成熟，在百货店中所占的比例也比较高，例如欧美百货店的自营比例已达到70%以上。世界知名百货商店如法国巴黎春天百货、老佛爷百货，美国的第五大道百货、巴尼斯百货、波道夫·古德曼百货、内曼·马库斯等，采取的均是自营为主的多品牌集成店销售模式。

2. 关于奢侈品购物广场

在中国，购物广场的房地产开发商在开售新楼盘前，通常倾向于向知名品牌的管理层提供较低的店面租金，吸引其入驻该商圈。因为他们知道，如果能在商圈中吸引到三四个知名品牌，这些品牌必定会为他们带来成群结队的消费者，那么吸引其他品牌商店入驻自然不费吹灰之力。这一思想确实带来了经济效益，但同时也是不公平的，毕竟这些知名品牌的低额租金将由其他弱势品牌弥补与承担。

这是1995年左右在奢侈品行业出现的另一种营销理念。购物广场是指面积不小于8000平方英尺的大型商场。购物广场的定义与旗舰店的定义有些重叠：许多旗舰店可以称为购物广场，但有一些却不能；此外，购物广场的营销目的有时与旗舰店不尽相同。

建立购物广场的目的既与品牌发源地无关，也与品牌文化无关，它仅仅是能力的一种象征：某品牌为了向所有人，包括竞争者、记者以及顾客，展示其在某个城市开设店面并盈利的能力。这是实力与雄心的象征，其目的不是要开设一家大型品牌商店，而是要开设一家比任何其他商店都要大得多的店面。

表4–17所示的15家店面中，8家位于亚洲，而其设立的目的莫过于彰显其品牌实力。只有位于米兰的阿玛尼和位于巴黎的路易·威登可以看做全球旗舰店。但是其他地域性旗舰店的设立显示了该地区对于该品牌的重要性。

有一点非常清楚，那就是众多购物广场的发展如同一场巨人之间的争霸战，在这场战役中，只有最强大的奢侈品品牌才能存活并盈利，而其他的小品牌甚至是中等品牌都只能远远地站在外围，成为次要品牌。

这场战役的另一个后果导致各大奢侈品品牌寻求在各个产品领域开发属于自己的商品。试想，如果一个 20000 平方英尺的店面只销售手袋，那该有多无聊。为了在这场战役中坚持下去，有必要在店面中陈列各式各样的商品，包括成衣。可以说，购物广场是奢侈品品牌全面开发商品的重要动力。

可以认为，随着购物的不断发展，购物广场越来越接近于 1880 年间早期的百货商店，或是专卖连锁店，只不过这个购物中心的商品来自于同一个奢侈品品牌。那么，购物广场还会继续发展么？我们只能说也许：只要购物广场能够继续实现盈利，奢侈品品牌仍有彰显其实力的需要。我们需要记住的是购物广场不仅仅是商店，它的存在是为了向城市展现其品牌文化与灵魂。

表4–17　购物广场实例及卖场空间

阿玛尼	米兰	65000
香奈儿	东京，银座大厦	61000
路易・威登	巴黎，香榭丽舍	36000
路易・威登	东京，表参道	31000
普拉达	东京，青山	28000
托德斯（Tod’s）	东京，表参道	25500
普拉达	纽约	23000
路易・威登	纽约	19000
迪奥	东京，表参道	15500
Hugo Boss	巴黎，香榭丽舍	13500
爱马仕	东京，银座大厦	13000
香奈儿	纽约	9500
路易・威登	上海，恒隆广场	9500
普拉达	香港	9000
卡地亚	巴黎，香榭丽舍	8000

资料来源：新闻文章。

3. 关于奢侈品派出机构

在某种意义上，派出机构与购物广场的含义大相径庭。当奢侈品品牌通过大规模销售实现了其大部分的销售目标后，它们需要通过较小的店面，即派出机构，加强其品牌形象，向客户表明它们并非是单纯的批量型运营商，与此同时，还是注重品牌文化的大赢家。通常情况下，这种派出机构不需要太大，600～1200平方英尺足矣，但是一定要设立在高端地区。

许多手表制造商拥有这种派出机构，并通过这种机构充分地向顾客展示了其品牌环境，而珠宝运营商受限于其珠宝来源地分散的特点，只能向顾客展示其部分地区的品牌形象。在特定城市的高端地区拥有一个品牌派出机构不仅能彰显品牌实力，还能向顾客保证其高品质的售后服务。

但是，只有将派出机构设立在这个城市最好的地点才会为该品牌谋得利益。当许多大型手表制造商在上海淮海中路或恒隆广场地下一层设立派出机构时，它们显然忽视了这一重要的要求。

4. 关于奢侈品零售中的临时商店

这是最近由川久保玲引领的、一种广为流传的新兴奢侈品品牌营销渠道，其核心理念在于在一个较为偏僻但是销售目标型商品的商圈中以较低的价格和较小的风险承租下一块较大的零售区域，在这种仓库式销售环境中进行奢侈品商品的展销，并辅以赠送促销活动。如果有可能的话，还可以将曾经风靡一时的商品进行展览，让顾客觉得这个展销会精彩之至，不容错过。奢侈品展览会一般由专业奢侈品展会公司或者私人会所、高尔夫球会等举办，对参加展会的消费者身份有一定经济实力方面的限制。对于家具、豪华车、游艇等中高级奢侈品来说，能够直接跟目标客户进行有效的接触非常重要。

像这样的临时商店通常能实现盈利，特别是当场地租金足够便宜，并且展销会上陈列的艺术品和特别策划足以吸引大量的顾客时。此外，临时商店还可以有效地行使公共关系职能：在圣诞季，奢侈品品牌可以通过精心的策划举办一个完美的展销会，让记者在其报刊中予以报道宣传。

2004年2月，川久保玲在柏林开设了第一家临时商店，当时也被称作“游击店”或“宣传店”。随后，巴塞罗那、赫尔辛基、新加坡、斯德哥尔摩、卢布尔雅那以及华沙相继出现了这种类型的商店。这些临时性商店通常坐落于非商业区，由于缺乏高级的设备，其销售的商品大都是摆放在架子或矮桌上，这与超重商主义的城市中心形成了鲜明对比。该奢侈品牌宣言表明了："临时商店的选址是根据品牌感染力、品牌的历史背景以及非商业地区的环境和其他有趣的特征所共同决定的。"

位于柏林的这家临时商店具备折扣店应有的所有特征。该奢侈品牌宣言所蕴涵的理念得到不断的推广与发展，最终只保留了部分游击式营销特征，进化成了一家拥有独特营销准则与体系的真正的概念店。

此后，诸如依云水（Evian）、牧马人（Wrangler）、GAP、诺基亚（NOKIA）、李维斯（Levi's）、路易·威登和塔吉特（Target）等许多其他品牌也开始采用游击式营销策略，但是由于缺乏适当的考虑、照搬照抄，它们不过是创建了一个能够短期加强其品牌价值的活动，而未形成真正的概念店。

为了使奢侈品品牌更好地利用游击式营销策略，我们可以将游击店营销按其功能进行如下分类：

①增强品牌稀缺性的策略：这是奢侈品品牌的一个特权。在过去的十年中，各大奢侈品品牌的商品种类呈迅速增加趋势，有效地扩张了其拥有的消费者群体的同时，也失去了其应有的吸引力：这些品牌认为商品定价和形象加强足以保持其在消费者心中的奢侈品地位，但它们显然忽视了作为奢侈品应具备的基本条件，即稀缺性。游击式营销所陈列的独家珍藏商品是一种重塑品牌稀缺性的有效策略，而路易·威登充分认识到了这一点，于2008年9月4日至12月中旬设立于东京川久保玲的路易·威登临时商店向消费者展示了一系列的六款限量版手袋。

②进入新市场的策略：川久保玲"游击店"的情况便是如此。塔吉特也采纳了这一思想，并在诸如纽约、芝加哥等许多大城市设立了其称之为"靶心集市"的临时商店。这些商店以"物美价廉"为特色，销售由知名设计师设计的限量版商品，彰显了其奢侈品品牌的稀缺性。

③测试全新营销理念的策略：宝洁公司（Procter & Gamble，P & G）与Look Fab工作室在加拿大联合创办的流动临时商店便采用了这一理念：宝洁公司将包括潘婷（Pantene）、封面女郎（Cover Girl）、玉兰油（Olay）、Nice's Easy、佳洁士（Crest）、维纳斯（Venus）等品牌的所有美容产品在展销会中进行推广，并邀请

美容专家为消费者提供免费的、无附加产品的护肤以及彩妆顾问服务。这种全新的集全球宝洁产品于一体的营销理念能否成为未来零售商店的先驱呢？让我们拭目以待。

④发布新商品的策略：我们认为通过临时商店宣传新商品是极其常见且普通的一种形式。某个品牌在发布新商品时，如果不举办新闻发布会或全民活动，通常会设立一个临时商店，吸引消费者并让消费者自行发现品牌的新品种。例如，GAP 为了发布其 1969 版高端牛仔系列，曾于 2009 年 4 月开始在旧金山进行了为期五个月的游击式营销；此外，酷乐视也曾在纽约开设了为期 10 天的临时商店来推广维生素水。

中国人逛店的一个重要目的是消遣，浏览商店已成为中国人娱乐生活的一部分：每位中国女性每周平均花费 9.3 个小时逛店（表 4–18）。

表4–18　购物与消遣

国家	每周购物花费的时间	每周浏览的商店数量
中国	9.3	4.6
美国	3.6	3.1
法国	3.0	2.5

资料来源：上海日报，中国奢侈品：市场机遇与潜力（Hoboken,HJ : John Wiley & Sons,2009）。

在中国，朋友之间通常会相约一起出去逛时装店，而这种交往方式在其他国家也是较为常见的。从这一方面来说，游击式营销理念是较为成功的。

值得一提的还有爱马仕：爱马仕曾于 2010 年 5 月至 9 月在巴黎开设了一家临时商店，并让一个皮革专家在商店陈列窗中展示爱马仕的皮革工艺。

如果一个奢侈品品牌能在临时商店中开展足够有吸引力的消遣活动，有效地加强公共关系，并为品牌带来大量的订单，那么可以说，这种游击式营销策略是一次成功的创新。

知识链接：女士成衣的销售渠道

对于奢侈品中的时装和配饰行业，零售是首要考虑的事情。女式高级成衣可以在不同类型的商店中出售，包括：

①旗舰店，它们是最大的，给人深刻印象的商店，而且经常坐落在品牌的原产

地城市（例如巴黎、米兰或伦敦）或者东京、纽约、上海、香港等主要城市。

②独立商店，直接面向街道或购物中心。

③店中店，是百货商店中完全独立的店铺。有时这种店铺租用一块场地，大多数情况下商品由百货公司运营。店中店没有独立的现金收款体系，销售额通过百货公司统一的现金收款体系进行记录和支付。

④转角店，也在百货公司中，但不如店中店的运作系统化。转角店是商店的一部分，有几张柜台在一个或多或少可以称作"开放空间"的空地销售品牌产品，在这里品牌也可以获得明确的识别。

⑤百货公司柜台，不再是品牌的明晰标识。百货公司柜台事实上在开放的空间中，并且不同于店中店和转角店，百货员通常是百货公司的员工。

⑥多品牌独立商店或连锁店，这显然是销售时装和配饰的另一种方式。

➢ **活动问题**

1）阅读上面的资料内容，明确奢侈品其他零售渠道终端类型都有哪些？

2）分析奢侈品其他零售渠道终端类型各自的特点。

3）思考这些奢侈品其他零售渠道终端类型对于完善奢侈品营销渠道有何作用？

➢ **如何完成活动**

1）确定本次任务组长。

2）阅读完以上学习资料后，自己尝试列举出奢侈品所采用的其他零售渠道终端类型有哪些？

3）以小组形式讨论为什么会出现资料中列举的这些奢侈品零售渠道终端类型，并填写下面的记录单（表4–19）。

表4–19　奢侈品其他零售渠道终端分析记录单

讨论问题	自己的观点	团队其他人的观点
1.奢侈品集成店指的是什么？		
2.分析奢侈品购物广场和旗舰店有何区别？		

续表

讨论问题	自己的观点	团队其他人的观点
3.思考对于很多手表制造商拥有的派出机构如何看待?		
4.奢侈品零售中的临时商店(游击店或展览会)是何时出现的?		
5.讨论为什么会出现奢侈品其他的这些零售渠道终端类型?		
6.除了材料中列举的，你还知道哪些其他奢侈品零售渠道终端类型?		

➢ **活动评价(表4–20)**

表4–20 活动评价表

评价指标	单项指标	评价标准	自我评价
参与情况	学习投入情况	按课堂要求思考问题、参与小组活动	☆☆☆☆☆
	提出问题并发表见解	参与讨论问题，因自己的见解	☆☆☆☆☆
合作与交流情况	认真听取别人意见并询问	认真倾听，礼貌，有回应，适时询问	☆☆☆☆☆
	将自己的资料与大家分享	表达自己见解并与大家交流	☆☆☆☆☆
	参与团队讨论	积极主动，踊跃发言	☆☆☆☆☆
时间利用	在规定的时间内完成任务	时间效率	☆☆☆☆☆
学习主动性	遇到自己不能解决的问题请教他人	询问并记录要点	☆☆☆☆☆
	遇到自己不能解决的问题查资料	查阅且做好记录	☆☆☆☆☆
任务完成情况	是否完成所有任务	能完成每个任务	☆☆☆☆☆
	有新的发现	能否创新	☆☆☆☆☆
	对问题的理解	迅速找到问题的关键词	☆☆☆☆☆
综合表现	展示出自己最好的状态	根据自我感受	☆☆☆☆☆
评价结果“☆”少的如何改进:			
教师点评:			

注：优☆☆☆☆☆ 良☆☆☆☆ 中☆☆☆ 差☆☆ 没参与☆

情境五
奢侈品营销渠道之网络营销

【教学目标】

知识目标：

掌握奢侈品网上零售的优势和劣势；

理解奢侈品与网络的对接及网上零售需要处理的几个矛盾；

了解奢侈品营销网站的分类；

理解奢侈品网络营销的手段。

能力目标：

能够列举出目前常用的奢侈品互联网营销渠道的具体方式；

能够回答如何设计奢侈品网店的运营流程；

结合奢侈品互联网营销渠道现状分析其存在的问题；

知道如何解决奢侈品互联网营销面临的困境。

【背景知识】

随着电子商务市场的繁荣，其产品也由低端走向高端。以尚品网、第五大道、走秀网等为代表的奢侈品电子商务网站如雨后春笋般涌出，而且这种趋势呈爆发式增长。国际品牌也专门为中国开设了在线购买网站，而大众购物平台更是纷纷加入此行列推出奢侈品频道。一时之间奢侈品电子商务交易市场硝烟四起。

来自贝恩咨询报告的分析结论：互联网作为营销渠道的重要性不断加大，移动广告渠道仍占较小份额，但呈快速增长趋势。但其报告更加明显指出，互联网已经成为中国消费者获得奢侈品信息的第一来源。其中，新闻网站与微博又是互联网渠道中最主要的奢侈品牌传播渠道。奢侈品牌正在力图通过社交媒体的互动和虚拟实景来提升网上客户体验，以进一步利用好互联网营销渠道。

根据波士顿咨询 2019 报告显示，130% 的个人奢侈品消费市场将来自千禧一代，到 2025 年，Z 世代也将增长 3 倍。年轻群体正在成为消费主力，由于中国千禧一代独特的数字化行为，将推动奢侈品品牌与消费者关系发生质的变化，为抓住消费主力军，奢侈品企业必须重新思考数字化战略布局。在移动互联不发达的时期，保持高贵、高冷，不断设置消费壁垒依然是有效的营销策略，但目前的中国处于融媒体与数字化时代，影响中国奢侈品消费者购买决策的核心渠道正向着高度数字化方向转变，数据驱动、社交媒体以及全渠道成为奢侈品行业营销增长的重点。

根据 BCG X 腾讯奢侈品调研显示，近 58% 的消费者会选择线上研究线下购买（ROPO）。中国奢侈品消费者在购物前，会通过社交媒体、电商平台、内容资讯等渠道全方位了解产品信息，全平台进行比对，再选择到线下门店进行购买。背后的原因一是为了体验独一无二的服务，二是为了正品保障，可见门店的数字化升级的重要性。

一、奢侈品的网上零售渠道分为两类

一类是第三方奢侈品网上零售渠道，另一类是奢侈品牌的官方网站。在价格优势方面与实体店相比，以魅力惠和第五大道为代表的第三方奢侈品销售平台的优势较大，在消费者服务方面，品牌实体店比较占优势；由于奢侈品牌的官方网站是基于网上零售，消费者体会到的尊贵感较低，为消费者提供的咨询和建议也不够充分，因此对于我国普遍的消费者来说，更倾向于实物购买。目前奢侈品牌的官方网站更多的是起到品牌的宣传和推广作用。而现有的第三方奢侈品销售平台在我国仍处于刚刚起步的阶段，虽然在价格上有较大优势，对消费者的影响力也较大，但这类第三方奢侈品牌网上零售平台和官方网站比起来还存在一些问题：一方面奢侈品第三方销售平台没有货源保证；另一方面在缺少行业监管的情况下，折扣大的奢侈品货源，容易使消费者产生质疑，网上零售交易量少，配送也面临挑战。

二、奢侈品在中国的互联网渠道模式有以下两个阶段

1. 单一模式先行

奢侈品在中国的互联网渠道模式主要有四种，即官网直销、委托电商分销、进驻网络平台商建立官方网店直销和授权网络经销商分销。单一模式就是奢侈品在建立中国互联网营销渠道时，由于对市场及中国互联网的不了解而先选择一种模式进行渠道的建立工作。奢侈品厂商可按照委托电商分销——进驻网络平台商建立官方网店直销——授权网络经销商分销——官网直销的顺序来逐一开展互联网渠道营销。这样的话，奢侈品厂商前期投入不多，又对品牌有一定的掌控。

2. 多种模式并存

奢侈品在中国的互联网营销渠道在等单一模式成熟后，应该逐步过渡到多种模式并存的状态，即四种互联网渠道模式同时开展。虽然，这对奢侈品厂商的渠道掌控能力要求非常高，奢侈品厂商对渠道投入的资源也最多，但这是未来发展的趋势，也是奢侈品在中国建立互联网营销渠道的必然演化结果。奢侈品在中国的互联网营销渠道的最终模式必然是这种形态：奢侈品厂商通过官网直销来主导整个互联网营销渠道，并对网络经销商进行严格的品牌授权认证与渠道管控，构成多种模式并存、健康有序运行的良性互联网营销渠道。

2017 年奢侈品行业进入数字化 1.0 时代，客流逐渐从线下转移到线上，但大多数品牌还是聚焦在线下，2020 年疫情期间，线下客流受到限制，促使奢侈品牌对中国市场作出特定的线上布局，Chanel、Dior、Burberry 等品牌先后入驻电商、抖音、小红书等社交平台，上线小程序商城、开通公众号，通过微信生态的社交购物，也已经缓慢崛起，成为新的销售渠道。

根据腾讯奢侈品调研数据显示，奢侈品行业从 2017 年线上的 5%，将在 2023 年达到 85% ～ 90%，线上将成为影响消费者购买的主要渠道。在这一趋势下，奢侈品牌需要转换思维，以新品创新、新消费场景创新等尝试，满足不断变化的消费需求，获取新客增长。就如今年疫情期间，Givenchy 在小红书直播后，平台品牌企业号粉丝量相较之前增长 5.5 倍。

三、奢侈品网上零售的优劣势

1. 奢侈品网上零售的优势

对于奢侈品品牌企业来说，网上零售渠道的优势主要体现在以下几个方面：首先，网上零售渠道覆盖面广，运营成本低于实体店铺，大大提高了产品的交易率。因此，网上零售可以最大限度地降低成本以保证特殊时期的正常运营。其次，网上零售店铺可以运用高科技技术，把奢侈品牌的奢华感觉充分地传达给目标消费群体，同时可以通过获取大量的消费者购买行为、网站浏览习惯等信息，分析各类数据，更好地了解消费者的需求。此外，网上零售渠道还可以避免潜在的消费者可能被传统实体店模式所屏蔽的可能性，拉近了消费者和奢侈品牌的距离，获得最佳消费者敏感度，起到拓展市场、深度挖掘消费者的作用。最后，奢侈品牌可以借助互联网平台，在提供常规服务的同时，为顾客提供一些个性化服务，有利于提高消费者的关注度和忠诚度。

对于消费者来说，网上零售渠道有以下几种优势：其一，方便快捷，消费者可以摆脱实体店面地域、时间的限制，可以在任何时间、在任何地点，登录网站购买想要的奢侈品；其二，商品选择范围更大，网站中的奢侈品新品与实体店同步上架，甚至更快，同时，消费者还可以在国外的网上专卖店买到一些国内没有引进的奢侈品；其三，特色服务，消费者可以买到专卖店没有的限量版，也可以在网上定制实体店绝对没有的个性化产品，同时网站为消费者定期发送网络宣传册，不定期的手机优惠播报等打折信息，让消费者体验到全新的购物享受；其五，价格优势，由于网上零售网站省去了实体店的租房、人员、店面装修等费用，使得网上零售店铺能够以具有竞争力的价格为消费者提供具有品质保证的商品。

2. 奢侈品网上零售的劣势

网上零售渠道能给奢侈品品牌带来优势的同时，也存在一定的劣势，主要体现在以下三个方面：首先，网上零售缺少高端消费体验。在奢侈品牌实体店中的奢华布置、营销人员的热情、商品的华丽陈设等，都可以从视觉、听觉、触觉甚至味觉等多方面刺激消费者的购物欲望，能够给消费者一种顶级的享受，这些都是在网络的虚拟世界中难以体会的。其次，网上零售难以体现出奢侈品牌的稀缺感。对于奢侈品牌来说，最重要的就是该品牌给予消费者特殊感和稀有感。但由于网络的共享性，这种奢侈品本该具有的稀缺感无法得到体现。最后，网上零售失去了社交体验的作用。许多消费者都把在实体店购买奢侈品看作是一种社交体验。消费者可以在实体店里结交新朋友，展示自己的社会地位，同时赢得别人的尊重。但网上零售却截然不同，所有环节都由消费者独立完成。

四、奢侈品在中国的互联网营销渠道目前有以下几种模式

1. 互联网直销

一些价值相对不是特别高的奢侈品通过开通自己的官方网站或者在网络中间商（电商，如天猫）处开设官方网店，在互联网平台上直接面向消费者进行产品销售。消费者通过该奢侈品官方网站或官方网店，可以查看、选择自己喜爱的产品，并可直接在网上付款，奢侈品牌商会委托专业物流机构将产品送到客户手中。这种销售渠道直接、快速，但对物流要求高，也受网站与支付系统维护、产品体验低等缺点的制约。目前，此种营销渠道模式在中国并不多。

2. 互联网宣传展示产品，线下进行销售

奢侈品通过官网、专业网站、门户网站等互联网平台进行产品宣传与展示，指引线下直营店、专卖店位置，由线下店进行销售引导与销售促成。这种类型目前是奢侈品在中国采用的最主要互联网营销渠道实现手段。

3. 通过网络中间商进行分销

奢侈品授权网络中间商（以奢侈品电商为代表）通过网络销售自己的产品，网络销售的产品宣传与销售过程掌控都由网络中间商负责。这种类型在中国由于法律的不完善及网络中间商的鱼龙混杂，并没有真正得到奢侈品厂商的支持与认可，大多数的网络中间商没有得到奢侈品厂商的品牌授权就在网络上销售产品，有的还销售假冒及二手产品，让该产品的品牌形象大大受损，也让潜在消费者不敢在网络上下单进行购买。2011 年，中国奢侈品电商如雨后春笋地冒出；2012 年，奢侈品电商不断传来负面消息：倒闭、裁员、资金链吃紧……短短一年，奢侈品电商就如坐“过山车”般大起大落。未来，奢侈品通过网络中间商进行分销的方向聚焦在品牌争夺上，只有得到奢侈品牌的支持与认同，奢侈品通过网络中

间商进行分销的这种渠道类型才可健康发展。

4. 传统代理商在网络上进行分销

奢侈品传统渠道里的代理商与经销商中的大部分也都在互联网上开设网站与网店进行自己所代理与经销的奢侈品销售。这种类型也如同专业奢侈品电商一样，没有统一规范的渠道模式，价格不统一，各自为战，产品真假难辨，难以让消费者认可。

就奢侈品品牌而言，互联网和数码世界不是销售工具，而是独一无二的沟通和客户服务工具。它们提供了绝佳的机会向潜在客户传达品牌的内容，并让更多的人加入到品牌喜好者的大家庭中。要是使用得当，互联网就成了奢侈品品牌构建以及在奢侈品商业模式内进行区分的战略源泉。所以，奢侈品产品应该通过互联网沟通而不是销售。

在互联网上展示奢侈品并不是为了提供一个开放的讨论专区或论坛，而是为了创造奢侈品的社会经验。一个设计师在网上提供的时尚秀不单单是为了炫耀，而是通过现在社会允许的技术来推动和加强这种社会经验，然后人们就会讨论、分享，从而成为该品牌的粉丝。

如何在网上销售奢侈品，有重要的两点需要注意：价格沟通是网上销售奢侈品一个很难把握的环节。不仅仅因为网络上你可以避免获得很多东西，而且还是一个价格公开透明化的地方，这样该如何保持奢侈品品牌价格的神秘感呢？又该如何避免那些收到奢侈品礼物的人在网上查询产品价格呢？这是一个比较严重的问题，也是奢侈品行业一直以来避开网络销售的原因之一。奢侈品对分销环节实行绝对控制。因为销售时机的选择极为重要，所以产品在非品牌范围内的地区销售或由品牌之外的人员售卖的情况，完全是不可想象的。

奢侈品的营销渠道必将多元化，价值过几百万的高端奢侈品将越来越集中出现在线下品牌实体店中。而价格相对较低的奢侈品，互联网购物平台将成为其越来越重要的营销渠道。而作为互联网营销渠道中的中间商——奢侈品电商在中国仍处于起步阶段。

根据当前奢侈品网络平台的多种形式，我们初步将其分为六类：

官方网站，综合门户网站奢侈品频道，垂直门户网站，奢侈品网上商城，社区网站，搜索引擎。

任务1　分析奢侈品是否适合网上零售

活动：阅读下面关于奢侈品网上零售的案例资料，思考并分析奢侈品是否适合网上零售，完成后面的任务单。

案例 1：2015，奢侈品“电商元年”

中国人越来越敢在网上买奢侈品了。以“双十一”为例，据走秀网官方数据显示，截至 2015 年 11 月 11 日下午 3 点，最高成交单价商品是一款积家男士机械腕表，交易额高达 195499 元。伴随奢侈品线上销量呈现爆发式增长的，是实体销售网络的萎缩。

关闭中国的三家门店之前，LVMH 集团宣布新设“首席数字官”（Chief Digital Officer）一职，由前苹果公司高管伊恩·罗杰斯（Ian Rogers）出任。

首席数字官是在最近两年崛起的高管职位，被视为实现组织未来愿景的强大助力。“对于奢侈品公司来说，大客户销售管理很重要，设置该职位说明 LVMH 集团更加重视数据化营销和客户大数据分析管理。”跨国人力资源服务解决方案供应商任仕达中国区市场总监孙海宁接受记者采访时说。

对于 LVMH 集团此举，奢侈品业内人士认为，此前另两大奢侈品集团历峰和开云在电商方面的竞合大动作，对 LVMH 集团应该触动颇大。

被触动的奢侈品牌远不止 LVMH 集团一家。

此前宣布“死也不做电商”的 Channel 时尚总裁 Bruno Pavlovsky，日前终于改口了：“用数字的方式来呈现产品，会让越来越多的人愿意来到精品店看到我们的产品，触摸产品，也尝试产品。”今年 4 月，Channel 和奢侈品购物网站 Net-a-porter 合作，为旗下售价在 1970 ～ 19000 欧元的精品高级珠宝系列开设销售专区，上线 6 小时后即被抢光。首尝甜头后，Channel 又宣布今年晚些时候将在美国电商平台上售卖眼镜。至2016年第三季度或第四季度，Channel将正式推出全球性电商网络。

奢侈品布局电商逐渐成为全球趋势。2015年7月，知名管理咨询公司麦肯锡联合意大利奢侈品协会发布了《2015数字奢侈品体验报告》，统计结果令人惊讶：截至2014年，线上奢侈品销售额累计达140亿欧元，占全球个人奢侈品销售总额2240亿欧元的6%，其中，有50亿欧元的增量来自奢侈品电商（奢侈品牌自有网站和知名奢侈品百货公司的电商网站）。据此报告推断，预计到2025年，全球线上奢侈品销售比例将达到18%。

《2015数字奢侈品体验报告》显示，中国奢侈品在线销售占比为6%，与美国持平。11月，国际咨询机构毕马威联合魅力惠和新浪微博对10150位奢侈品消费者作了深入采访。发布了一份针对中国消费者网购奢侈品的调查报告，报告显示，45%的受访者主要通过网络渠道购买奢侈品；对于单价在4200元以下的商品，受访者表示可以放心在网上支付，与2014年调查的1900元相比大幅增长121%——周婷因此称2015年为奢侈品牌的中国“电子商务元年”。

2014年4月，Burberry率先入驻天猫；2015年9月，瑞士奢侈腕表品牌泰格豪雅（TAG Heuer）宣布将在京东开设在中国第一家网络旗舰店；10月，Cartier在中国正式上线在线精品店。

对于奢侈品牌尝试开拓电商渠道，无时尚中文网主编唐小唐对时代周报记者解释：“奢侈品转向线上，是迫于实体店铺销售下滑的压力以及奢侈品品牌的营销策略。”

案例2：珠宝商蒂芙尼公司是较早开办网上销售业务的公司

自2001年以来，它的网上零售业务呈现出强劲增长势头。Gucci先是在美国开展了网上销售业务，良好的在线业绩使他们受到极大鼓舞，不久，又在英国照搬这一业务。欧洲在线零售商Net-a-Porter也受到许多富裕消费者的追捧，这些消费者表现出了惊人的胃口（Net-a-Porter向全球市场销售多种品牌的商品）。迪奥的法国网上专卖店开张半年后，很快就成为其主要的销售增长点。这个虚拟专卖店的魅力之一在于，客户足不出户就可以将自己列入Gaucho手提包的等待名单，而且能轻松浏览迪奥推荐的 10 大产品。现在迪奥的英国网上专卖店也已开业，并计划不久再推出德国网上专卖店。迪奥的首席执行官悉德尼 - 托莱达诺（Sidney Toledano）说："从销售量上看，法国网上专卖店已经和一般独立店铺的规模相当，而且有可能发展成和旗舰店同等重要的店铺，具有巨大的潜力。"和迪奥一样，很多高端时尚品牌都是电子商务方面的新手，路易 · 威登、Bottega Veneta 以及 DKNY 先后推出了自己的电子商务网站。

案例 3：Blue Nile

在印象中，奢侈品品牌总是和"历史悠久"联系在一起。而 Blue Nile（蓝色尼罗河）作为一个 1999 年才创建的品牌，2006 年总收入就达到 2.4 亿～ 2.52 亿美元，成为奢侈品界的一个最新奇迹。

Blue Nile 与众不同的是销售方式。在巴黎香榭丽舍大道、纽约时代广场，布满世界顶级奢侈品品牌的超豪华店面，却找不到 Blue Nile 一家店面，因为它的全部产品都通过互联网销售。该公司商品的平均售价超过了 1000 美元，只有 1 万平方英尺的仓库，80 名员工。

尽管许多老牌珠宝奢侈品品牌如 Tiffany（蒂芙尼）、Bvgari（宝嘉丽）、Cartier（卡地亚）也在尝试更多地运用网络手段，但是由互联网培养出一个奢侈品品牌，Blue Nile 算是史无前例。Blue Nile 以自己的奇迹回答了消费者诸多疑问：快速建立高品质的奢侈品形象，在网上建立钻石交易的信誉，在消费者无法亲身体验的情况下销售昂贵钻戒。

（1）男性：Blue Nile 钻戒的特别目标市场

Blue Nile 一开始就定位于一个奢侈品提供商，目标客户群为具有成功地位的 25～35 岁中产阶级男士。Blue Nile 创建者之一——CEO 瓦登（Mark Vadon）在前期的调查中发现，钻石虽是女人的至爱，但买钻石的多是男性。男性客户消费额在整个价值 500 亿美元的珠宝产业当中大约占了 70%，在美国每年约有 50 万的成年男子手持钻戒向女友求婚。

在调查中，Blue Nile 得到了对未来营销起导向性作用的几个结论：

①一般男性对珠宝行业是不熟悉的。75% 的男性声称对购买珠宝没有足够的

知识了解；

② 57% 的男性觉得在零售店购买珠宝是件压力很大的事情，这来自于珠宝店销售人员的诱迫感销售手腕；

③ 51% 的人担心购买珠宝时“被宰”。因此，让男士们信任品牌以及产品品质成了 Blue Nile 至关重要的任务。

（2）初次购买钻戒人士的“必读手册”

在网上销售昂贵商品是一项复杂的工作，销售信誉是首要。Blue Nile 第一步就是建立自己网站的指导专家形象，提供了数量庞大甚至连最缺乏经验的珠宝购买者都能明白的教育素材，成为初次购买钻戒的男士必看网站——不管他是否在线上购买。

在确立专家地位的情况下，Blue Nile 加强了对于产品高品质的宣传：与 Tiffany（蒂芙尼）等顶级奢侈品品牌同样的进货渠道，同样地鉴定实验室鉴定标准，还与一些高端品牌结成营销联盟。

最致命的一击是：Blue Nile 将单个钻石和底环、首饰盒等分别标价，标出各项指标，体现钻石的真正价值，将 5 万颗钻石的价格及销售情况在网站上一一列出，真正是在“卖钻石”。

（3）比亲身体验更真实

曾在 Blue Nile 花 24000 美元购买了订婚戒指的所罗门美邦高级副总裁弗拉海夫说：“与珠宝店喋喋不休的推销相比，在 bluenile.com，你可以安静地花很长时间挑选。”只剩下一个重要问题：男士们怎样知道钻戒是否适合未婚妻？怎样保证实物与所见图片相同？在美欧等国家，戒指的大小都有统一固定的标号，就像鞋子的统一尺寸标号，这就解决了戒指佩戴大小问题。在选定钻石和合适的指环后，网站会显示出戴在手上的效果示意图。感性的图片与理性的数据标在一起，非常清晰真实。

短短 7 年，Blue Nile 一跃成为全球最大的在线珠宝零售商，新兴的奢侈品品牌。来自纽约珠宝杂志出版商 Rapaport 的分析师认为：“Blue Nile 将带动网上销售贵重物品甚至奢侈品的风潮。”

有许多潜在的优质顾客他们由于以下原因不进入实体商店购买产品：

①他们离商店太远。

②他们害怕进入一家商店（这一条更适合男性）。

③他们没有时间购物。

④他们十分现代，只愿意在网上购物。

⑤他们认为如果一个品牌不在网上销售就不值得考虑。

案例 4

“看似很热闹的表面，实际上中国奢侈品网上零售的比例极低，根本没有易观统计得那么高。只要仔细看看，所有的奢侈品网站都只是挂着奢侈品图片而已，真正卖出去的都是二三线的品牌。”一位多年从事高端箱包贸易的行业人士透露，目前真正的奢侈品极少在网上销售，电商销售的大都是时尚品和过时品。并且，奢侈品电商目前是在混乱中前进，野蛮生长中存在着很多典型问题。比如货源备受质疑。一旦一个奢侈品牌统一在网上销售其产品，制假造假的大门也就随之打开了。

不久前，天梭与当当网公开对阵，宣布拒绝为当当出售的天梭表提供售后服务，战火不断升级，令不少消费者为之踌躇。

“其实现在奢侈品电商都没有得到品牌商正式的许可，他们宣称的授权其实是获得品牌商‘默认’不查封的权利。”一位不愿意透露姓名的行业人士透露。

正是因为目前奢侈品电商没有货源保证，同时中国网购奢侈品的人群还不够大，导致国内的奢侈品电商多数是甩卖折扣奢侈品。国内最大的钻石 B2C 网站钻石小鸟 COO 刘时豪在微博中表示，大部分奢侈品购物网站其实就是低价跑货的渠道，本身没有品牌而言。“个人认为奢侈品平台也很难发展，用户更多还是对产品本身有忠诚度。”

一位多年从事高档首饰的业内人士更是直言，在缺少行业监管的情况下，动辄三折四折的奢侈品货源不靠谱。“从整个行业来看，网购中的正品率不足 1%，即使是在一些大的电商平台。”

不过，走秀网副总裁陈易佳否认了上述说法，在她看来，正规的奢侈品网站未来是以上市为目的，没必要卖A货断了自己上市的路。“从正品角度讲，没有签协议，不代表我们不能买他的货，我们会把它买断下来，让这批货成为我们的，我们再销售，这样是没有问题的。”

据悉，一般奢侈品有三种货源渠道：第一个是品牌本身，直接从品牌商购买，第二是从品牌的一级经销商手中购买，第三个是与大型百货合作。

而国内最大的高端手表B2C平台聚风尚CEO李永泉表示，奢侈品电商与其他电商不同在于：核心竞争力在于奢侈品品牌本身，而不是平台，从目前的市场来看，奢侈品电商切中了“品牌＋折扣”的卖点，但如果没有与品牌商建立正式的合作关系，采买、代购等方式管理成本高，且随时存在巨大的渠道风险。“你的平台销售1亿的时候无所谓，当到了5亿～10亿的时候，平台会与品牌商打架打得比较厉害。”

案例5：两大奢侈品购物网站合并，为啥品牌齐反对?

顶级奢侈品牌如普拉达（Prada）和克里斯汀·迪奥（Christian Dior）仍然持反对网上销售服装以及通过豪华精品店销售的理念。

普拉达市场总监Stefano Cantino称：“鉴于我们品牌生产工艺的精细水准和品牌即买即穿的形象，我们觉得购物体验要想达到完美的境界，还是应该停留在实体店内。消费者需要实体环境氛围来试穿产品，而且需要专门的服务，这只能通过精品店获得。”

不过，越来越多人选择通过上网购买而不是走去圣欧诺瑞或新邦德街购买，那种观念立场越来越站不住脚。产品不能通过网上购买（不管是普通商品，还是奢侈品）的品牌正面临失去消费者的风险，客户会被其他开设网店的品牌竞争对手所掠取。

奢侈品高管知道，网络平台是未来销售成功的关键所在，特别是面对所谓的“千禧一代”消费群体，因为在1980～2000年出生的消费者非常精通网络。

然而，顶级奢侈品牌如路易·威登、爱马仕、普拉达、香奈儿等迟迟不进行电子商务方面的投资，而其他产品零售部门最近十年则进行大规模电商投资。一些奢侈品牌把重点放在购物体验和产品本身，进行全世界范围内的大规模扩张，在著名设计师的帮助下对旗下门店进行翻新。

咨询公司 Matter of Form 的顾问安·夏尔马（Anant Sharma）称：“许多奢侈品牌还没有想如何通过网络进行创新发明，看起来好像是他们害怕尝试新事物。”夏尔马称：“许多奢侈品牌的网站纷纷模仿奢侈品购物网站 Net-a-Porter 黑白相间的门户网页设计。”

在 Yoox 和 NAP 上月公布合并协议之后，香奈儿马上宣布自己明年将开始网络零售。本月，香奈儿已经开始通过奢侈品购物网站 NAP 销售新的珠宝产品线。

欧瑞国际奢侈品分析师 罗伯茨称：“Yoox 和 NAP 的合并给市场传递了这样的信号，你必须选择发展电商，或者选择被淘汰出局。”据欧瑞国际预测，接下来五年不到的时间，所有奢侈品牌销售将有 40% 是通过网络进行的。

尽管整个奢侈品行业的平均增长率今年已下滑到 5%(四年前，增长率还在 10% 以上)，但奢侈品每年的网络销量增长率却高达为 15% ～ 25%。目前看来，各大品牌已经完成全球化发展部署。业内人士估计，5% ～ 6% 的奢侈品是通过网上购买的，尽管这一比例在皮革制品中已经升至 8% 左右，比如鞋子和手提包等皮革制品。

设计师网站的可用性差异很大，但是此类网站很少有像奢侈品购物网站 NAP 这样为消费者提供这么多帮助的，NAP 通过模型展示服装，提供尺寸合身与否的详细细节，并且附有造型搭配提示。

普拉达的电商网站并没有提供即买即穿的产品，而是坚持销售皮包、鞋子和其他配饰。此外，爱马仕品牌标志性的、售价高达 8000 欧元的凯莉包（Kelly bag）和铂金包（Birkin bag）仍旧不能通过网上购买，即使到实体店订购，也需要一年以上才能送达买家手上。

在许多大奢侈品牌还在思考网络发展战略的时候，一些高端百货商店已经开始网上销售产品。内曼·马库斯（Neiman Marcus）以经营奢侈品为主的美国高端百货商店，古德曼（Bergdorf Goodman）是纽约最大、最顶级的奢侈品百货商场，这两家高端百货商店目前 24% 的业务来自网上销售，相比五六年前的 15% 增长了许多。去年，内曼·马库斯收购德国时尚商品网络零售商 My Theresa，目的在于更好地服务美国市场以外的消费者。

哈罗兹（Harrods，英国著名百货公司），其电商网站每月访问量达300万，现在也在加速网上投资。哈罗兹负责人Michael Ward称："我们的消费者要求全渠道零售的购物体验，为了在奢侈品零售业保持领先地位，我们必须对此作出回应。"

路易·威登集团总裁伯纳德·阿诺特（Bernard Arnault）表示，越来越多的奢侈品将在网上销售，路易·威登集团目前也在努力适应这种趋势。历峰集团（Richemont）的珠宝品牌卡地亚自从2010年开始网上销售珠宝。卡地亚的网上门店销量现在已跃居历峰集团旗下诸多品牌的第三位，仅次于两大主要旗舰品牌。然而，私有品牌百达翡丽（瑞士名品手表），并没有在网上出售其生产的价格在1万欧元以上的钟表。这家奢侈名表品牌在接受路透社采访时表示，并无进行网上销售业务的意图。

➢ *活动问题*

1）思考为什么越来越多的奢侈品品牌尝试网络营销策略来创造不同的营销体验？

2）分析以上案例资料中所展示的奢侈品网络零售的成功之处。

3）分析以上案例资料中所体现的奢侈品网络零售的失败之处。

➢ *如何完成活动*

1）确定本次任务组长。

2）阅读上面所有的案例资料后，自己尝试列出奢侈品网上零售的优势和劣势。

3）针对上面案例中所研究的内容，以小组形式讨论奢侈品是否适合网上零售，形成持不同观点的正反方，展开辩论。并完成下面的记录单（表5-1）。

表5-1　奢侈品网上零售的适用性分析记录单

讨论问题	自己的观点	团队其他人的观点
1.为什么越来越多的奢侈品品牌尝试网络营销策略来创造不同的营销体验呢?		

续表

讨论问题	自己的观点	团队其他人的观点
2. Blue Nile是由网络创建出来的珠宝奢侈品品牌，你认为它是如何成功的呢？		
3.通过Blue Nile的案例，分析网上零售的优势和劣势。		
4.思考为什么有的奢侈品大牌反对网上零售？		
5.目前网上零售成功的知名奢侈品品牌有哪些？		
6.怎样理解奢侈品网络零售的适用性？		

➢ **活动评价（表5–2）**

表5–2　活动评价表

评价指标	单项指标	评价标准	自我评价
参与情况	学习投入情况	按课堂要求思考问题、参与小组活动	☆☆☆☆☆
	提出问题并发表见解	参与讨论问题，因自己的见解	☆☆☆☆☆
合作与交流情况	认真听取别人意见并询问	认真倾听，礼貌，有回应，适时询问	☆☆☆☆☆
	将自己的资料与大家分享	表达自己见解并与大家交流	☆☆☆☆☆
	参与团队讨论	积极主动，踊跃发言	☆☆☆☆☆
时间利用	在规定的时间内完成任务	时间效率	☆☆☆☆☆
学习主动性	遇到自己不能解决的问题请教他人	询问并记录要点	☆☆☆☆☆
	遇到自己不能解决的问题查资料	查阅且做好记录	☆☆☆☆☆
任务完成情况	是否完成所有任务	能完成每个任务	☆☆☆☆☆
	有新的发现	能否创新	☆☆☆☆☆
	对问题的理解	迅速找到问题的关键词	☆☆☆☆☆
综合表现	展示出自己最好的状态	根据自我感受	☆☆☆☆☆
评价结果“☆”少的如何改进：			
教师点评：			

注：优 ☆☆☆☆☆　良 ☆☆☆☆　中 ☆☆☆　差 ☆☆　没参与☆

任务2　认识奢侈品网络营销的渠道方式

活动：通过阅读以下关于奢侈品网络营销渠道方式的案例及资料，并查找更多的网络资料，完成后面的任务单。

案例：淘宝全球购

淘宝开通的全球购频道提供了丰富的国际一手时尚消费信息，追踪当下世界各地区即时折扣和促销活动。频道还设置有全球地图，根据国家和地区站点选择需要了解的信息和想购买的商品。宝贝所在地已经细化到了全球 18 个国家和地区。至于最难控制的真假问题，“所有进入全球购频道的卖家都是经过人工严格筛选，条件包括卖家的商品，卖家的信用度，卖家的交易记录，卖家的成交情况，卖家的投诉成功率，卖家的服务态度等。尤其是对于奢侈品类的卖家，更有严格的奖惩措施来控制卖家”，一般认为，对于网购奢侈品的人来说，信用度对成功交易的影响会大过价格因素。

至于国内在更早启动的易得代购，其 80 万的注册用户，年龄都集中在 30～40 岁，并且有 80% 已经产生过购买行为。易得 90% 的交易是通过国外的代购人员记录客户需求之后，再在国外的网站上购买来完成的。这群奢侈品买家的消费频率大约是每两至三个月消费一次。

对于大多数朝九晚五的都会白领，逛店是件劳心劳力的事。而购买奢侈品似乎本来就是不用逛的。通常来说，各大品牌每季新品都有铺天盖地的资讯通过网络、时尚杂志等媒介来传达，一件衣衫、一个包、一双鞋，它长什么样，爱它的人早就滚瓜烂熟，不过是衡量一番价格之后，找一个合适的时机下手——而这样的时机，在网络上更容易找到。网络消除了国内外的价格、上柜时间以及货品种类的差别，使品牌爱好者们以最快速度和最低价格获得产品。

知识链接：国内奢侈品网上商城

1. 第五大道（www.5lux.com）

第五大道通过整合以欧美市场为主的全球供应资源，向数以百万计的中国都市白领提供包括 Louis Vuitton、Gucci、Chanel、Coach、Calvin Klein、Guess 等 100 余种从顶级到一线品牌的折扣商品，常年折扣在 20% ～ 80%。商品以女士箱包和服饰鞋帽为主，同时涉及化妆品、香水、饰品、手表、礼品及男性时尚服饰等，目前正发展为中国最大最权威的时尚奢侈品在线折扣销售网站。

2. 魅力惠（http://www.mei.com）

魅力惠，作为亚洲时尚奢品限时折扣网站的领导者，于 2010 年进入中国市场。秉承 100% 官方正品、超值折扣的时尚智选理念，至今已与 1500 多个国际著名时尚及奢侈品牌官方授权合作。魅力惠时尚顾问根据最新的潮流趋势和客户需求，精挑细选各大时尚名品，每日 9 点推出低至 1 折的优质精品，致力为顾客提供一流的奢侈购物体验。截至 2014 年 9 月，已有 300 多万注册用户。

3. 走秀网（www.zoshow.com/luxury.html）

走秀致力于打造中国最具影响力的时尚百货销售平台，提供丰富的服装、珠宝、饰品、鞋类、包袋、化妆品等各类别的时尚商品。走秀网是目前华南地区投资最大的 B2C 电子商务企业之一。走秀网成立于 2008 年，总部位于中国深圳，在纽约、旧金山、伦敦、米兰、香港等城市设有子公司和运营分部。2012 年，走秀网获得意大利顶级奢侈品牌菲拉格慕（Salvatore Ferragamo）官方授权，这也是中国电商获得奢侈品牌官方正式授权的首例。2015 年 10 月，中国国家主席对英国进行国事访问期间，走秀网受英国贸易投资总署（UK Trade & Investment）和英国驻华大使馆（British Embassy Beijing）的联合邀请，赴英与 UKTI 签署备忘录，为批量英伦品牌提供电商平台，进入中国市场。

4. 寺库网（www.secoo.com）

寺库（SECOO）致力打造全球奢侈品服务平台的多元化集团，总部设于北京。主要业务涉及奢侈品网上销售、奢侈品实体体验会所、奢侈品鉴定、养护服务等主营业务。商品品类包括国际一线包袋、腕表、服饰、首饰、生活家居、汽车，更有日本、美国、意大利当季新品，海外直发。寺库（SECOO）中国拥有目前国内最专业奢侈品鉴定团队，全球最大的奢侈品养护工厂及遍布全球的多家奢侈品库会所，会所遍布北京、上海、成都、香港、东京、纽约、米兰中心地段，打造最具实力的全球领先奢侈品一站式服务平台，追求高品质生活人士的交流平台。

5. 佳品网（http://www.jiapin.com）

佳品网成立于 2009 年 9 月，公司总部位于北京，在洛杉矶和巴黎均有分部。佳品网的全球商品供应链，遍布欧洲、北美、澳洲和日韩，现已获得全球 500 多家国际奢侈品品牌商直销授权，确保商品 3 ～ 7 折的超低折扣，100% 的正品保障。所售商品全场无限额免运费，支持货到付款、七天无障碍退换货。每天，佳品网面向网站会员举行 10 多场线上主题名品特卖会，汇聚 LV、Dior、Coach、Gucci、范思哲等 500 多个国际品牌旗下的手表、皮具、化妆品、红酒等 10 大类商品。此外，佳品网还举行线下主题奢侈名品私享特卖会，与国际时尚潮流同步，让消费者拥有尊贵私享购物体验。

6. 聚尚网（www.fclub.cn）

聚尚网是中国首家国际名品限时特卖的购物网站，公司于 2009 年 7 月正式设立，总部位于中国上海，在香港、广州分别设有分支机构和办事处。聚尚网是“网络上的奥特莱斯”，投资股东来自于传统服饰制造业、零售业、时尚媒体业。聚尚网收集全球时尚资源，经品牌商授权以正价 1 ～ 5 折的价格为消费者提供服装、鞋帽、饰品、箱包皮具等折扣品牌商品。作为闪购模式的开创者和倡导者，聚尚网一直秉承着让时尚大众化的理念，坚持以“会员制 + 名品折扣 + 限时特卖 + 正品保证”的模式，为广大消费者提供最优质的产品，最优惠的价格，最优秀的服务，让消费者足不出户就能以最优的性价比体验全球时尚潮流。2015 年，融资过两亿的聚尚网倒闭。

7. 美西时尚（www.meici.com）

美西时尚致力于发展国际中高档品牌服饰电子商务市场，引进众多国际精品品牌，让用户以中等价位享受奢侈品质，体验尊贵生活。美西时尚拥有专业的奢侈品护理公司——美西奢护，致力于为我们的顾客提供最先进、最专业、最全面的奢侈品护理服务。美西同时提供最新时尚资讯，并邀请美西贵宾参加定期举办的 Sales Preview 等活动，让顾客真正享受尊贵体验。

8. 草莓网（中国香港地区）（www.strawberrynet.com）

香港草莓网提供多元化的美容产品的网站，销售化妆品、护肤品、男女士香水，更集各大名牌于一身，其品牌覆盖范围广，包括 Anna Sui（安娜苏）、Aveda（雅达）、Borghese（贝佳斯）、Biotherm（碧欧泉）、Britney Spears（布兰妮）和 Bvlgari（宝格丽）等多个奢侈品品牌。

9. 呼哈网（www.wooha.com）

呼哈网致力于中高端女性时尚购物，满足一个女人一生各阶段的梦想。呼哈希望伴随女人成长，给出权威贴心的意见，提供高性价比的商品，打造超越期待的服务，指导女人活出个性、格调和品位。呼哈通过融合世界各个时尚都市的文化，将新的生活形态引进每个消费者生活中，打造时尚、精致、格调、全新的网络生活模式。

学习资料：奢侈品在互联网上销售的渠道方式

1. 自建网站：奢侈品在中国的官方网站（表 5–3）

表5–3　奢侈品在中国的官方网站

品牌	官网网址	是否提供中文界面	是否有产品价格	是否有网上购物	是否有线下指引	访问速度	网站操作
路易·威登	www.louisvuitton.cn	是	有	无	有	非常慢	一般
苹果	www.apple.com.cn	是	有	有	有	快	好
爱马仕	www.hermes.com/inde8_cn.htm	是	无	无	有	一般	差
香奈儿	www–cn.chanel.com	是	无	无	有	慢	差
卡地亚	www.cartier.cn	是	无	无	有	慢	差
古驰	www.gucci.com/cn	是	无	无	有	一般	差
万宝龙	www.montblanc.com/zh–CN	是	无	无	无	非常慢	一般
迪奥	www.dior.com/home/ch_cn	是	无	无	有	一般	差
博柏利	cn.burberry.com	是	有	有	有	快	一般
拉菲	www.lafite.com/chi	是	无	无	有	快	一般
阿玛尼	www.armani.cn	是	有	有	有	一般	差
普拉达	www.prada.com/hans/live–parade/post?cc=CN	是	无	无	有	一般	一般

续表

品牌	官网网址	是否提供中文界面	是否有产品价格	是否有网上购物	是否有线下指引	访问速度	网站操作
茅台	www.moutaichina.com/	是	有	有	有	快	好
蒂芙尼	www.tiffany.cn	是	无	无	有	慢	差
浪琴	www.longines.cn	是	无	无	有	快	一般
兰蔻	www.lancome.com.cn	是	有	有	有	快	好
劳力士	www.rolex.com/zh-hans#/	是	无	无	有	一般	好
雨果博斯	www.hugoboss.cn	是	无	无	有	一般	一般

资料来源：学术论文。

图 5-1 为 Net-A-Porter 中文版网站。

图 5-1　Net-A-Porter 中文版网站

这些奢侈品是在中国销售份额与品牌知名度最大与最高的，基本可以代表奢侈品在中国的互联网营销渠道中的官方网站现状。在中国销售的奢侈品基本上都会建立自己的官网，提供中文界面利用互联网营销渠道进行产品展示。大多选择以 cn 为后缀代表中国的域名建立自己在中国的官网，将近一半的奢侈品牌都已考虑互联网营销渠道上的本土化渗透问题。奢侈品牌通过互联网营销渠道直销的尝试已经开始，或者在官网上提供了产品价格，或者官网上提供了网上购物功能，但尚有许多品牌还处于观望状况。几乎所有的奢侈品都会通过自己的官网指引线下的专卖店位置，以期待通过互联网营销渠道实现线上展示、线下销售的目的。大多数的奢侈品官网因为要通过大幅图片、动画、视频展示自己的产品，造成网站访问速度不是很理想。另外，在适用浏览者方面也是不尽如人意，普遍存在字体偏小的问题。

2. 借助电子商务平台：如尚品网、第五大道、走秀网、佳品网等，还有京东、天猫等的奢侈品板块

网络平台商指的是只提供网络交易空间的中间商，奢侈品在中国可供选择的网络平台商有许多，如天猫、京东商城等。网络平台商已成为中国消费者互联网购物最大的渠道，而且网络平台商都有比较安全并得到中国消费者认可的支付工具与平台，如天猫的支付宝。登录支付宝客户端的网民多是这样一群人：爱网游、爱门户、热衷网购、勇于尝试新产品，这与奢侈品最大潜在消费群体相重度很高。如天猫这样的网络平台商在中国已深入民心，奢侈品厂商可利用此种渠道成员并尽早在这类网络平台商中建立自己的官方网店。奢侈品在中国的主要互联网推广形式见表 5–4。

表5–4　奢侈品在中国的主要互联网推广形式

品牌	移动网站	移动应用	百度推广	官方开设微博	代理商开设微博	微博粉丝数	微博数	微博更新	视频网站推广	专业网站推广	其他社交网站推广
路易·威登	有	有	是	是		386865	474	当日	有	有	
苹果	有	有	是	是		73393	9747	快			

续表

品牌	移动网站	移动应用	百度推广	官方开设微博	代理商开设微博	微博粉丝数	微博数	微博更新	视频网站推广	专业网站推广	其他社交网站推广
爱马仕					有	270735	1973	快			
香奈儿		有	有	是	是	405373	293	快	有		
卡地亚		有	有	是	是	345525	196	快	有		
古驰			是	是		312496	1056	当日	有	有	有
万宝龙				是	有						有
迪奥		有	是	是		511865	408	快	有		有
巴宝莉			是	是		478032	1578	当日	有	有	有
拉菲				是		34847	1430	快			
阿玛尼			是	是		51855	625	当日	有		
普拉达					有						
茅台		有		是		539	0	慢			
蒂芙尼		有	是	是		99773	311	当日	有		
浪琴			是	是		40352	1300	快			
兰蔻		有	是	是		187429	3881	当日	有	有	
劳力士		有	是						有	有	
雨果博斯				是		57947	925	当日	有		

资料来源：学术论文。

奢侈品在中国的主要互联网推广形式与发展趋势，奢侈品在中国的互联网营销渠道是多种模式的并存。

3. 奢侈品在中国的互联网推广除了官网及电子商务平台外，最主要的就是微博、微信与百度推广

微博属于一种社交类型的互联网应用，主要通过与粉丝的互动来制造品牌的黏性。百度推广属于传统意义上的互联网广告，在搜索引擎中输入奢侈品名称则出现奢侈品的官网网址，引导潜在客户进入自己的官网查看产品信息。这说明，奢侈品在中国的互联网营销渠道在保持原有推广形式的基础，也紧跟互联网发展潮流，引入微博这种新的推广形式。微博方面，某些奢侈品的更新速度快，但所发微博数较少，这可能与产品特性有一定关系。其中，中国国产唯一奢侈品茅台的微博数为 0，说明国内奢侈品牌较国外奢侈品牌对互联网敏感度要低。还有一些奢侈品牌利用微信平台发布最新品牌新闻和产品信息。但奢侈品在移动互联网方面的推广还比较被动，因为产品类型单一，独立开发移动互联网方面的网站与应用为时尚早。随着移动互联网在中国的进一步发展与成熟，奢侈品在这方面的重视程度及可利用手段会更高更多。

奢侈品牌比较青睐能够直观、全方位展示自己产品的互联网推广形式。通过奢侈品牌官方网站建立自己的视频空间，进行类似电视广告形式的产品展示，或者利用微电影形式来进行宣传，互联网允许品牌使用电影，用足够长的时间来宣传品牌梦（图 5-2）。例如网上可以看到伦敦新路易·威登大楼的独家报道，路易·威登就是从这里开始，在网上有关于所有被邀请名流的独家专访；路易·威登 2013 春夏女装系列发布会，通过新浪微博全程直播与网上潜在客户互动；Van Cleef & Arpels 通过微博和官网采用 360 度虚拟实景，为 Mains d' Or™ 提供互动体验；关于马克雅布的时装秀在网上有了互动电影，现代科技的应用可以让观众 360 度观看每个模型，远胜于在展会上亲临现场的感觉；卡地亚在自己官方优酷空间上提供三段描述真爱的微电影短片，展示其订婚钻戒，网上潜在客户可再观看；随着中国互联网网速的进一步提升，相信这种推广形式会更多。其他类型的专业网站（如服装行业网站）及社交网站（如豆瓣）也有不少奢侈品牌在尝试，利用网络互动社区获得用户反馈。如路易·威登利用 Facebook 创造、管理分析社区是一项出色的营销战略。

图5-2 吉赛尔—邦辰为香奈儿拍摄的广告大片

知识链接：网络和社交媒体的七个规则

奢侈品牌要想开发互联网和社交媒体的潜力，需要遵守七个基本的规则：

规则1：网络和社交媒体是一种对话：品牌和客户之间的对话。进行一场对话需要两个因素。网络需要创建一个与客户的非商业对话，目标可以是通过网络或论坛的反馈的一些实际建议。这是培养归属感的最好的方法。例子：Huggies论坛上并不出售尿布。上面有免费的建议，真实的婴儿室创建者向人们展示如何缩短换尿布时间，如何给婴儿按摩，并帮助销售已经用过的婴儿产品。

规则2：接受失控的存在。对社交媒体的一些预测是有利有弊的。这就导致品牌去接受信息互惠，与客户分享内容，并接受一些批评。当与客户建立关系时，品牌应该用案例研究来说明“接下来会发生这个……”“这就是我们怎么做或怎么解决这个问题的”。这些都帮助品牌建立可信度。例子：当试着改建网页时，达沃斯（Davos）世界经济论坛从他们在Flickr和YouTube上的内容库中挑选出一些照片和视频放在网页上。这些立刻就被复制和改变——尤其是被一些领导人的政敌。但是这些都帮助WEF可信度的建立。

规则3：了解你的客户。这一点非常关键：大多数品牌都有进行顾客区分，更多时候基于人口统计资料和销售情况。最好的实践显示出这些区分应该更精细，并且应包含品牌卷入度或参与的水平。例子：乐高（Lego）的客户区分包含了五个部分：

①已覆盖的家庭——所有那些更倾向于购买乐高产品的。

②活跃的家庭——那些在过去 12 个月内有购买产品的。

③相关联的社区——那些通过浏览网页或者商店与品牌有积极联系的（大约一半的积极家庭）。当一个家庭与品牌有积极的联系后，平均的购买量是以前的三倍。

④ 1∶1 社区——乐高俱乐部的成员，注册的成年粉丝，或者联机目录数据库成员（大约一半的关联社区会分享它们的个人数据）。当一个积极家庭变成 1∶1 成员时，平均的购买量增加五倍。

⑤领先用户——例如，乐高宇宙（网络游戏）的合作伙伴，参与共建新产品的粉丝社区。

这些都说明了销售量随着消费者慢慢移向金字塔的顶端而增加——同时对于不同的部分，品牌会有不同的接触。

规则 4：衡量，衡量，衡量。网络的专营公司提出了这样一条规则，这条规则对于奢侈品行业来说是崭新的，那就是：去衡量每一个行动所带来的后果。大多数在网上活跃的品牌都用净推介值（NPS）来帮助它们调查推广者（例如品牌拥护者）和贬低者（那些抱怨品牌的人）。这是非常重要的：大多数品牌只去调查整体的满意度，通常都能得到超过 95% 的结果。而所有一些最近的研究都表明一个好的衡量标准应该能同时衡量品牌的认可度和不认可度。这就导致有些人同时采用忠诚度指标和转介经济学（referral economics）：到底客户对品牌的忠诚度有多少？他或她会推荐（或指引）顾客这个品牌吗？例子：乐高用净推荐值来衡量品牌的能力以提升不同的转介率（referral rate）。一共衡量 4 个维度：产品经历（从购买之后开始）、在线经历、库存经历以及客户服务经历。

规则 5：有一个专用的互联网团队——包括一个社区经理。方法：品牌应该有一个强大的互联网团队来构建内部容量，沟通内部部门与组织筒仓。当出现与网络有关的任何事物时，应该遵循下面几个基本的规则：快速反应；加入对话；保持通道畅通并引人关注；有自己的电子足迹；在危机（会出现的）出现之前保证通道的畅通。这就需要真实的内部参与，社交媒体需要员工参与并且还要有一个专业的社区经理。他或她相当于一个品牌大使，要对品牌形象——尤其是危机时——负起责任。例子：在肯尼斯·科尔（Kenneth Cole）的推特上，有一条推特，署名是他自己（或者至少是一个授权的人），时间是2011年2月3日，推特写道：数百万人皆哗然，因为他们听到谣言说我们的春季新款将在网上出售 http：//bit.1y/KCairo—KC。在埃及，成千上万的抗议者聚集在解放广场，渴求真正的民主，而在最激烈的时刻，美国的时装品牌抓住了这样一个机会来开拓自己的市场。网上到处发布着这样的推特，包括反对者愤怒的言论和支持者的信息。真实的世界就这样被忽然分隔成两块：一边的人说推特是全世界品味最差的，批评这些不负责任的品牌；而另一边则是一些粉丝（大多数是美国人），他们一边看着这些有趣的信息，一边不断重申自己对于品牌的忠诚。肯尼斯·科尔，在（敷衍了事）地承认他不会去冒犯埃及人之后，终于在其Facebook上（谨慎地）发表了一封道歉信。

规则6：社交媒体本身并不销售。2009年5月，来自知识网络的一篇报告给广告商、市场人员以及研究人员一幅关于美国的社交媒体（除了博客）用户的态度和动机的清晰描述：83%的网民（年龄在13～54岁）参与了社交媒体，47%的人基本是每周一次。不到5%的社交媒体用户经常到网站上寻求购买决策的建议和指导。仅仅16%的社交媒体用户说他们更可能从那些有在社交网站上做广告的公司购买产品。

规则7：社交媒体是与发展品牌意识、品牌形象、客户关系以及最终销售的整合策略相关的互联网，并不是关于企业网站、电子商务网站、使用博客、拥有推特账户、Facebook主页、YouTube账户、或用电子邮件或短信这些的，但是与同时使用这些所有东西的整体化的方式相关的。所有的品牌理念必须是整体化的、品牌的且一致的。

这七条规则让我们得出了第一个结论：那就是对于品牌来说，整合利用不同的销售和传播渠道在现在是至关重要的。

最近麦肯锡（McKinsey）的一项研究“多元化零售的前景”更加强了这一观点，研究提出了一些关键的事实并给出了一些想法：

事实：在美国仅有25%的药店、40%的经销商以及60%专注于时尚的商人在2001年危机之后的五年内将增长率恢复到危机之前的水平。现在没有品牌可以等这么久。经常被忽视的信息：购买并使用多种传播渠道的人会比那些只偏爱一种渠道的人花费更多。这个例子是非常有启发性的：比例范围是在从1到5之间。为什么如此多的品牌没有达到标准？因为它们相信整体化的传播途径仅仅意味着在网上复制“精品店或者杂志”，或者仅仅去复制商店中可以找到的东西，还期望通过提高产品的可得性来增加客户的购买。这是一个巨大的错误：每一个渠道都是唯一的，都要遵循一个特定的方式并对其他渠道进行补充，通过提供服务、提供信息以及客户期望的一些知识。例子：JCPenney。JCPenney利用其遗产成为了一个成功的目录商，经营的是一个紧密集成的跨渠道商务产品。商店都配备网络信息站，所有销售点都有网络接口，以便于客户能够买到在商店中没有的一些种类、型号或大小的商品。JCPenney甚至测试了一个系统，允许客户在商店里直接扫描优惠券，并且可以直接发送到手机中。重要的是每一个渠道都是通过强调独一无二的品牌以及促销价格而建立在JCPenney整体的“时尚价值”的品牌产品上的。未来存在于一项战略之中，这项战略是由CEO掌控的（这样一项战略的责任问题是确实存在的），是建立在传播和通信之间紧密相连的理论以及包括手机在内的多元化通信方式之上的。

➢ **活动问题**

1）思考国内知名的奢侈品营销网站有哪些？材料中列举了哪些？

2）思考奢侈品在互联网上销售的渠道方式有哪些？

3）你所了解的奢侈品在互联网上新的销售渠道方式有什么？

➢ **如何完成活动**

1）确定本次任务组长。

2）阅读完学习材料后，先自己列出国内知名的奢侈品营销网站及奢侈品网络营销的渠道方式。

3）以小组为单位讨论奢侈品网络营销各种渠道方式的特点，并完成后面的记录单（表5-5）。

表5-5　奢侈品网络营销渠道方式分析记录单

讨论问题	自己的观点	团队其他人的观点
1.你浏览过奢侈品全球购、海外购网站吗？说一下你的体会。		
2.你所了解的国内知名的奢侈品购物网站有哪些？		
3.你认为目前奢侈品可通过哪些渠道在互联网上销售？		
4.这些不同的奢侈品网络营销渠道有何特点？		
5.最新的奢侈品网络营销渠道方式有什么？		
6.怎样理解奢侈品利用网络和社交媒体营销的规则？		

➢ ***活动评价（表5-6）***

表5-6　活动评价表

评价指标	单项指标	评价标准	自我评价
参与情况	学习投入情况	按课堂要求思考问题、参与小组活动	☆☆☆☆☆
	提出问题并发表见解	参与讨论问题，因自己的见解	☆☆☆☆☆
合作与交流情况	认真听取别人意见并询问	认真倾听，礼貌，有回应，适时询问	☆☆☆☆☆
	将自己的资料与大家分享	表达自己见解并与大家交流	☆☆☆☆☆
	参与团队讨论	积极主动，踊跃发言	☆☆☆☆☆
时间利用	在规定的时间内完成任务	时间效率	☆☆☆☆☆
学习主动性	遇到自己不能解决的问题请教他人	询问并记录要点	☆☆☆☆☆
	遇到自己不能解决的问题查资料	查阅且做好记录	☆☆☆☆☆
任务完成情况	是否完成所有任务	能完成每个任务	☆☆☆☆☆
	有新的发现	能否创新	☆☆☆☆☆
	对问题的理解	迅速找到问题的关键词	☆☆☆☆☆
综合表现	展示出自己最好的状态	根据自我感受	☆☆☆☆☆

续表

评价结果“☆”少的如何改进：
教师点评：

注：优 ☆☆☆☆☆ 良 ☆☆☆☆ 中 ☆☆☆ 差 ☆☆ 没参与☆

任务3　明确奢侈品品牌互联网经营战略的要点

活动：阅读下面关于奢侈品互联网营销的三个案例，阅读完后认真对案例进行分析，并完成后面的任务单。

案例 1：只卖 20 件限量版奢侈品的网店 20ltd

2007 年 4 月 2 日在英国上线的 20ltd.com 是一个全新和独特的网上商店。它的不同之处在于在任何时刻都只有 20 件不同种类的商品在销售，同时这些商品又都是限量版，数量从 3 件到 40 件。而且所有的商品都是独家为 20ltd.com 制造，在任何其他地方都无法买到。当一件商品卖完后，会从即将上架的 20 种商品中补充进来，因此 20ltd 网站上的产品会经常发生变化。

品牌或设计师都要通过 20ltd 的编辑邀请才能参与产品开发，从而保证了产品的原创性、可靠性、别出心裁。无论是在伦敦、日内瓦、巴塞罗那、米兰、阿姆斯特丹、斯德哥尔摩、柏林、哥本哈根、纽约或者甚至是阿拉巴马，20ltd 的编辑都会亲自去认识那些设计师和技工，了解并鉴赏他们的故事及每件产品的特殊性。

虽然20ltd的产品都是独家限量版，非常值得珍藏，但是这并不表示它的价格比较大规模生产的同等货品贵许多，第一年的价格范围在190到1百万英镑之间。第一批上架的20件产品从摩托车到皮吊床，从公文包到高尔夫球棒，从墙纸到香水，从台球杆到太阳眼镜，从手表到哑铃，从钻戒到羊绒T恤，从南美栗鼠皮大衣到比基尼泳衣，从雪茄盒到伞。

20ltd的营运总监Jolyon Fenwick表示：20ltd是一个创意，而不仅仅是一个生意。我们被众多充满热情和天才的设计师和品牌所感动。我们想创造一种原创和激动的网上销售模式，使得人们可以发现真正独创而又美丽精致的产品，从而让消费者的网上购物体验更加激动人心。互联网使得这一创意成为可能，任何地方的消费者都可以在20ltd买到意想不到的产品。我们希望提供一种新的消费体验，现在的奢侈品世界有时太被营销和广告所主导，我们希望让消费者的惊叹声重新回到伟大的产品本身。我们的信条是没有什么比创造和精工细做一件产品更高尚的了。非常重要的是，我们必须理解20ltd的产品价格昂贵不是因为它稀少，而是因为特别。

只有入门产品并且是有限的数量的产品才能在互联网上销售，网上是可以给入门产品设定明确价格的，也可以通过网络来销售，以此来吸引新的顾客。而与入门产品相反，网络销售不适合奢侈品中的主要系列产品。网购只适合流行产品（价格公开、促销是流行产品经销的主要方式），或者二手奢侈品市场（每个产品的价格都已经给定）。当然也可以在网上给哪些高端产品设定价格，但不是为了在网上卖掉这些产品，而是为了稳固品牌的地位，也制造一种氛围。满足顾客视觉、听觉的体验，但嗅觉和味觉的体验很难满足，比如香水的销售。网络销售奢侈品入门产品，还可以通过网络获得购买者的售后反馈。如柏莱士开设了网店，以限制未授权的网店。但它只卖少数样品，多数是腕表。此外还有一个有趣的服务：把顾客看中的产品送到最近的经销商处。

货源不能保障真伪，这也是为什么中国没能发展出一家知名店奢侈品电商的原因。另外，互联网是虚拟世界，奢侈品战略属于真实世界，奢侈感和人际关系对于奢侈品来说非常重要，如何深入购买者的梦想对奢侈品网上销售来说是一件很重要的事。

奢侈品购买的不仅仅是物件本身，还有附带的高端价值。这是电商提供不了的。一位出生于1992年的LV包包控表示，她就是享受在店里试货和被瞩目的快感，而这是网购无法提供的。同时，一位已离职的某奢侈品店员告诉时代周报记者："一些限量款专柜都缺货，更不要说网店了，至少现在的网店不能满足高端客户的需求。"

无法凸显价格优势也是奢侈品电商陷入尴尬境地的原因之一。一位从事欧洲代购的留学生告诉时代周报记者，"同样货源的商品，天猫旗舰店未必有价格上的优势，赶上欧洲的打折活动，代购党的包包香水甚至能便宜20%。"

案例2：看得见摸不着 网上买大牌少的不仅仅是"奢侈感"

何为奢侈品？"奢侈"不仅体现在产品本身的历史、设计以及工艺等附加值上，更多的在于品牌所提供的服务。所以不论电商如何蓬勃发展，Prada、Chanel等一线奢侈品大牌始终坚持不在网上售卖。想要买当季最新款的包包？请去实体门店挑选。

为什么？因为实体店的购物体验，有许多是线上购买无法弥补的。首先，面对面的导购体验能让顾客更多的感受品牌文化、故事与价值，这对于培养深度VIP至关重要；其次，店铺的豪华装修、尊贵服务与体验岂是冷冰冰的电脑能够相提并论的。用一句话来总结就是，线上购物大大削弱品牌的"奢侈感"。

所以Chanel时尚总裁Bruno Pavlovsky才会在2013年说道："时装是需要人们亲自去看、去感受、去理解的。也许电商可以卖出更多商品，但那只是销售，而不是提供服务"。

改变是为了分享更大的蛋糕。

但是，历史发展的潮流总是超出人们的掌控，一向厌恶电商的Muccia Prada早早地为Prada和Miu Miu推出了线上购物功能，而一向坚持"实体店销售为王"的Chanel也终于表示将在2016年年底或9月份推出全球性电商网络。

什么让他们改变了想法？因为人们的购物方式在改变，而线上奢侈品销售是一块潜力无限的大蛋糕。根据贝恩咨询的报告，去年全球在线奢侈品销售的规模增长达165%，在122亿美金左右的规模。这个数字与整个奢侈品销售的两千亿美金相比，仅占5%。据统计，有40%的奢侈品品牌尚未在线上销售它们的皮包、手表和服饰。

虽然说，关于线上销售方案Chanel时尚总裁Bruno Pavlovsky基本没透露什么细节，但我们能确定的是：今年年底能看到香奈儿旗下子公司Paraffection的三家Metiers d'Art高级手工坊，包括手套工坊Causse、制帽工坊Maison Michel以及苏格兰针织品牌Barrie Knitwear，将推出单独电子商务网站。至于Chanel的电子商务服务，最迟在2016年9月或年底的时候能够见到。

电商们得在“奢侈感”上努把力。其实，关于“奢侈感”体验这个问题，电商们一直都在努力。作为全球最大的奢侈品电商的Net-a-Porter就推出了不亚于专业杂志的Style Book，而Yoox还会请John Malkovich、DSquared2为它专门设计商品。不仅如此，提供与商品匹配度相符的高品质物流也是电商们在服务层面做出的又一次努力。

案例3：融资过两亿的聚尚网倒闭，败局是怎么炼成的？[①]

这家比唯品会成立晚半年的电商特卖网站，曾经有过机会，跟唯品会平分秋色。而在2015年的今天，唯品会市值达到160亿美元，它却落寞地离开了。

作为见证了聚尚网艰难起步，到一度辉煌，然后走向衰退的臭皮匠。我曾经给它总结了三个战略级错误，到今天，发觉还有些创业者也在犯类似的错误，最后磨损了身体，浪费了钱，黯然收场。

第一个战略级错误：商业模式摇摆不定

唯品会的老板和聚尚网的老板，有相同的经商背景，早年都是从事国际贸易，特别是服饰贸易这一块。在2008年12月，唯品会上线，主打名牌限时折扣，以国际一线品牌为主，商品大都是从欧洲用集装箱运回来的。在2009年7月，聚尚网上线，模式和商品跟唯品会类似。

在整个2009年，两家网站发展一直不顺。2009年8月，唯品会的日均订单才达到500单，说寒酸点，就一个小淘宝店的量；聚尚网当时的日均订单也就那

① 资料来源：阿里云资讯。https://www.aliyun.com/zixun/content/2_9_1974906.html.

么一百多单。

2010年，是风云突变的一年，唯品会抛弃国际一线品牌，以二线品牌限时特卖为主，订单量在2010年11月突破了10000单。而聚尚网到2010年9月，订单才堪堪300多单。

如果说唯品会的成功是因为能坚持自己的商业模式，并做微调。那聚尚网在这近一年的时间里，一直在徘徊，商业模式一直在摇摆。

聚尚网最早做的是国际一线品牌限时特卖；做了一段时间，改成商城，跟京东差不多，只不过卖的是国际服饰；过了一段时间，又在商城了加入特卖频道，跟现在的当当网加入尾品汇差不多，弄出了一个“四不像”来。不仅是用户糊涂，连内部员工都糊涂了，聚尚网到底是什么类型的电商网站？它的品牌记忆点是什么？

一直到2010年10月，聚尚网才决定跟随唯品会，走二线品牌限时特卖的模式。在当时，这个跟随战略成功了。招商部开始跟二线品牌合作，市场部以名品特卖为主题，策划投放一系列营销广告。订单开始快速提升，到年底搞了一场满150元送台历的活动，订单已经突破了5000单，跟唯品会的差距不断在缩小。公司内斗志高涨，商业模式的确定，也让大家都知道力量往那里使。

从经验得知，避开商业模式摇摆不定这个战略级错误在于：如果发现竞争对手跟自己差距不大或起步不远，就果断采取跟随战略，复制别人的商业模式，别人已经证明成功的事情，自己就不需要再交学费的。远的如美丽说和蘑菇街，当蘑菇街发现美丽说模式可行，且起步不久时，就果断地采取跟随战略，最后的结果是，当年拿下了跟美丽说差不多的导购市场份额。近的如滴滴和快递，在他们合并之前，走的也是这条路子。

第二个战略级错误：竞争战略失当

2011年，两家网站都拿到了投资，而这一年，也是这两家网站彻底拉开距离的一年。唯品会往日均10万单去突破，而聚尚网订单一直突破不了1万单。差距由1倍扩大到10倍，回天无力矣。

第一个竞争战略失当，是商品战略的失当。电子商务网站的胜负手是重复购买率，公司的一切行为都应为这个胜负手做服务，商品战略也不例外。

①唯品会在2010年的时候，就彻底转为二线品牌限时特卖网站，聚尚网虽然也以二线品牌限时特卖为主，但直到2012年，还经常卖Gucci、Diesel这类一线品牌，这除了增加销售额外，对网站的重复购买率起不到任何贡献。

②唯品会在2011年从服饰、化妆品扩展到小家电领域，增加产品的种类，以提高网站的重复购买率。而聚尚网则死守服饰和化妆品，在重复购买率上彻底败给了唯品会。

第二个竞争战略失当，是营销战略的失当。它是因商品战略失当造成的。

①因为聚尚网还在持续卖国际一线品牌，作为市场部，其广告投放就得配合商品战略，在广告的营销内容方面，有相当一大部分是以国际一线品牌为主；在广告媒体方面，则以北上广深这样的一线城市为主。

②而品牌折扣的买家，其实大部分集中在二、三线城市，在聚尚网布局一线城市的时候，唯品会则布局二、三线城市。典型的例子是，当时上海地区的一些本地网站，在聚尚网投放的时候，唯品会的身影都没见到。而在成都的本地网站，满满地都挂上了唯品会的广告。

聚尚网的这个战略级错误，其实很多创业公司都在犯。原因在于没有看清战略的胜负手。电商网站的胜负手是重复购买率，公司的一切行为都要为这个战略胜负手服务，聚尚网就没有看清楚自己的胜负手是什么。再举例而言，网络媒体的胜负手是阅读率，餐饮企业的胜负手是翻台率，创业者们，你找到公司的胜负手了吗？

第三个战略级错误：没引进高层战略性人才

聚尚网的高层人员，应该是最稳定的，从创业到衰退，没有一个离开过，有些人甚至跟聚尚网的老板10多年了。可能是长期做外贸的原因，公司高层人员缺乏战略的规划能力。

记得2010年8月的时候，公司的中层动荡了一次。9月份，聚尚网的老板召集剩下的中层和高层一起开会，拿出巨额的奖金，谁能提出发展建议，奖金就给谁。积极发言的都是中层，高层都在默默地坐着。也就是这个会议，决定了模仿唯品会，聚尚网因此获得了一次辉煌的机会。

到2011年5月份，聚尚网达到了它短暂历史中最辉煌的时刻，订单一度突破10000万。但公司的人才困境在这个时候也还是老样子，高层还是原来的那些人，中层虽然引入了曾经在淘宝工作的一些人，但也起不到战略级的作用。到7月份，由于某些原因，公司的中层又一次动荡，特别是掌控市场和运营的主管，集中出走了好几个，也是导致网站从辉煌走向衰退的原因。

一个创业公司，在决策层中，应该有一个具备战略规划能力的人，如果前期没找到，到大发展的时候一定要找到这样的一个人才。如果说以前创业是靠“一招鲜，吃遍天”的战术，在今天这个时代，特别是互联网领域，已经彻底过时了。这样的招式，一觉醒来就被别人抄袭了。战略取胜，是这个时代的武器，从商业模式的选择到竞争的抉择，都需要具备战略眼光。

说到最后，落寞收场的聚尚网，剔除人的原因，它的失败最根本原因在于一直没有明确的战略，一直没有找到一个能出战略的人。

➢ **活动问题**

1）思考以上三个案例各说明了奢侈品互联网营销的什么问题？

2）针对案例中体现的问题，对奢侈品品牌互联网经营战略提出参考建议。

3）说说你所理解的奢侈品品牌网络营销策略的注意事项。

➢ **如何完成活动**

1）确定本次任务组长。

2）阅读完以上三个案例后，先自己思考并列出对奢侈品互联网营销的对策建议。

3）以小组形式讨论奢侈品在互联网上销售应该注重的是什么，形成小组的观点和分析思路，并在课堂上进行交流与互评。完成以下记录单（表5–7）。

表5–7　奢侈品互联网经营战略分析记录单

讨论问题	自己的观点	团队其他人的观点
1.是不是任何奢侈品都可以在互联网上销售？		
2.为什么有的奢侈品品牌在互联网上只销售有限的商品？		
3.奢侈品在互联网上销售，如何培养“奢侈感”？		

续表

讨论问题	自己的观点	团队其他人的观点
4.聚尚网和唯品会两个奢侈品营销网站在经营战略上有何差异？		
5.分析总结聚尚网倒闭的原因。		
6.奢侈品在互联网上的营销策略应该注意什么？		

➢ 活动评价（表5–8）

表5–8　活动评价表

评价指标	单项指标	评价标准	自我评价
参与情况	学习投入情况	按课堂要求思考问题、参与小组活动	☆☆☆☆☆
	提出问题并发表见解	参与讨论问题，因自己的见解	☆☆☆☆☆
合作与交流情况	认真听取别人意见并询问	认真倾听，礼貌，有回应，适时询问	☆☆☆☆☆
	将自己的资料与大家分享	表达自己见解并与大家交流	☆☆☆☆☆
	参与团队讨论	积极主动，踊跃发言	☆☆☆☆☆
时间利用	在规定的时间内完成任务	时间效率	☆☆☆☆☆
学习主动性	遇到自己不能解决的问题请教他人	询问并记录要点	☆☆☆☆☆
	遇到自己不能解决的问题查资料	查阅且做好记录	☆☆☆☆☆
任务完成情况	是否完成所有任务	能完成每个任务	☆☆☆☆☆
	有新的发现	能否创新	☆☆☆☆☆
	对问题的理解	迅速找到问题的关键词	☆☆☆☆☆
综合表现	展示出自己最好的状态	根据自我感受	☆☆☆☆☆
评价结果“☆”少的如何改进：			
教师点评：			

注：优 ☆☆☆☆☆　良 ☆☆☆☆　中 ☆☆☆　差 ☆☆　没参与☆

|情境六|

国际奢侈品品牌在中国零售渠道的选择

【教学目标】

知识目标：

理解国际奢侈品进入中国市场的模式选择；

掌握国际奢侈品在中国进行渠道选择的经典案例。

能力目标：

能列举出三个国际奢侈品品牌在中国的零售渠道选择模式；

能根据具体的案例资料分析奢侈品品牌在中国的零售渠道选择。

【背景知识】

国际奢侈品牌直接投资进入中国市场的时间短，实力弱，中国市场进入模式选择经验严重不足。中国实行经济体制改革仅仅二十多年的时间，经济发展的历程很短，过去国际奢侈品牌通常依靠非股权模式（代理商特许经营模式）进入中国市场，对中国市场经营没有经验，没有熟悉的分销渠道，奢侈品牌的知名度不高，只能被动地跟着中国奢侈品市场走，在夹缝中求生存，不具备市场竞争优势。国际奢侈品牌长期将经销权授予代理商，品牌形象难以维护和保持。某些代理商由于为了追求更大的利润，不顾奢侈品牌在中国市场上的品牌形象，一味地进行打折促销或减价销售，又或是做出某些有损于品牌形象本身的宣传活动，从而导致无法弥补的损失。北京5个最高端零售渠道中（王府饭店、国贸商城、东方新天地、新光天地、金融街购物中心）国际品牌占98.8%；上海5个最高端零售渠道（恒隆广场、国金中心、久光百货、中信泰富、外滩十八号）国际品牌占有率更达到99.3%。

国际奢侈品进入中国市场在渠道选择上的三个阶段：

第一阶段：20世纪90年代初期，率先进入沿海城市，主要通过代理商入驻高档商场，如 1993 年在深圳开张的西武百货、上海友谊商店等，是我国奢侈品萌芽阶段的主要销售场所。

第二阶段：90 年代中期到 2003 年，在这段时期随着奢侈品消费需求的不断增加，尤其是一些顶尖级私人物品消费需求强劲，各类会展成为奢侈品进入大陆的主要渠道。参加上海、北京、广州等地的奢侈品展以及珠宝展、钟表展、烟展、酒展、车展等专项会展已经成为奢侈品最主要营销渠道。但是，由于会展时间有限，入关手续繁琐且时间长等，不仅增加了营销成本和营销难度，也不利于国内奢侈品消费者的消费，使得国内的奢侈品消费成本远高于国外。更重要的是，奢侈品消费具有文化消费的特性，所得到的精神享受要远高于物质性，而这种精神消费有许多依靠于售后服务。目前以展会为主的奢侈品营销模式虽然为国内消费者开辟了新通道，但也在同时降低了奢侈品自身的品质。

第三阶段：2004 年至今，2004 年国家解除对零售领域的管制后，外国零售商可以独资经营，并在中国任何地方开店。与在中国发展快餐零售店不同，奢侈品业者要想保持那种独有的矜持，如果周边环境不能恰如其分，例如在以面向低端消费者的百货公司内建立奢侈品店，品牌就很容易丧失原有的光环。因此，奢侈品零售业者大都采取谨慎的方式选择零售地点，日益稀缺的黄金地段成为竞争的重点。

国际品牌进入中国市场的五种模式：

1. 直接设立中国公司及分支机构，并且开设旗舰店、店中店

这种模式没有中间商，渠道由品牌直接控制。

大多数奢侈品牌都是直接在中国设立公司，如古驰、路易·威登、阿玛尼、香奈儿等顶级品牌大多采取这种模式。他们在进入亚太地区市场时，先是在中国香港或新加坡建立公司，随着近年来中国奢侈品消费市场的日益膨胀及中国加入 WTO 后对外开放进程的加快，他们开始在中国建立自己的公司，发展销售渠道和开设零售店。这种方式的好处是便于统一管理，并能较快地获取销售相关信息。

2. 与国际品牌合作成立新的合资公司

这种模式一般只有一级经销商，且数量不多，品牌对渠道有较强的控制力。

2004 年 12 月后，中国的零售行业对外资进行了全面开放，一些国际品牌开始重新与一些大的品牌经销商进行谈判，成立合资公司，并将品牌的经营管理权转交给品牌经销商，如 FolliFollie，Swarovski。这一方面保护了品牌经销商作为前期投资者的利益，同时又控制了品牌的经营管理权，从而确保品牌的知名度和含金量。

3. 品牌代理

通过寻找本地代理商代理品牌产品，一些知名百货商场本身也是代理商。到目前为止，大多数国际品牌仍在沿用这种合作方式。其特点是：投资小、扩展速度快，但中间商数量相对较多，品牌对渠道的控制力较弱，如Valentino。

4. 直营加代理

品牌生产商将主要的市场留给自己，在上海、北京、深圳、广州、成都、重庆、大连、哈尔滨、西安、杭州等核心城市开设直营店，将小的城市交给代理商，避免代理商有太强的议价能力。

5. 品牌授权

对于旗下拥有很多品牌的服装集团，例如Prada、LV、Gucci等，其中一些品牌会因为经营不善而脱离集团，集团会将其以产品交易的形式卖给其他公司，通过商标授权，按照要求去生产制作，这对品牌可以说是无奈之举，因为如果是在知识产权保护不够完善的国家，授权很可能意味着品牌的塌方。

作为奢侈品牌，国际服装奢侈品牌进入中国多采取直营的方式，通过与中国商城或高档服务场所的合作，在国内成立专卖店。奢侈品牌选择直营最重要的原因是：代理商经营不善会伤害品牌形象。代理商和品牌所有者利益出发点的最大区别是，前者追求短期利润最大化，后者追求品牌形象最大化，并在此基础上追求利润。因此，尽管共栖共生，但奢侈品牌和代理商的利益博弈就从来没有停止过。例如，代理商急于清理库存降低成本时，一般只愿意拿好卖的单品摆放在自己的货架上，而奢侈品牌往往每季服装都会有一个主题，呈现这个主题的所有单品显然会耗费更多的成本，为了节省成本，经销商对于品牌形象的控制和相关服务有时候也会大打折扣。但对于直营来说，成本控制是一个重要的考验。表面上看，直营会赚更多的钱，但是也会带来更多的库存和更高的管理成本，如果不能控制好库存，相当于无形增加成本。

选择在中国的合作伙伴（代理商）或者成立合资公司，是国外服装奢侈品进入中国市场成本最低的经营方式。这样可以迅速获得自己在中国独立经营所不具备的当地市场经验。当地的合作伙伴有助于企业了解当地市场，解决诸如经营和零售许可、复杂的法律法规等方面的问题。但是国外服装奢侈品企业也需要慎重选择自己的中方合作伙伴，对方仅有资金实力是不够的，除资金外，还要看对方的商业信誉、经营者的综合素质和对该品牌的理解，以及愿意投入的力量等。

任务1 比较路威酩轩集团与爱马仕集团在中国的零售渠道

活动：阅读下面的案例内容，以小组形式讨论 LVMH 和 Hermès 在中国的零售渠道的区别，形成小组的观点在课堂上交流讨论，并完成后面的任务单。

在奢侈品行业面临传统客户群体日益萎缩，新兴中产阶层消费群体不断壮大的背景下，路威酩轩集团（LVMH）和爱马仕集团（Hermès）都在及时调整自身的经营策略，但从运营方式、扩张策略到市场推广策略和品牌形象的拓展，LVMH 和 Hermès 依照截然不同的发展战略，占据着各自的全球奢侈品市场，并各自取得了巨大的成功。以下分别对两家公司截然不同的扩张策略和运营风格进行介绍。

1. LVMH 在中国的零售渠道

LVMH 全名酩悦·轩尼诗—路易·威登集团（Louis Vuitton Moët Hennessy Group，简称路威酩轩集团，LVMH 集团），由贝尔纳·阿尔诺（Bernard Arnault）将全球著名的皮件公司路易·威登（Louis Vuitton）与酒业家族酩悦·轩尼诗（Moët Hennessy）于 1987 年合并而成，旗下拥有 50 多个品牌，是当今世界最大的精品集团。目前该集团在奢侈品销售、市值、影响力等方面都处于世界第一的位置。LVMH 以时装和酒业起家后不断扩张，通过资本运作兼并了许多其他奢侈品牌，并购步伐遍及欧洲、美洲和亚洲，品牌经营在涉及传统奢侈品的同时也涉及其他新兴领域，逐渐在高端消费品制造领域树立了霸主地位，成为全球最大奢侈品集团。目前员工约 5.6 万人，旗下拥有 50 多个品牌，店铺数达到 17000 多个，主要业务包括以下五个领域：葡萄酒及烈酒（Wines & Spirits）、时装及皮革制品（Fashion & Leather Goods）、香水及化妆品（Perfumes & Cosmetics）、钟表及珠宝（Watches & Jewelry）以及精品零售（Selective Retailing）。旗下的葡萄酒及烈酒品牌有：酩悦香槟（Moët & Chandon）、香槟王（Dom Perignon）、轩尼诗（Hennessy）、凯歌香槟（Veuve Clicquot）、库克香槟（Krug）、梅西耶香槟（Mercier）、修纳尔香槟（Ruinart）、伊更堡（Chateau d'Yquem）、格兰摩兰吉（Glenmorangie）、纽顿（Newton）等；时装及皮革品牌有：路易·威登（Louis Vuitton）、罗威（Loewe）、思琳（Celine）、贝鲁堤（Berluti）、高田贤三（Kenzo）、马克雅各（Marc Ja-cobs）、芬迪（Fendi）、史提芬诺逼（StefanoBi）、唐娜凯伦（Donna Karan）等；香水及化妆品品牌有：迪奥（Parfums Christian Dior）、娇兰（Guerlain）、纪梵希（Parfums Givenchy）、高田贤三（Kenzo Parfums）、罗威（Perfumes Loewe S.A.）和芬迪（Fendi Perfumes）等；钟表及珠宝品牌有：宇舶表（Hublot）、真力时表（Zenith）、豪雅表（TAG Heuer）、迪奥（Dior）、佛列德（Fred）、绰美（Chaumet）、欧玛斯（Omas）等；精品零售品牌有：DFS、丝芙兰（Sephora）、玻玛榭百货（Le Bon Marche）等。

LVMH 迅速而成功的扩张，依赖于其对奢侈品精神内涵的精确而深刻的把握。现任 LVMH 主席伯纳德·阿诺特（Bernard Arnault）曾提出“Elegant & Practical”（优雅而务实）的概念，指出崇尚并追求生活品位的精神是对奢侈品实质的最精准的表达，以此为基准，一切符合该定义的品牌都可以成为 LVMH 精神代言及内涵传承的载体。

①在全球扩张的过程中奉行“兼而不并”的策略。所谓的“兼而不并”，其中“兼”是指 LVMH 将奢侈品的精神注入它旗下的诸多品牌中，使其面对日益扩大的“新奢侈品”市场及追求趋优消费的消费人群时，获得了更多的发展机会；“不并”是指 LVMH 保持下属品牌自身的独立以及品牌与品牌彼此间的独立，品牌在市场策略和形象传播策略上彼此独立。LVMH 整合所有可以利用的资源，采其所长，从各个不同的角度来增强自身的获利能力，具体可以从以下两个方面来看。一方面，LVMH 下属各品牌保持与集团间的独立。LVMH 对被并购后的奢侈品品牌表现出充分的尊重，被并购后的品牌公司基本保持其管理层人员结构组成及经营管理风格，每年仅对 LVMH 的财务报表负责。另一方面，LVMH 下属各品牌保持彼此间的独立。品牌和品牌间几乎不发生任何联系，有些品牌甚至彼此在某一区域的特定市场中成为竞争对手，如罗威（Loewe）和玫珂菲（Make Up for Ever）这两个品牌在西班牙的彩妆市场上就有部分产品定位相同，都是针对 25 ～ 35 岁的年轻女性消费群体，但这并不影响这两家品牌运用 LVMH 在全球的资源和渠道进行各自的品牌扩张策略，同时为 LVMH 的年报贡献利润。

②以多元化不同阶层为目标消费群体，新兴中产阶层为主力。LVMH品牌帝国中包含50多个品牌，其品牌的多元性决定了其目标消费者范围的广泛，LVMH旗下有满足传统奢侈品消费群体的顶级稀有品牌，但更多的是以新兴的中产阶层作为主力消费群体的新奢侈品牌，这就是为何LVMH旗下的品牌专柜可以在大型或高端购物中心出现，而爱马仕基本上只在自身的专卖店经营的原因。如今只要在较大的城市购物中心逛一逛，像克里斯汀·迪奥（Christian Dior）、贝玲妃（BeneFit）、纪梵希（Givenchy）、丝芙兰（Sephora）这样的品牌随处可见，消费群体多是较年轻的一代。也正得益于LVMH的快速扩张和多品牌经营策略，我国新兴中产阶层才能够越来越方便地购得这些高品质产品。

③在形象运营上独具特色，缔造品牌权威时尚话语权。LVMH热衷于通过各种形式的社会公益活动、慈善捐助活动来提高自身的社会知名度，同时更加频繁地接触其目标消费人群，即具有一定的社会地位或具有相当的消费能力及消费欲望的人群。同时，LVMH注重维系权威媒体关系，保证时尚话语权，通过维系同时尚领域的权威媒体、权威活动或权威人士的关系来保障自身品牌的权威性。

销售额是反映奢侈品牌发展状况最直观的数据，但是销售额与奢侈品牌的零售渠道也是密不可分的，其渠道的设立是否合理、覆盖是否充分并多样，决定这一个奢侈品牌在该地的销售额。此外，品牌是通过零售渠道直接面对终端消费者的，零售渠道中的产品陈列、促销活动、员工服务、广告投入等都是渠道发展的一部分。品牌与品牌之间的渠道战实际上就是为了吸引更多的消费者，谁赢得了至关重要的零售渠道，谁就将在奢侈品牌竞争中获胜。LVMH旗下的主要获利品牌路易·威登（LV）于1979年进入中国香港，1992年进入中国内地市场，在中国全部采取直营店的方式拓展业务，并于2007年开始直接向法国总部汇报中国市场的情况，反映了中国市场对于LV全球战略的重要性。目前，LV的产品主要涵盖各式包具、高级女装、高级男装、鞋履、高级珠宝、腕表、配饰、书写用品等。其主要产品仍旧是平盖行李箱。LV作为LVMH的一个典型品牌，可以映射出整个集团的零售渠道发展战略。因此，这里主要对LV在我国的零售渠道发展进行介绍分析。

一是高星级酒店专卖店。在 LV 进入我国之初，该品牌选择了高星级酒店作为平台开设专卖店，而当时高星级酒店是我国唯一能够购买到奢侈品的地方。1992 年，LV 在我国首都北京王府半岛酒店开设了我国大陆的第一家分店，从此开始在我国大陆大展拳脚。随后，该品牌先后曾在我国其他大城市设立高星级酒店专卖店，如广州的中国大酒店、大连的香格里拉酒店、上海的波特曼丽茨卡尔顿酒店、三亚的丽茨卡尔顿酒店等。

二是高端购物中心专卖店、旗舰店。随着我国消费者对奢侈品需求不断增长，LV 开始加快开店的步伐，专卖店的选址也不再只是高星级酒店内部，而是更多地选择在一线、二线大城市的高端购物中心。

我们可以将 LV 在我国的门店分布，按所在城市进行排列，直观地观察到 LV 在我国的零售渠道发展现状及趋势，见表 6–1。

表6–1　路易·威登在我国的门店分布

北京	北京金融街专卖店
	北京王府半岛酒店专卖店
	北京国贸商城旗舰店
上海	上海恒隆广场路易·威登之家（南京西路恒隆广场）
	上海淮海旗舰店（淮海中路力宝广场）
	上海浦东旗舰店（浦东新区上海国金中心商场）
广州	广州丽柏广场专卖店
	广州天河旗舰店
深圳	深圳罗湖旗舰店
呼和浩特	呼和浩特香格里拉酒店专卖店
乌鲁木齐	乌鲁木齐友好北路美美百货专卖店
哈尔滨	哈尔滨麦凯乐专卖店
沈阳	沈阳卓越男士专卖店
	沈阳卓展女士专卖店
	沈阳沈河专卖店
长春	长春卓展购物中心专卖店
大连	大连时代广场旗舰店
天津	天津友谊商厦专卖店

续表

青岛	青岛海信广场专卖店
	青岛颐中假日酒店专卖店
太原	太原华宇国际精品商厦专卖店
郑州	郑州店
西安	西安中大国际专卖店
武汉	武汉时代广场志卖店
成都	成都仁恒旗舰店
重庆	重庆旗舰店
长沙	长沙芙蓉中美美百货专卖店
南京	南京德基广场专卖店
苏州	苏州泰华商场专卖店
无锡	无锡八佰伴商厦专卖店
杭州	杭州大厦专卖店
	杭州江干旗舰店
宁波	宁波和义大道旗舰店
温州	温州华侨饭店国际名品广场专卖店
福州	福州店
厦门	厦门马可波罗专卖店
三亚	三亚亚龙湾专卖店
昆明	昆明金格中心专卖店
	昆明盘龙旗舰店
南宁	南宁店

资料来源：根据路易·威登中国官网整理而得。

近年来，LV在我国的版图拓展不断加强，但奢侈品牌的高端形象是其生存和发展的关键所在，因此，零售渠道的店铺选址、装潢及设计等都是其必须考虑的因素，这直接关系到该品牌是否能够获得更多的终端消费者。2012年7月21日上海恒隆广场的路易·威登之家正式开业，这是路易·威登在中国规模最大的旗舰店。整体设计展现了如同私人公寓般的舒适和尊贵环境。此外，虽然LV在我国的店铺数量在不断增加，但是其总体数量也会被控制在一定的范围内；门店数量的少而精，更能凸显其高贵奢华的品牌地位。

2. Hermès在中国的零售渠道

Hermès是法国著名的时装及奢侈品品牌，中文名译为“爱马仕”。Hermès早年以制造高级马具闻名于法国巴黎。创立于 1837 年，最初是法国人蒂里·爱马仕（Thierry Hermès）成立的马具制造公司，他的首宗生意就是为马匹制造项圈。为了让马匹能佩戴最贴颈的项圈，Hermès 耗费了大量的时间和心血，一丝不苟地专注于项圈改良，终于在 1867 年的世界皮革展览中获得一等业务奖章，也由此奠定了其开展马具皮革等系列业务的坚固基础。随后在汽车问世之初，这个由马具制造发迹的家族企业也遭遇困境。但在第三代掌门人查尔斯－埃米尔·爱马仕（Charles-Emile Hermès）的操控下，爱马仕不但没有濒临淘汰，反而推出了皮件系列和马鞍针步的行李箱，创造了爱马仕精神的崭新风格，使爱马仕事业经历了有如脱胎换骨般的成长，并确立了爱马仕独树一帜的风格。20 世纪 20 年代，爱马仕的发展路线已拓展至手提袋、旅行袋、手套、皮带、珠宝、笔记本以及手表、烟灰缸、丝巾等。在第五代掌门人罗伯特·杜马（Robert Dumas）接掌后，更陆续推出了香水、领带、西装、鞋饰、沐浴巾、瓷器、珠宝、男女服饰、手表和桌饰系列等新商品，让爱马仕真正成为横跨生活全方位的品位代表。如今爱马仕集团品牌更全面多样化，主要分为三个体系，即皮革用品、手表及香水。爱马仕集团在全球拥有 186 家专卖店、56 个零售专柜，为了维持其一贯保有的爱马仕品位与形象，所有产品的设计制作、每家专卖店的格局设计都遵照统一的标准，连陈列柜都是在法国原厂订制，再空运至世界各地，目的就是坚持百年历史的传承。爱马仕集团的现任联合总裁帕特里克·托马斯提出，爱马仕所做的一切都是为了支持爱马仕品牌的发展，最大限度地挖掘品牌潜力，以增强内在实力，提高销售业绩。

①以维护单一核心品牌为主的产品线扩张策略。与 LVMH、GUCCI 等其他大型时尚集团不同，爱马仕并没有通过大规模并购其他设计品牌来快速扩张企业规模，相反的，爱马仕集团以维护单一核心品牌为主的策略进行产品线扩张。其具体表现在两个方面：一方面，爱马仕积极扩张产品线，将其经营范围延伸至婴儿服饰、家居用品等多个非主流产品的领域，从而最大可能地发挥集团的整体效应；另一方面，爱马仕也通过直接投资供应商，完善产业链，从而有效地提高了设计能力并维持了整个集团高水平的管理效率。例如，集团自己投资了水晶生产商，

并要求其独家为爱马仕家居系列设计配饰产品，从而能够有效地控制产品质量，并保证供货的充足与及时等其他关键因素。

②以最具购买力的消费群体为目标。爱马仕在客户定位上与LVMH不同。爱马仕通过控制产能，筛选订单，严格控制产品质量等方式来限定产品的供应，以更加凸显品牌的稀缺性和独一性，因此爱马仕产品的定价在同类奢侈品中也属于最上层价位，且从不打折，被誉为“奢侈品中的奢侈品”，其目标客户也是最具购买力的消费人群，是“二八策略”在奢侈品行业中的典型应用。

③在形象运营上风格独特，低调小众传播凸显品牌更高定位。同LVMH在形象运营上的战略相比，爱马仕的运营策略更为单一。爱马仕秉承爱马仕一贯的“低调奢华”的品牌理念，主要的品牌沟通费用都集中在公共事件的策划运作和艺术活动及新型艺术家的赞助，多数的传播沟通活动都是在小众群体中进行的。同时，爱马仕采用事件造成的明星效应作为品牌宣传的素材，如以电影明星名字命名的Kelly和Birkin手袋的价格分别为3500欧元和1.78万欧元。在奢侈品这个高消费水平的行业里，爱马仕时装的价格甚至明显高于一些竞争对手。同时还要面临诸如ZARA等新兴势力对奢侈品行业整体的冲击，即使如此，其近年来的销量仍然以每年8%左右的速度增长。

随着爱马仕品牌的不断发展，全球扩张的战略势在必行，在我国的发展也不例外，在北京、上海、广州、沈阳等地纷纷开设专卖店。爱马仕在我国的总部位于上海南京西路恒隆广场，地理优势也凸显了奢华品牌的地位。随后国内最大面积的爱马仕专卖店于2011年9月20日在广州太古汇开幕。广州太古汇店共有两层，总建筑面积40万平方米，除了和世界新品同步之外，还有世界唯一的单品，包括价值280万元的H hour镶钻手表，价值16万多的Kelly羽毛包等等。表6–2是爱马仕在我国各大城市专卖店的具体分布情况。

表6–2　Hermès中国专卖店分布

北京	北京首都国际机场店
	北京国贸商城店
	北京王府井百货店店

续表

上海	上海国金中心商场店
	上海恒隆广场店
	上海虹桥机场店
广州	广州丽柏广场店
	广州太古汇店
深圳	深圳华润万象城店
哈尔滨	哈尔滨麦凯乐商场
沈阳	沈阳店
大连	大连时代广场店
青岛	青岛海信广场店
成都	成都美美力城百货店
南京	南京德基广场店
苏州	苏州美罗商城店
无锡	无锡商业大厦店
杭州	杭州湖滨路店
	杭州杭州大厦店
昆明	昆明金鹰购物中心店

资料来源：http：//www.hermes.com/index_cn.html.

与其他奢侈品相比，虽然爱马仕在我国设立的门店数相对较少，但我国作为新兴的奢侈品市场，爱马仕也在不断扩张，2010 年和 2011 年，该品牌在我国大陆的专卖店所在地从之前的 4 个城市，迅速拓展到 14 个城市。预计爱马仕将来设在我国的专卖店将拓展到更多具有潜在购买力的城市，吸引更多的消费者进行购买，为消费者带来便利，同时也提高该品牌在我国的市场占有率，进一步提升品牌形象。

➢ ***活动问题***

1）阅读完以上案例后，思考路威酩轩集团（LVMH）与爱马仕集团（Hermès）在中国的营销渠道各是什么？

2）思考 LVMH 和 Hermès 在营销渠道策略上的差异。

3）通过比较 LVMH 和 Hermès 在中国零售渠道的不同，总结中国本土奢侈品品牌营销渠道选择的经验。

➢ 如何完成活动

1）确定本次任务组长。

2）阅读完以上案例后，先自己尝试列出 LVMH 和 Hermès 在中国营销渠道选择策略上的差异。

3）以小组形式讨论 LVMH 和 Hermès 渠道策略的不同，并提出对我国奢侈品品牌营销渠道选择有何启示。完成后面的记录单（表 6–3）。

表6–3　LVMH和Hermès在中国的零售渠道分析记录单

讨论问题	自己的观点	团队其他人的观点
1.LVMH在中国的零售渠道有哪些？门店分布上有何特点？		
2.LVMH在中国的零售渠道选择策略有什么特点？		
3.Hermès在中国的零售渠道有哪些？门店分布上有何特点？		
4.Hermès在中国的零售渠道选择策略是什么？		
5.比较分析LVMH和Hermès在中国营销渠道选择上的差异。		
6.案例对中国本土奢侈品品牌零售渠道选择有何启示？		

➢ 活动评价（表 6–4）

表6–4　活动评价表

评价指标	单项指标	评价标准	自我评价
参与情况	学习投入情况	按课堂要求思考问题、参与小组活动	☆☆☆☆☆
	提出问题并发表见解	参与讨论问题，因自己的见解	☆☆☆☆☆
合作与交流情况	认真听取别人意见并询问	认真倾听，礼貌，有回应，适时询问	☆☆☆☆☆
	将自己的资料与大家分享	表达自己见解并与大家交流	☆☆☆☆☆
	参与团队讨论	积极主动，踊跃发言	☆☆☆☆☆
时间利用	在规定的时间内完成任务	时间效率	☆☆☆☆☆
学习主动性	遇到自己不能解决的问题请教他人	询问并记录要点	☆☆☆☆☆
	遇到自己不能解决的问题查资料	查阅且做好记录	☆☆☆☆☆

续表

评价指标	单项指标	评价标准	自我评价
任务完成情况	是否完成所有任务	能完成每个任务	☆☆☆☆☆
	有新的发现	能否创新	☆☆☆☆☆
	对问题的理解	迅速找到问题的关键词	☆☆☆☆☆
综合表现	展示出自己最好的状态	根据自我感受	☆☆☆☆☆
评价结果“☆”少的如何改进：			
教师点评：			

注：优 ☆☆☆☆☆ 良 ☆☆☆☆ 中 ☆☆☆ 差 ☆☆ 没参与☆

任务2　分析DFS环球免税店的发展

活动：仔细阅读以下案例内容，分析 DFS 环球免税店（图 6-1）的成功之处，并思考对奢侈品企业经营与渠道选择的借鉴意义。完成后面的任务单。

图6-1　DFS环球免税店

当免税购物尚处于萌芽状态时，两个美国企业家 Charles Feeney 和 Robert Miller 抓住机遇，于 1960 年 11 月 7 日创立了今天的 DFS 环球免税店。最初 DFS 在香港经营，随着业务的扩展，其业务范围扩展到欧洲和全球各地。60 年代初期，由于日本游客崛起，DFS 在夏威夷的免税店取得了巨大成就，这也使得 DFS 的经营活动得到突破性发展，其业务拓展到机场外的免税店和大型市中心店，并逐渐成长为世界最大的旅游零售商。1996 年，LVMH 集团收购了 DFS 的部分股权，与 Miller 共同拥有 DFS。DFS 环球免税店主要销售三类商品：美容化妆品、奢华精品、皮具和服饰。

作为一家国际性的公司，DFS 总部设在香港，全球采购部门设在旧金山和香港，其财务部门和信息技术部门设在新加坡。迄今为止，DFS 拥有 13 家大型一站式精品商城——DFS 环球免税店。DFS 免税店致力于营造奢华高贵而又亲切舒适的购物环境，与世界顶级奢侈品品牌紧密合作，例如卡地亚、香奈儿、古琦、路易·威登等，从而确保精品的高品质，并使得每一位顾客都可以享受到奢华购物的感觉。

DFS 环球免税店汇集了世界上最著名、最受欢迎的奢侈品品牌，如卡地亚（Cartier）、香奈尔（Chanel）、古驰（Gucci）、路易·威登（Louis Vuitton）和蒂芙尼（Tiffany）、蔻伊（Chloé）、普兹（Pucci）和华伦天奴（Valentino）等。DFS 环球免税店将世界名品荟萃于一地，营造奢华高贵而又亲切舒适的购物环境，而每家店面都个性鲜明，充分体现当地特色。下面对其在全球和中国的发展进行具体介绍。

1. DFS 环球免税店的全球发展

DFS 环球免税店由两个美国企业家查尔斯·菲尼（Charles Feeney）和罗伯特·米勒（Robert Miller）于 1960 年 11 月 7 日创立。最初在中国香港经营，而后扩展到欧洲和全球各地。20 世纪 60 年代初成功选址于夏威夷进行免税品独家销售，使 DFS 的经营活动得到突破性发展，此后 DFS 不断拓展业务，影响日益扩大。1996 年，LVMH 收购菲尼先生和两个其他股东的股权，从而与米勒先生共同拥有 DFS。

随着 DFS 环球免税店的不断发展，业务拓展到机场外的免税店和大型市中心店，成长为世界上最大的旅游零售商。作为满足全球旅游人士需求的世界奢侈品零售商，DFS 环球免税店是在机场和市内均开设门店的免税企业。从 1995 年在关岛开业的第一家 DFS 环球免税店，到 2008 年在中国澳门最新开幕的万余平方米新店，市内店一直是 DFS 环球免税店成功的关键要素。迄今为止，DFS 环球免税店已经深入 15 个国家或地区，成立了 150 家免税商店，在世界各地设有办事处，共有 6500 多名员工。从全球来讲，DFS 是市内免税店运营方面最有经验的。DFS 的白金会员俱乐部，除了可以提供给会员限量产品及设计款的产品以外，还会邀请会员参加新开 DFS 店的活动。DFS 通过新品展示、互动表演、嘉宾出席等特别安排的活动吸引更多有品位的顾客，提升品牌的知名度，并实现促进奢侈品零售市场不断提升的最终目标。

DFS 公司总部设在中国香港，全球采购部门设在旧金山，全球财务部门和信息技术部门则设在新加坡。在全球按地区设有两个营运中心。美国总部在檀香山，管辖的运营部门包括关岛、夏威夷、帕劳、塞班岛和美国大陆本土。亚洲区总部在中国香港，营运部门遍布澳大利亚、巴厘岛、北京、海南岛、香港、韩国、澳门、新卡拉多尼亚、新西兰、冲绳岛、上海、新加坡、台湾和东京。DFS 环球免税店在每个国家的免税店运营都各具特色。日本的 DFS 市内免税店到机场设有轻轨，店面装潢融入当地风格，在店内设置艺术家表演区，并有自动传送带传送货物。据统计，冲绳的游客人均在 DFS 购物 2.7 次。DFS 环球免税店将冲绳岛打造成了以DFS为核心的多功能商业区、综合性旅游目的地。新加坡的DFS很注重设计细节，非常人性化，商品采用有税商品与免税商品结合的结构。中国澳门的DFS选择与离赌场较近的四季酒店相连，是DFS的旗舰店，其中另设有顶级奢侈品品牌的精品店（不纳入免税商品范围），每天约有8000人次的客流量。

2. DFS环球免税店的发展

DFS环球免税店的全球扩展确保了其独占鳌头的地位，不论在哪个国家或市场，一贯贴近并了解全球旅游人士的需求。基于我国奢侈品消费市场的扩大，DFS与我国奢侈品品牌经销商、机场和旅游行业的合作伙伴展开战略联合，将使其在奢华零售行业的地位更加坚固。目前，DFS已在我国香港和台湾两地开设大型综合环球免税店，其中香港更是其全球运营中心，拥有两家DFS大型综合环球免税店。同时，DFS亦积极在北京和上海设立代表处，与旅行社合作，研究中国消费者对出境旅游的兴趣导向及时尚爱好，为进军中国大陆做好准备。

DFS环球免税店不仅提供品牌多样、品种繁多的商品，也提供能充分满足奢侈品消费者需求的服务。剖析香港DFS大型综合环球免税店的经营，其成功的顾客服务具体表现在以下几个方面：首先，值得一提的是其100%环球服务保证的体系。DFS环球免税店为出售的一切货品提供环球满意保证，购买商品后的14天内，消费者只需提供收据，DFS即可以为其更换、修理货品，或接受退货。其次，送货服务。在DFS环球免税店，下午4点前所购买的商品将提供当天送货到酒店的服务，下午4点之后所购商品将于第二天送达。再次，交通优惠。主要包括两种，一种是乘搭出租车的顾客凭当日发票前往服务台即可收到一张双倍于车费的礼券，另一种每天开通班车往返于DFS和酒店、边境口、渡船终点，以方便在DFS购物的宾客。最后，优质的服务与良好的沟通。免税店的店员除了需要了解客户需求，提供像普通店铺那样的优质服务之外，还需要通晓多种语言，并与客户进行良好沟通，这是DFS环球免税店服务的标志之一。因此，来自任何国家或地区的客户，在DFS都能找到通晓该地区语言的店员为之服务。最后，也是最重要的，就是商品的品质保证。DFS环球免税店是香港“旅游发展局”认证的

“优质旅游服务”商户，同时也是香港“知识产权署”统筹的“正版正货”承诺计划的参与零售商户之一。

此外，DFS 对中国免税业的发展也积极参与。在海南省争取离岛免税政策的过程中，DFS 花了 7 年的时间帮助中免公司和海南省政府去争取政策，并免费为中免公司提供培训。DFS 作为世界上跨国经营机场免税店和市内免税店最多的公司，在免税店的经营方面经验丰富。目前，我国北京和上海等地正在积极探讨引进 DFS 的相关问题。

➢ 活动问题

1）阅读完以上案例内容后，思考 DFS 环球免税店的发展历程。

2）思考 DFS 环球免税店的渠道选择策略有何特点。

3）思考并分析 DFS 环球免税店的成功之处。

➢ 如何完成活动

1）确定本次任务组长。

2）阅读完以上案例内容后，先自己列出 DFS 环球免税店的渠道选择策略有哪些。

3）以小组形式讨论并分析 DFS 环球免税店的成功之处，并总结对奢侈品企业经营与渠道选择的借鉴意义。完成下列记录单（表 6–5）。

表6–5　DFS环球免税店分析记录单

讨论问题	自己的观点	团队其他人的观点
1.DFS环球免税店的全球发展历程有哪些阶段？		
2.DFS环球免税店在营销渠道选择上有什么特点？		
3.DFS环球免税店在经营上是如何为满足奢侈品消费者需求服务的？		
4.分析DFS环球免税店在运营方面的成功之处。		
5.分析并总结案例对奢侈品企业经营与渠道选择的借鉴意义。		

➢ 活动评价（表 6–6）

表6–6 活动评价表

评价指标	单项指标	评价标准	自我评价
参与情况	学习投入情况	按课堂要求思考问题、参与小组活动	☆☆☆☆☆
	提出问题并发表见解	参与讨论问题，因自己的见解	☆☆☆☆☆
合作与交流情况	认真听取别人意见并询问	认真倾听，礼貌，有回应，适时询问	☆☆☆☆☆
	将自己的资料与大家分享	表达自己见解并与大家交流	☆☆☆☆☆
	参与团队讨论	积极主动，踊跃发言	☆☆☆☆☆
时间利用	在规定的时间内完成任务	时间效率	☆☆☆☆☆
学习主动性	遇到自己不能解决的问题请教他人	询问并记录要点	☆☆☆☆☆
	遇到自己不能解决的问题查资料	查阅且做好记录	☆☆☆☆☆
任务完成情况	是否完成所有任务	能完成每个任务	☆☆☆☆☆
	有新的发现	能否创新	☆☆☆☆☆
	对问题的理解	迅速找到问题的关键词	☆☆☆☆☆
综合表现	展示出自己最好的状态	根据自我感受	☆☆☆☆☆
评价结果“☆”少的如何改进：			
教师点评：			

注：优 ☆☆☆☆☆ 良 ☆☆☆☆ 中 ☆☆☆ 差 ☆☆ 没参与☆

任务3　分析魅力惠和第五大道两大网上奢侈品零售商的发展

活动：阅读以下案例资料内容，分析魅力惠与第五大道两大奢侈品网络零售商的成功之处，并对两者进行比较。完成后面的任务单。

奢侈品网上零售作为一种新型的零售渠道，其发展势头不容小觑，已受到越来越多的关注，其中魅力惠和第五大道是全球比较知名的两家奢侈品网上零售企业，它们的发展走势如下。

1. 基本概况

魅力惠于2009年8月创立于日本东京，作为亚洲领先的会员制网上奢侈品零售权威，它是200多个国际顶级品牌唯一正式授权的奢侈品网上销售店。2010年4月魅力惠登陆中国市场。目前魅力惠中国和日本地区的会员已经突破60万。在我国和日本，有600多个国际知名品牌已经授权魅力惠作为其网上零售的合作伙伴，种类涉及女装、男装、美容、时尚以及家居商品五大类，基本涵盖了白领的时尚需求。在魅力惠，有专业的时尚采购专家致力于为消费者挑选优质的商品，同时也有专业的顾问为消费者提出购买和使用建议，从而为会员提供便捷、快乐的购物体验。区别于奢侈品品牌实体店面，魅力惠将目标客户群定位在25岁至35岁的城市白领女性。年轻的白领女性不同于奢侈品高端用户对流行新品的执著，更注重品牌质量和价格的平衡。消费者在该网站购买商品后，同样能够享受到与品牌专柜完全相同的售后服务。此外，该网站每天都会推出一个或多个以某品牌为主题的限时抢购活动。活动中销售的商品价格仅为其市场价格的3至7折。

第五大道奢侈品折扣网隶属于瑞美嘉信国际信息技术（北京）有限公司，是由具有国际视野和丰富海外经验的留学人员创业团队创办的中国第一家全球知名品牌网上折扣销售中心，也是目前国内最大的在线奢侈品销售平台。2008年11月，第五大道在美国纽约和波士顿，法国巴黎以及英国伦敦设立办公室。2009

年1月1日，第五大道正式上线；同年2月，分别与和讯奢侈品频道、支付宝、新浪女性频道结成合作伙伴关系。2010年5月1日，第五大道的注册会员超过了20万。2010年5月5日，第五大道又与国际20家顶级奢侈品牌达成战略合作协议，成为了我国最大的网上奢侈品运营商。2011年12月23日，《新周刊》：2011中国娇子新锐榜——优化生活特别贡献奖——唯一一家奢侈品电子商务网站。2012年，第五大道已经突破100万登记会员。网站通过整合以欧美市场为主的全球供应资源，与欧美数百家国际时尚品牌倾力合作，通过品牌商、代理商官方正式授权或从授权经销商买断销售的方式，向数以百万计的中国都市白领提供包括古驰（Gucci）、香奈尔（Chanel）、蔻驰（Coach）、卡文·克莱（Calvin Klein）、盖尔斯（Guess）等300余个从顶级到一二线国际时尚品牌商品，常年折扣在20%～80%左右。

第五大道作为中国最大的折扣奢侈品供应商，多渠道、充足的货源保证能为大小顾客直接供货，正品加超值折扣，减少了采购的繁琐，和委托其他礼品公司代办的额外金钱支出。第五大道的商品全部源自欧美，由品牌销售商和供货商直接提供，100%原装正品。商品以高级箱包和服饰鞋帽为主，同时涉及化妆品、香水、饰品、手表、礼品及男士时尚服饰等。各大银行、企业集团的采购，国家级媒体的报道，和第五大道的承诺，铸就了钢铁一般的品质和信誉。第五大道提供完全人性化的一站式服务，专门策划设计和包装，为顾客提供考虑周全的购买方案，为企业客户定期维护商业合作伙伴。线上线下为顾客打造奢华购物体验，创新模式让奢侈品网络购物服务更上一层楼。通过线下实体店为顾客打造一站式奢侈品购物空间，店内开设顾客休息区及网上选购区，让顾客在最舒适的环境选购最中意的商品，时尚专员为顾客提供礼宾服务、美容顾问及个人形象的顾问等服务，保证让顾客的个人购物经验贴身满意。与各大物流公司的签约保证了第五大道物品运送的速度和质量，全国货到付款，省会24小时，国际3到5个工作日，可快递至镇一级。对于售出的物品，第五大道按照国家三包政策，提供全面完善的售后服务大道的承诺。此外，第五大道保证24小时热线和无条件退货，带给中国消费者前所未有的奢侈品在线购买新体验。第五大道支持几乎所有种类的付款方式。

2. 魅力惠与第五大道销售模式对比分析

目前，我国国内奢侈品购物网站主要在目标顾客以及商品销售模式上采取不同的模式，以魅力惠和第五大道为代表的两种销售模式对比见表 6–7。

表6–7　魅力惠与第五大道销售模式对比

	魅力惠 http://www.glamour-sales.com.cn/	第五大道 http：//www.51ux.com/
目标客户	个人用户为主	个人用户以及企业用户
产品分类方式	以品牌分类	按产品类别分类，模拟传统百货商店方式
商品销售模式	强调折扣幅度，限时销售，过时下架，营造紧迫感 仅限会员购买，凸显排他的尊贵感觉	淡化“过季”“折扣”概念，仅以品牌好和价格低作为卖点 新品不断增加的同时，没有售出商品也会留在网站上继续卖，因此网站商品丰富
客户拓展方式	因为我国消费者信赖其他购买者的意见，打造SNS社区 充分挖掘时尚达人的领袖作用，将网站链接在博主首页	与全球通合作，吸引高端客户考虑到奢侈品消费中有约40%为商务礼品用途，开拓了企业用户，如与礼品卡销售中心资和信合作
提升信任感的主式	提供品牌授权书 在SNS社区中，通过会员分享购物经验提升网站可信度	开设实体店，网络购物也可上门自取 提供各品牌辨别真伪教育

资料来源：邱静：《奢侈品网上打折卖》，《人力资源》2011 年 1 月。

➢ ***活动问题***

1）阅读完案例内容后，思考魅力惠与第五大道两大奢侈品网络零售商各自的成功之处。

2）思考并分析总结魅力惠和第五大道在销售模式上的主要区别点是什么？

3）思考魅力惠与第五大道为什么会出现这样的销售模式上的差异？

➢ ***如何完成活动***

1）确定本次任务组长。

2）阅读完案例后，先自己尝试列出魅力惠与第五大道在销售模式上主要的不同点。

3）以小组形式讨论魅力惠和第五大道各自在销售模式上的特点，对两者进行比较的基础上进一步分析奢侈品实体店经营和网络经营的差异。完成后面的记录单（表 6–8）。

表6–8　珠宝市场环境分析记录单

讨论问题	自己的观点	团队其他人的观点
1.魅力惠在销售模式上主要有何特点？		
2.第五大道在销售模式上主要有何特点？		
3.魅力惠与第五大道在销售模式上最主要的差别是什么？		
4.两者为什么会出现销售模式上如此的差异？ 5.进一步分析比较奢侈品实体店和网店经营的差异。		

➢ **活动评价（表 6–9）**

表6–9　活动评价表

评价指标	单项指标	评价标准	自我评价
参与情况	学习投入情况	按课堂要求思考问题、参与小组活动	☆☆☆☆☆
	提出问题并发表见解	参与讨论问题，因自己的见解	☆☆☆☆☆
合作与交流情况	认真听取别人意见并询问	认真倾听，礼貌，有回应，适时询问	☆☆☆☆☆
	将自己的资料与大家分享	表达自己见解并与大家交流	☆☆☆☆☆
	参与团队讨论	积极主动，踊跃发言	☆☆☆☆☆
时间利用	在规定的时间内完成任务	时间效率	☆☆☆☆☆
学习主动性	遇到自己不能解决的问题请教他人	询问并记录要点	☆☆☆☆☆
	遇到自己不能解决的问题查资料	查阅且做好记录	☆☆☆☆☆
任务完成情况	是否完成所有任务	能完成每个任务	☆☆☆☆☆
	有新的发现	能否创新	☆☆☆☆☆
	对问题的理解	迅速找到问题的关键词	☆☆☆☆☆
综合表现	展示出自己最好的状态	根据自我感受	☆☆☆☆☆
评价结果“☆”少的如何改进：			
教师点评：			

注：优 ☆☆☆☆☆ 良 ☆☆☆☆ 中 ☆☆☆ 差 ☆☆ 没参与☆

情境七
奢侈品营销渠道管理

【教学目标】

知识目标：

了解奢侈品分销渠道建立决策的过程；

理解奢侈品分销渠道管理的管理策略有哪些；

掌握国际奢侈品牌在中国进行分销渠道管理的经典方案。

能力目标：

简述奢侈品分销渠道建立决策的过程及需要考虑的主要因素；

能简述奢侈品分销渠道建立时需要注意的事项；

能根据具体的案例资料分析奢侈品的营销渠道管理内容。

【背景知识】

分销渠道对于奢侈品企业而言是一种战略资源，一些奢侈品品牌靠着正确的分销渠道战略以及强大的分销渠道跻身奢侈品的行列。比如法国的知名品牌鳄鱼，只进高档的百货商店或者购物广场，树立其高端的品牌形象。奢侈品分销渠道一经确立，对企业在特定市场的整体运营以及长期利益起着举足轻重的作用。因此在选择奢侈品分销渠道时，应当与其品牌的发展战略保持一致。

奢侈品生产商在选择自己的分销渠道时，需要在明确渠道建立原则的基础上，综合考虑诸多实际因素后做出几种备选方案，在进行评估后选择最适合本企业的分销渠道。渠道策略是整个营销组合的重要组成部分，它是指产品从企业转移到消费者的途径。渠道的选择对于产品的促销、定价等方面有着重要的影响。一些销售渠道，如装饰豪华的旗舰店本身就是促销的一种手段。另外，由于奢侈品企业通常选择昂贵的地段、装修精美的店铺进行分销，这就必然会增加企业的成本，高昂的费用最终会转嫁到消费者身上。

一、国际奢侈品分销和零售管理涉及的主要方面

在对中国市场层级进行细致划分基础之上，国际奢侈品牌市场进入模式中分销和零售管理主要有以下三个方面：

1. 市场渗透管理

直营模式市场渗透速度最慢，渗透率最低；代理模式渗透速度最快，渗透率最高。代理模式对于品牌迅速进入市场具有明显优势。直营代理并存模式市场渗透速度和比例居中。由于直营模式要求品牌公司进行投资和管理，根据每家公司资金实力和管理水平不同，市场扩展速度有很大差异，例如路易·威登公司和杰尼亚公司较早进入中国，并且不断投入市场开发和扩展，开店数量在全国达到 30 家以上，基本覆盖了一线、二线和三线城市。但是，同样采用直营模式的香奈儿公司与这两家公司同期进入中国，但目前零售店面数量为 7 家，并且没有大量扩展计划，市场渗透速度较慢。同时进入市场的法国鳄鱼公司，由于采用全部代理模式，全国零售店面达到 300 家以上，对一线、二线和三线甚至四线市场进行了全面覆盖，市场渗透率最高。

2. 市场层级管理

国际奢侈品牌对中国市场进行层级管理，通过不同市场进入模式实现营销策略。直营模式以进入一线城市为主，二线 a 级城市为辅，重点进入奢侈品消费主要市场。全代理模式以全面快速进入中国市场为策略，同时进入一线、二线和三线市场。直营代理相结合模式中一线和二线 a 级和 b 级城市进入模式为直营，二线 c 级城市和三线 a 和 b 级城市进入模式为代理。

3. 销售人员管理

直营和代理模式对于品牌公司销售人员管理差异较大。直营模式中销售人员需要品牌公司直接招募、培训和管理，需要建立销售人员管理体系，与零售管理和物流管理相结合，建立零售商业模式。例如路易·威登，通过直营模式在中国建立了独立零售体系，管理销售人员，保证员工对品牌和产品的深入了解，对客

户提供最优质服务。代理模式中销售人员由分销企业招募、培训和管理，品牌公司不需要对人员管理做任何投入。部分采用代理模式的奢侈品牌公司，会对分销企业销售人员进行产品和品牌培训，例如登喜路、古驰等采用直营代理相结合模式的品牌。

二、奢侈品分销渠道的建立原则

奢侈品公司在进行建立分销渠道决策时，主要遵循的原则应当有如下几个：

1. 体现产品尊贵性原则

奢侈品代表的是一种高雅和精致的生活方式，产品本身的高品质与稀缺性彰显其消费者尊贵的身份，而不同于一般消费品，其分销渠道的建立首先应当体现产品的尊贵性。一方面，奢侈品的分销渠道需要建立代表其品牌形象的直营店，如地段佳、装修豪华、产品系列齐全的旗舰店在全球各大国际化的大都市是必不可少的，在高档百货商店中拥有自己的店中店也非常重要；另一方面，对于代理商的筛选也应当非常严格，选择在当地能够提供优质服务、销售能力强的代理商。而且分销渠道的宽窄要适度，避免渠道过分扩张，不利于树立品牌尊贵形象。

2. 消费者体验最佳原则

分销渠道最基本的功能是将产品交付到目标消费者的手中，奢侈品分销渠道需要保证能够给消费者提供最佳的消费体验。消费者购买奢侈品的过程既是一次消费过程，也是一种尊贵的购物体验过程。其购物的期待不仅是高品质、精致的商品，还有在品牌专柜享受到的尊贵待遇和独特体验。

3. 分销利益最大化原则

企业搭建分销渠道的目的是更有效率地将自己的产品打入目标市场，获得最佳的销售收入。对于不熟悉的市场，借助于中间商在当地对市场的把握和销售能力比贸然开设直营店分销的风险小。不过，借助于中间商虽然降低了生产商的交易成本，但间接分销本身也有一系列的成本，例如奢侈品企业需要让渡给经销商一部分利润，对经销商的人员需要提供专业的培训支持等，这些也会产生费用。因此分销渠道在提高销售收入的同时也要最小化交易成本，使得利益实现最大化。

4. 分销渠道可控制原则

对于奢侈品企业而言，品牌形象是重中之重，因此在建立分销渠道时，一定要设计出来一种能够使企业有效地控制、维持品牌形象的渠道。直营店是属于企业自己的，相对容易控制，而经销商和零售商则有可能为了短期利益而做出有损品牌形象的事情。因此，应当根据地域情况和市场的重要性，合理分配直营店和经销商的数量比例。例如当古驰发现其品牌形象被其专卖店以及折扣店损害时，决定中止与第三方供应商的合作，加强对分销渠道的控制，并且通过开设自己的专卖店来挽回品牌形象。

5. 行业特点相适应原则

奢侈品可以分为时装和皮具、葡萄酒与烈酒、香水与化妆品、珠宝和腕表、豪车以及游艇等。每一个类别都属于不同的行业，行业的分销又有属于自己的特点。比如高档的葡萄酒会在超市里出售，而高级时装和皮具则绝对不会，香水和化妆品有自己专业的一些连锁超市比如 LVMH 集团的丝芙兰，珠宝和腕表往往在高档百货商场有自己的专柜，而豪车一般是在高档商业区的 4s 店里出售等。因此在建立分销渠道时，应当参考同行业公司的惯例。

三、奢侈品分销渠道建立需要考虑的因素

在明确了分销渠道的建立原则之后，奢侈品企业应当仔细分析渠道建立需要考虑的因素，可概括为三方面：

1. 消费者的消费习惯

消费者的消费习惯是最重要的因素。奢侈品分销渠道是为了让消费者购买到合意的产品，同时享受到尊贵的服务与购物体验。考虑消费者的消费习惯应当包含几个方面：

第一，满足不同类型的消费者购买的批量和商品种类，比如出境旅游购物的消费者在同一个品牌的专卖店往往不止购买一件商品，因此要求某些城市，比如香港、迪拜的专柜需要有较全系列的产品，而且供货及时。一般去某化妆品专柜往往是购买同一系列的全套产品，但也有可能只购买一件产品，这也要求货品供应有所保证。

第二，合理的等待时间。消费者一般偏好较快地收到自己选购的货品而非等很长时间，这也要求网上商店有较强的物流配送系统作为支撑。但是，这里指出一点，奢侈品不同于普通消费品的一个特征是，往往某些产品从购买到交付需要消费者等待很长时间，因为定制需要时间来完成。因此，进行渠道规划时这类定制的奢侈品需要特别考虑。

第三，便利的店铺位置。便利的店铺位置能够使消费者便捷地购买到自己想要的产品，而不需要走很远去寻找一家店铺。因此奢侈品企业需要在一国市场上目标消费群集中的位置布点销售自己的产品。

第四，优质的服务支持。消费者对于奢侈品企业的服务水平的期待往往会高于普通消费品，这些服务包括货款支付、售后服务等方面。分销渠道的不同对于服务水平有很大的影响，品牌的直营店往往被认为能够提供较为全面和专业的服务。

2. 地域经济发展水平

地域经济发展水平也是奢侈品企业建立销售渠道时需要考虑的。发达的经济水平意味着当地消费者拥有一定的购买力，是奢侈品潜在的消费者。同时，经济水平发达的地方往往拥有较为便利的交通条件、健全的基础设施和较为健全的法律法规，有利于物流系统的有效配合，对于商标的保护也较为有力，有利于防止假冒商品的出现。

3. 渠道搭建成本

奢侈品企业在建立自己的分销渠道时一定要计算好不同的分销渠道带来的不同成本。直营店虽然不需要给经销商让渡利润，但是需要支付店铺租金、人员工资等经营费用，网上商店虽然不需要实体店铺，但是需要支付仓库管理的费用以及物流成本；而采用经销商代理虽然没有直营店的租金等费用，但需要给经销商让渡利润，提供资金装修店铺以及相关的人员培训。在建立渠道时需要仔细测算不同渠道的成本，结合预算做出最佳的渠道组合决策。

四、奢侈品分销渠道建立的决策步骤

在明确了上述原则和需要考虑的因素之后，具体进行分销渠道建立决策时需要经过从确立渠道的目标、设计渠道的长度与宽度到明确渠道成员的组织结构、评估主要方案。

1. 渠道的目标的确定

渠道的目标是指渠道的服务产出水平，至少包含了两方面的内容，一方面是销售水平，即企业希望通过分销渠道实现的目标销售额，这一目标的销售额往往是根据年初制定的年度销售目标确定，之后分配到渠道成员头上；另一方面是给消费者提供的服务水平达到目标，奢侈品企业往往会有一些办法，比如各店铺的客户资料需要仔细地保存，分析顾客的消费特点，而且还可以通过客户的返店率等指标去衡量自己的服务水平。

2. 设计分销渠道的长度和宽度

对于奢侈品企业而言，渠道层级往往是零层渠道（即指品牌直营店）、一层渠道、二层渠道以及三层渠道并存的，根据市场的不同情况做出选择。在本国市场，由于较为熟悉市场情况，可以建立企业直接控制的直营店；而对于一些还未充分进入的市场，由于不熟悉当地情况，往往首先与当地代理商合作，等到品牌的知名度逐渐增大，认可度逐渐增强之后，再在当地自己开设直营店。同时，还会结合网上商店等渠道销售自己的产品。

奢侈品企业往往不会选择较宽的分销渠道，这是由其相对于普通消费品较窄的目标消费群所决定的。对于日用消费品，如洗发水、牙膏等往往需要非常宽的分销渠道，因为生产商需要保证自己的产品在超市、便利店、小商店甚至自动售货机都能买到，而奢侈品则只要在高档的百货商店、购物广场、五星级酒店、机场免税店等高端的购物场所有自己的店铺即可。而且，相对较窄的分销渠道既可以保证产品的稀缺性也可以防止产品被假冒。

3. 设计分销渠道的组织结构

所谓分销渠道的组织结构是指渠道内部各成员之间的合作方式。一般将其分为传统型分销渠道、水平型分销渠道以及垂直型分销渠道。传统型分销渠道是一种最为松散的分销渠道，渠道成员之间是独立的，各自追求自己利润的最大化，当今已经不常见。水平型分销渠道是指两个及以上的企业联合起来共同开发新的营销机会。奢侈品企业有时会采取这种“门当户对”的合作方式，例如布加迪与爱马仕合作生产布加迪威龙爱马仕特别版，整车的设计与内饰由爱马仕提供，据称上市售价人民币4300万元。而垂直型的分销渠道是较为常见的。

垂直型分销渠道是指渠道成员之间通过不同的约束方式形成一个联合体。根据渠道成员之间不同的约束方式分为公司式、管理式以及契约式分销渠道。

公司式垂直分销渠道是指奢侈品企业本身拥有分销网络的所有权，比如LVMH集团旗下拥有丝芙兰化妆品超市以及DFS全球免税店。

管理式分销渠道是指渠道内往往有一家规模、实力和声望都比较强的公司，这家公司是渠道内领导者的角色，通过订立分销计划保持分销体系的正常运作和稳定性，渠道成员对其广告计划、促销计划等会采取积极的合作态度，而且会给这家公司提供最佳的店面位置或者展厅。奢侈品企业拥有较大的品牌影响力而且实力雄厚，较为合适采取管理式分销渠道。

契约式分销渠道在奢侈品行业内也较为常见，主要表现为奢侈品企业对其非核心产品的生产和销售采用特许经营的方式完成。特许经营是指奢侈品品牌拥有者按照合同的要求和约束条件，允许加盟商使用其品牌和商标生产其非核心产品，如香奈儿的眼镜、Gucci的香水等。特许经营在奢侈品行业里需要谨慎地运用，因为过多地授权加盟商使用自己的品牌会稀释自己品牌的价值，有损品牌形象。一个著名的例子就是皮尔·卡丹的过度授权而使得品牌难以回归奢侈品的行列。同时，对于加盟商使用品牌的权限也应当有明确的规定，以免发生侵权。

4. 评价备选方案

奢侈品企业可以根据自身的实际情况，完成渠道的长度、宽度以及组织结构的设计之后，确立几套备选方案并进行评估。在进行评估时应当根据之前提到的原则来具体考虑渠道的经济性、可控性以及适应性。即渠道是否能给企业带来最大的利益，能否体现奢侈品的尊贵性，能否有效控制中间商而不产生有损品牌形象的销售行为，能否适应不同地域的市场特点，当市场情况发生变化时能否快速做出调整。对不同的方案可以按这三个指标设立评分标准，利用打分卡确定最优的分销渠道建立方案。

分销控制主要依赖于五种分销渠道，如图7-1所示：

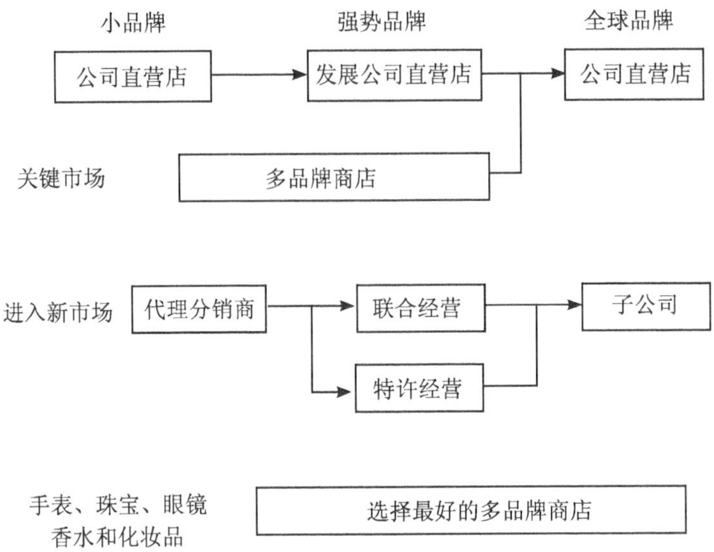

图7-1 分销控制和商业生命周期

①在主要市场利用公司直营店（通过子公司的方式）。

②在发展中国家招募特许经销商（这比通过发放许可证或简单的经销商具有更高的可控性）。

③在百货商店开品牌店，这样公司就可以控制商品陈列设计、销售和与顾客之间的关系。只有非常强势的品牌才能成功做到这些，比如 Polo、拉夫·劳伦和路易·威登。而其他品牌则只能在百货商店的一个柜台经营，影响力远远低于百货商店本身。

④免税店，虽然成本很高，但是销量也是很可观的。不过，在这样的环境中，质量控制和形象控制可能会逐渐恶化，除非品牌对这些商店的业务运营保持严格的控制。为此，1990 年 1 月，古驰在伦敦希斯罗机场建立了它的第一家位于意大利之外的免税店，面积约为 900 平方英尺（之前它只在罗马和米兰有免税店）；1999 年，香奈儿在希斯罗机场的每个航站楼都建立了它的免税店，每家店的面积约为 1100 平方英尺，这也是它第一次开免税店。

⑤在手表、珠宝、香水、化妆品和眼镜领域：品牌逐步选择那些最好的多品牌商店，那些与它们品牌形象相一致的商店。

任务1　认知国际奢侈品在中国的营销渠道现状

活动：阅读以下资料内容，针对奢侈品在中国的营销渠道现状，发表自己的见解并通过小组讨论给出补充观点，完成后面的任务单。

奢侈品在中国的营销渠道虽然已基本形成了四种类型：代理商渠道、直营渠道、直营与代理结合渠道、互联网渠道，并为中国奢侈品的繁荣贡献了力量。没有代理商渠道，国外许多知名的奢侈品就不可能那么容易迅速地打开中国市场；没有直营渠道，奢侈品厂商就不可能提供更好的服务给客户；没有互联网渠道，奢侈品就无法在未来的竞争中拥有一席之位。但随着中国的经济发展水平的进一步提升与中国消费者群体、消费习惯的变化，奢侈品在中国营销渠道也存在一些问题及需要进一步完善的地方。

1. 直营店渠道覆盖范围有限

直营店渠道虽然是奢侈品目前及今后一段时间在中国最为主要的营销渠道。但由品牌商或制造商直接投资开店、经营的模式，会为品牌商或制造商带来资金上的压力，如果考虑渠道的综合输出效益，奢侈品的直营店不可能无限度地开设下去。依据贝恩咨询的资料，部分奢侈品在中国市场的门店数，虽然一直在增加，每个品牌的总体数量并不多，而且也主要分布在一线与二线城市中（图 7–2）。

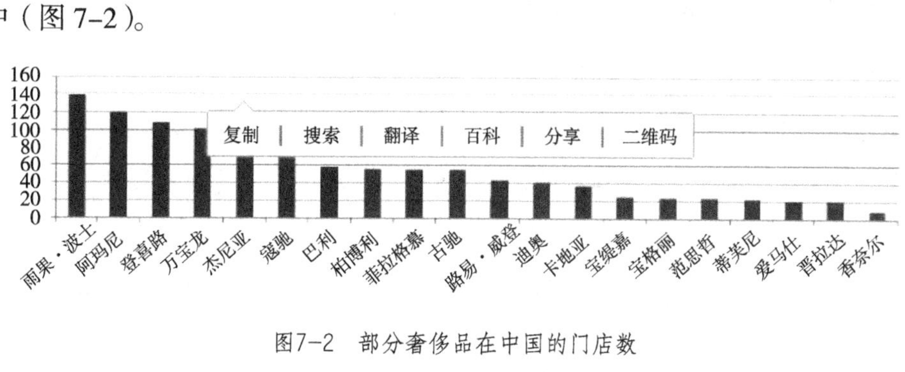

图7–2　部分奢侈品在中国的门店数

2. 互联网渠道尚未充分发挥作用，但奢侈品电子商务已成为大势所趋

目前，通过互联网购买奢侈品的需求还没有完全发挥出来，而销售奢侈品的电商发展时间不长，整个行业还不成熟且缺乏经验。对于电商销售奢侈品，目前最关键的问题还在于缺少品牌商的支持。2011 年 12 月，国内十大奢侈品网站之一的呼哈网被爆“欠薪内讧，90% 员工离职”。当月，网易旗下的奢侈品购物网站网易尚品域名从 2012 年 1 月 1 日零点起停止服务，这个举例开通还不足一年的网站被扼杀在摇篮中。紧接着 1 月 7 日盛大旗下电商网站品聚网关闭。而这三个网站均由于资金链断裂而不得不终止服务。随后 7 月，新浪奢品停止运营。可以说，2012 年上半年是奢侈品电商的噩梦。施华洛世奇、爱马仕的声明都道出了奢侈品电商的痛处：没有授权，商品真伪难辨，质量难保证。

但目前有哪份奢侈品行业报告会漏掉“电子商务”这一部分呢？《2016 年中国奢华品报告》显示，电子商务继续为奢华品品牌带来巨大机遇，线上购买分别占内地和香港消费者购买奢华品总量的 26% 和 20%。消费者对不进实体店体验、直接线上购买表现出更大信心。购买前光顾实体店的平均次数为 2 次，相比 2015 年中国内地和香港地区的 2.3 次和 2.6 次有所下降。稍加关注就会发现，刚刚过去的 2015 年应该算是奢侈品牌进军电商的爆发期。LVMH、开云、历峰这三家奢侈品集团总裁先后申明自己对于电子商务的重视。不过我们看到，品牌所处的数字化程度各有不同，有些仍旧处在试水状态。作为零售网络的一部分，电子商务与公司内部买手、库存、渠道运营方式不无关系，它们直接决定了品牌的电商步伐。在奢华品线上购买方面，配饰和美妆产品是最受青睐的品类，品牌官方网站成为消费者首选的电子商务渠道。社交媒体方面，大众口碑成为影响消费的重要因素，影响力超过明星、业内人士和意见领袖。

3. 代理商渠道效率不高，容易失控

奢侈品的代理商渠道虽然在萎缩，但仍然会长时间继续存在，其就会有传统渠道固有的一些问题。传统渠道的链条过长，层次过多，冗长的渠道使得信息传递速度放慢，市场反馈迟钝，下级分销商跟不上厂商的步伐，无法及时、准确地了解产品的各种信息，而厂商也无法迅速地对市场变化做出反应。最终，厂商自然不能方便、快捷、高效地满足消费者的需求。而消费者对于实体店铺内的服

务要求越来越高。市场研究公司 CSG 执行董事 Simon Tye 告诉界面新闻，自己在与客户交流中发现，他们最看重的并非店员的专业程度，而是他们是否明白自己的需求，能否在短时间内了解自己的喜好，并且及时给出推荐与介绍。从目前体验反馈来看，国外的奢侈品店铺在这一方面与中国拉开不小差距。在中国经过十来年的野蛮扩张后，奢侈品牌是时候潜下心来开始精耕细作了。另一方面，容易导致产品厂商对分销渠道的控制失效，中间商的分销渠道空盒子里过大并加速膨胀。现实中曾出现经销商胁迫厂商让利，跨区域销售等现象。

➢ ***活动问题***

1）阅读以上资料内容，思考国际奢侈品在中国的营销渠道有何问题？

2）查找更多的网络资料，思考国际奢侈品品牌在中国的营销渠道现状背后的原因是什么？

3）列举出某个你所熟知的国际知名奢侈品品牌在中国的营销渠道选择的典型问题是什么？

➢ ***如何完成活动***

1）确定本次任务组长。

2）查找更多的网络资料，先自己尝试列出目前国际奢侈品在中国的营销渠道问题主要表现在哪些方面。

3）以小组形式讨论，对国际奢侈品在中国的营销渠道现状形成补充观点，并完成后面的记录单（表 7–1）。

表7–1　国际奢侈品在中国的营销渠道现状分析记录单

讨论问题	自己的观点	团队其他人的观点
1.国际奢侈品品牌目前在直营渠道模式选择上有何问题？		
2.国际奢侈品品牌目前在互联网营销渠道选择上有何共性的问题？		
3.结合某个你熟悉的奢侈品品牌分析其在中国的营销渠道现状及问题。		

续表

讨论问题	自己的观点	团队其他人的观点
4.国际奢侈品在中国的营销渠道现状背后的原因是什么?		
5.你所理解的国际奢侈品在中国的营销渠道选择问题还有哪些方面?		

➢ **活动评价（表7–2）**

表7–2 活动评价表

评价指标	单项指标	评价标准	自我评价
参与情况	学习投入情况	按课堂要求思考问题、参与小组活动	☆☆☆☆☆
	提出问题并发表见解	参与讨论问题，因自己的见解	☆☆☆☆☆
合作与交流情况	认真听取别人意见并询问	认真倾听，礼貌，有回应，适时询问	☆☆☆☆☆
	将自己的资料与大家分享	表达自己见解并与大家交流	☆☆☆☆☆
	参与团队讨论	积极主动，踊跃发言	☆☆☆☆☆
时间利用	在规定的时间内完成任务	时间效率	☆☆☆☆☆
学习主动性	遇到自己不能解决的问题请教他人	询问并记录要点	☆☆☆☆☆
	遇到自己不能解决的问题查资料	查阅且做好记录	☆☆☆☆☆
任务完成情况	是否完成所有任务	能完成每个任务	☆☆☆☆☆
	有新的发现	能否创新	☆☆☆☆☆
	对问题的理解	迅速找到问题的关键词	☆☆☆☆☆
综合表现	展示出自己最好的状态	根据自我感受	☆☆☆☆☆
评价结果“☆”少的如何改进:			
教师点评:			

注：优 ☆☆☆☆☆ 良 ☆☆☆☆ 中 ☆☆☆ 差 ☆☆ 没参与☆

任务2　认知如何选择恰当的奢侈品品牌分销模式

活动：阅读以下资料内容，以小组形式讨论什么是有效的分销渠道系统，如何正确选择合适的奢侈品分销渠道，形成本小组的观点并在课堂上交流分享。

什么是最有效的分销渠道系统？这取决于品牌的实力和它自己的优先级。可以说明的是，每一个品牌都使用混合系统，从百货公司专柜到独立商店。对每个品牌来说，混合零售商店由不同的经济系统发起，而且要和固定成本与可变成本的平衡相一致。

奢侈品企业需要保持协调一致的渠道策略，既要考虑到零售链，也要考虑到批发链，既要考虑到万众瞩目的一线城市，也要考虑市场增长迅速的二线城市，从而在强化品牌形象的同时实现市场覆盖率的最大化。

许多局外人都认为发展零售业的唯一方式就是占据所有的门店并永远不通过此系统之外的渠道出售商品。事实上只有路易·威登一家能这么做，其所积累起的巨大成功让人们相信这是对于该品牌的唯一零售模式。但是，路易·威登的分销模式却不能通用。为了确保产品仅在自己的门店内销售，路易·威登决定不从事香水及化妆品业务，因为此类产品的高透明性需要靠批发渠道得以分销。他们出售太阳镜却不出售镜框，因为如此做（出售镜框）会使得其产品不得不走向批发模式。同时，虽然路易·威登的这一规定听起来会阻碍其产品在免税商店出现，但对于此情况该品牌却开了特例，消费者们可以在机场免税店发现此品牌的踪影。事实上，一些免税店本身就被路易·威登所拥有。在韩国，路易·威登的品牌就在市中心以及机场的免税店中出现。

这一系统的可行性对于奢侈品牌行业来说是有限的。只有享有一定资本以及市场基础的奢侈品牌才能运用这一策略。事实上，世界上目前可能也仅仅有8~10个品牌运用这一分销模式的资本。对于品牌影响力没那么强的公司而言，它们往往会选择混合分销模式。

只推行直营店策略的优点在于其供应链和分销渠道相对集中。因此，如此集中的信息系统使得物流管理会显得极为高效且方便。在此系统下，门店通常会根据其销量以及货物吞吐能力被分为几个类别。大的门店可以配送更远的距离而较小的门店在产品供应方面就会受限。

对于其他品牌而言，综合运用批发、直营店以及零售的模式，能让商品的流通更加方便。卡地亚在此就是一个很好的例子。他们有自己的直营店，同时，他们也有着商店专柜。很大一部分的手表销售收入正是来自于这些专柜销售。他们的直营店创立了其自身品牌形象，与此同时，其零售商又进一步地促进了其销售收入，同时增加了手表销量。他们还有着独立的销售力量来售卖香水和眼镜框架。他们面对的挑战是让消费者可以更方便地接触到其产品同时又要保证该产品的质量和稀缺性。对于想让消费者接触到自身品牌的公司而言，有以下三种广泛的可能性：

①设立一家品牌零售店从而使产品接触到终端消费者。

②将产品出售给批发或者柜台专柜，后者根据自身情况将产品售出，转而使得消费者接触到此产品。

③与经销商签署协议，从而使得产品在分销点供应时，与品牌自身标准相符，要求甚至与直属零售店的产品出售标准相类似。

什么才是最好的分销系统？这视情况而定。如果一个公司出售女士皮带，这些产品就绝对不会出现在单一产品的专卖店中，而应该在多种商品的门店中出售。那出售手套呢？手套虽然也应该在多种商品的店铺中出售，然而在意大利，旅游景点总会有专卖手套的店铺，顾客可以根据自身对于款式和颜色的偏好选择喜欢的手套。

什么是最经济的分销模式？对于这个问题不存在一个确切的答案。这都取决于产品的特性、销量等。比如一家直营店可能会关注固定成本，如租赁成本、员工薪酬以及其他杂项费用。与之相比的，当不选用直营店而选择批发和柜台模式时，厂商就不会产生固定成本，但分销商就通常会收取一定的利润，从而分走了产品本身的一部分利润。因此，厂商就要在固定成本与更少的利润率之间做出博弈。

有人可能会说对于低销量的品牌，批发可能会带来更多的利润，而对于销量高的产品，可能零售模式会更适用。但其他因素也应该予以考虑：某座城市的品牌优先度，某地区的融资难易等。为了更好地理解品牌分销系统的选择时所要考虑的问题，我们应该首先考虑以下两个问题：

①品牌对于分销商拥有多少控制权？品牌究竟可以控制多少的利润分配？

②对于品牌的不同产品类别，它应该选择哪种分销渠道？

如何控制分销系统？如何确定产品被陈列在恰当的环境中？如何确定它们被放在正确的位置，靠近合适的品牌？被尊敬该品牌的销售人员所售卖？并且销售人员充分了解该品牌和它的历史？如何确定消费者信息被反馈到公司？并且产品配送及时，新款产品被适当地在全球范围内陈列？

这在很大程度上取决于在品牌和终端顾客之间存在多少中间商。中间商越多，品牌对分销系统的控制力度越弱。这里有四种销售产品的方式：

①在公司直营店中销售产品：零中介解决法。

②在特许经营店、免税店或百货商店销售产品：一个中间商解决法。

③通过发放许可证的方式销售产品：一个以上中间商解决法（许可证可能对其他专门从事零售业务的公司有效）。

④通过批发商来销售产品：两个中间商解决法。

另外，奢侈品品牌关于分销形式的选择在很大程度上取决于品牌的生命周期：

在起步阶段，品牌通常开一家公司直营店，然后通过筛选出的零售商——通常是销售多种品牌的商店——来分销产品。在进入新市场后，这将由当地代理人或经销协议来完成：Bluebell 和香港迪生集团（Dickson Poon）是欧洲品牌企图进入亚洲市场而与其合作的分销公司。

当品牌逐渐成长时，它们将会发展其公司直营店。同时，它们会放弃经销协议，转而发展特许经营店或联合经营店。比如在俄罗斯开拓新市场，特许经营店将会是一个解决方法：2000 年 12 月，爱马仕在特许经销商 JamilCo 的帮助下在莫斯科开了一家 2430 平方英尺的商店。这家俄罗斯公司承担该项目所需的全部投资费用，包括建造成本，而爱马仕则负责内部设计。莫斯科的两家古驰销售店由特许经销商水星（Mercury）公司管理。另外一个关于特许经销商的例子是新加坡的 Club 21，它是阿玛尼（Armani）在英国、美国和亚洲（新加坡、马来西亚、泰国、澳大利亚、中国的台湾和香港地区）的分销商。

最后，当品牌觉得自己足够强壮并且市场已经成熟，他们将会买回那些特许经销店和联合经营店，然后建立一个完全控股的子公司：这是像古驰、路易·威登和阿玛尼一样的全球品牌在近 10 年来的发展趋势。

如从 2011 年年初开始，许多品牌就声明它们将会改变自己的商业模式，选择依靠自身在俄罗斯发展。一月份，普拉达宣布终止与水星的合作，期待在莫斯科开自己的商店。五月份，爱马仕和 JamilCo 的独家销售合同终止。目前在莫斯科开直营店的奢侈品品牌有迪奥、路易·威登、香奈儿、斯沃琪（Swatch）和 Hugo Boss。

古驰也有大量这样的发展表现：

2001 年 7 月，从本杰明控股有限公司购回它在澳大利亚的联合经营店剩下的 35% 的股份。

2001 年 2 月：从特许经销商手中购回三家位于西班牙的商店。

1998 年 5 月：从韩国特许经销商圣珠国际有限公司（Sung Joo International Limited）手中购回商店（九家商店和九家免税店）。

1998 年 4 月：购买中国的台湾 Shiatos 有限公司（他们的台湾特许经销商）51% 的股份，获得九家商店和一家免税店。

克里斯蒂娜·王，新加坡石油大亨王本生的妻子。伦敦之所以能在 20 世纪 90 年代成为时尚之都，很大程度上都要归功于她。Club 21 是她的零售王国，通过加盟众多知名设计师品牌——乔治（Giorgio）· 阿玛尼、安普里奥（Emporio）· 阿玛尼、DKNY、唐纳·凯伦（Donna Karan）、Guess 和珠宝商宝格丽的加盟合作，她每年的营业额都超过 5000 万英镑。同时，她也拥有大量位于伦敦的零售房地产。显然，她从另一方面吸引了那些为了花钱而旅游和患有文化饥饿症的观光者前往伦敦。她拥有两个这座城市最具现代风格的酒店——1991 年在贝尔格莱维亚区（伦敦的上流住宅区）建成的哈金酒店（the Halkin），这里的员工都穿着乔治·路易·威登的衣服；和位于老公园巷的伦敦大都会酒店（Metropolitan hotel），大都会酒吧的员工制服品牌是唐纳·凯伦。

➢ ***活动问题***

1）思考有效的奢侈品分销渠道模式应该具备什么特点？

2）思考在品牌生命周期的不同阶段，应如何正确选择适合奢侈品自身品牌的恰当的分销渠道？

3）结合某个奢侈品品牌阐述，你所理解的奢侈品在进行分销系统选择时有哪些注意事项？

➢ ***如何完成活动***

1）确定本次任务组长。

2）阅读完以上资料内容后，先自己尝试列出选择恰当的奢侈品品牌分销模式应考虑的主要因素。

3）以小组形式讨论奢侈品在进行品牌分销系统选择时的主要步骤及应该考虑的主要问题有哪些方面？并完成后面的记录单（表7–3）。

表7–3　奢侈品分销模式选择分析记录单

讨论问题	自己的观点	团队其他人的观点
1.什么是最有效的分销渠道系统？		
2.奢侈品应如何正确运用批发、直营店以及零售分销模式？		
3.奢侈品品牌在分销形式的选择上应主要考虑哪些因素？		
4.在奢侈品品牌生命周期的不同阶段分销模式选择应有何不同？		
5.你所熟悉的某个奢侈品品牌在进行分销系统选择时有哪些注意事项？		

➢ ***活动评价（表7–4）***

表7–4　活动评价表

评价指标	单项指标	评价标准	自我评价
参与情况	学习投入情况	按课堂要求思考问题、参与小组活动	☆☆☆☆☆
	提出问题并发表见解	参与讨论问题，因自己的见解	☆☆☆☆☆

续表

评价指标	单项指标	评价标准	自我评价
合作与交流情况	认真听取别人意见并询问	认真倾听，礼貌，有回应，适时询问	☆☆☆☆☆
	将自己的资料与大家分享	表达自己见解并与大家交流	☆☆☆☆☆
	参与团队讨论	积极主动，踊跃发言	☆☆☆☆☆
时间利用	在规定的时间内完成任务	时间效率	☆☆☆☆☆
学习主动性	遇到自己不能解决的问题请教他人	询问并记录要点	☆☆☆☆☆
	遇到自己不能解决的问题查资料	查阅且做好记录	☆☆☆☆☆
任务完成情况	是否完成所有任务	能完成每个任务	☆☆☆☆☆
	有新的发现	能否创新	☆☆☆☆☆
	对问题的理解	迅速找到问题的关键词	☆☆☆☆☆
综合表现	展示出自己最好的状态	根据自我感受	☆☆☆☆☆
评价结果“☆”少的如何改进：			
教师点评：			

注：优☆☆☆☆☆ 良☆☆☆☆ 中☆☆☆ 差☆☆ 没参与☆

任务3　明确不同奢侈品品牌选择分销渠道的差异

活动：阅读下面的案例内容，思考并讨论不同的奢侈品品牌在选择分销渠道及对渠道进行管理的不同之处。完成后面的任务单。

在所有产品类别中都存在多品牌零售商，曾经这还是奢侈品的自然销路。起初，它们大多在主要城市拥有少量旗舰店，主要依靠两种渠道分销它们的产品：个体零售商和百货商店。这属于批发贸易，对品牌的发展十分重要。古驰和宝格丽的案例十分具有教育性。两者的区别主要在于它们两者核心业务的差异。

手表是宝格丽的核心业务之一，宝格丽通过众多奢侈手表零售商来分销它的产品。除了眼镜和香水外，它在其他产品线没有相似的分销方式。宝格丽最初的策略是发展它的批发业务，这在 1997 年占其销售额的 45%，2000 年占 51%。这与其重视手表和香水业务的策略相对应。从 1993 年到 2000 年，它的手表零售商增加了 10 倍，然而这期间它的直营店只增加了 3 倍。1993 ～ 2009 年期间，宝格丽直营店从 33 家发展到 166 家，而它的批发店（包括手表经销商和香水分店）则从 57 家发展到 107 家。手表和珠宝的第三方零售商代理了 800 家分店。2008 年，宝格丽拥有超过 17000 家香水分店和 12000 家眼镜分店。有趣的是，在这期间，宝格丽直营店每平方英尺的销量却下降了：从 1993 年的 3900 美元每平方英尺下降到 2000 年的 2700 美元每平方英尺。开店自然会提高销量，但是，商店盈利能力却会限制商店的扩张速度。2000 年初，宝格丽的一个策略改变成为了上述问题的证据。为了支持其核心业务珠宝和配饰的发展，它开了许多家单一品牌店。宝格丽的直营店从 2000 年的 72 家增加到 2009 年的 166 家，然而在这期间，它的非直营店（特许经营店、批发店、旅游零售店）只是从 54 家增加到 107 家。

古驰的策略与宝格丽的不同：1990 年，古驰拥有 64 家直营店。但是，此时它考虑发展分销网络，增加百货商店、免税店和特许经销店这几种分销渠道。只有在 1997 年和 1998 年，它的直营店网络才得到显著发展。通过买回特许经销店和开新店的方式，它的直营店从 83 家增加到 126 家。古驰通过特许经营和批发的分销渠道获得提高销量，这与宝格丽的策略完全相反。从此以后，古驰通过这两种方式使得其在 1997 年有 77 家特许经营店，2010 年拥有 317 家直营店，2001 年拥有 43 家特许经营店。这直接导致古驰直营店的销售额在 2004 年占其年销售额的 73%。这种策略要求大量投资，同时需要商店具有高收益率。投资回报率是测量这个的好方法。在一段时间中，古驰的投资回报率稳定下降：1997 年 34.6%、1998 年 28.9%、1999 年 28.3%、2002 年 25.5%。

为了提高曝光度，品牌需要通过多种渠道分销。而关于渠道的选择在很大程度上取决于产品线。只有直营店、特许经销店和品牌店（公司经营）才能保证品牌所有的产品线都得到了展示。其他所有的渠道（顶端多品牌商店、个体零售商、百货商店或旅游零售店）只能展示一部分产品线，它们能支持品牌的可见性但却不能展示品牌的全貌。表 7–5 综合描述了这些内容。

表7–5　每种类别的分销渠道

<table>
<tr><th>皮革制品</th><th>鞋子</th><th>成衣</th><th>餐具</th><th>书写工具</th><th>香水</th><th>水表</th><th>珠宝</th><th>眼镜</th></tr>
<tr><td colspan="9">公司直营店
特许经销店
品牌店</td></tr>
<tr><td colspan="3">顶端多品牌商店</td><td>个体零售商</td><td>个体零售商</td><td>个体零售商</td><td>个体零售商</td><td>个体零售商</td><td>个体零售商</td></tr>
<tr><td>百货商店柜台</td><td>百货商店柜台</td><td>百货商店柜台</td><td>百货商店柜台</td><td>百货商店柜台</td><td>百货商店柜台</td><td>百货商店柜台</td><td>百货商店柜台</td><td>百货商店柜台</td></tr>
</table>

再比如，阿玛尼为不同产品线提供了不同的零售策略。它的产品被划分为 7 个类别：

①乔治 · 阿玛尼。

②阿玛尼精选（Armani Collezioni）。

③安普里奥 · 阿玛尼。

④阿玛尼牛仔（Armani Jeans）。

⑤阿玛尼休闲服（Armani Exchange）。

⑥阿玛尼童装（Armani Junior）。

⑦ EA7（爱姆普里奥 · 阿玛尼旗下的运动系列）。

前两个产品线，乔治 · 阿玛尼和阿玛尼精选，几乎都只能在直营店或在百货商店中的品牌店才能找到。阿玛尼牛仔和EA7基本上依靠批发商分销。安普里奥·阿玛尼拥有一些直营店，但也可以在许多百货商店的品牌店和柜台里找到。阿玛尼休闲服是在美国的一个零售品牌，但在欧洲和亚洲，它主要依靠批发分销。所以分销系统是基于平衡的产品选择的，需要适应不同的随着时间改变的零售渠道。

那小一些的成衣或配饰的奢侈品牌的分销渠道是怎样的呢？它们一般在公司所在城市拥有一家大型旗舰店，在世界主要城市拥有10～20家公司直营店，但在大部分地区，它们依靠百货商店中的品牌店和柜台去建立尽可能广的全球展示。在这些柜台，它们以批发价格销售给商店，它们与主要百货商店购买或产品经理的接触对于获得其年度销售预算是很必要的。它们也会把产品卖给私人的多品牌商店，但是百货商店仍然是它们零售策略的重要部分。

平衡分销渠道的问题因此变成平衡利弊的问题。在品牌的不同生命周期，它的利弊见表7–6。

表7–6　不同分销渠道的利弊

分销渠道	利	弊
公司直营店	建立品牌形象 展示所有产品	占用资金 旗舰店的盈利能力
特许经销店	建立品牌知名度 展示所有产品	失去对品牌形象的控制
品牌店	建立品牌形象 建立品牌知名度 展示所有产品	—
高端多品牌商店	建立品牌形象	只能展示部分产品缺乏品牌形象控制
个体零售商	显示品牌知名度 增加销售量	产品类别展示 除非严格选择零售商，否则会失去对品牌形象的控制
百货商店的柜台	建立品牌知名度 增加销售量	产品类别展示 在某些百货商店缺乏品牌形象控制
旅游零售店	强大的顾客流 增加销售量 吸引新顾客	在多品牌商店和机场购物中心的品牌形象控制问题

> 活动问题

1）阅读完以上案例内容后，思考古驰和宝格丽在分销渠道选择上的主要差异。为什么会出现这样的差异？

2）思考不同奢侈品品牌在分销渠道选择及管理上出现的差异主要取决于什么？

3）你所理解的不同的分销渠道的平衡选择问题应如何解决？

> 如何完成活动

1）确定本次任务组长。

2）阅读完以上案例内容后，先尝试自己列出不同奢侈品在分销渠道选择上差异点主要体现在哪些方面。

3）以小组形式讨论对于具有不同产品线的奢侈品品牌在进行分销渠道选择及渠道平衡方面应注意的问题是什么？并完成下面的记录单（表7–7）。

表7–7　不同奢侈品分销渠道选择差异分析记录单

讨论问题	自己的观点	团队其他人的观点
1.宝格丽的分销渠道选择策略是什么？		
2.古驰和宝格丽在分销渠道选择上的不同体现在哪里？		
3.古驰和宝格丽出现分销渠道选择差异的原因主要是什么？		
4.阿玛尼针对不同产品线的分销策略分别是什么？		
5.对于不同的分销渠道在选择时应该如何平衡？		
6.你怎样理解不同奢侈品在分销渠道选择上的差异问题？		

> 活动评价（表7–8）

表7–8　活动评价表

评价指标	单项指标	评价标准	自我评价
参与情况	学习投入情况	按课堂要求思考问题、参与小组活动	☆☆☆☆☆
	提出问题并发表见解	参与讨论问题，因自己的见解	☆☆☆☆☆

续表

评价指标	单项指标	评价标准	自我评价
合作与交流情况	认真听取别人意见并询问	认真倾听，礼貌，有回应，适时询问	☆☆☆☆☆
	将自己的资料与大家分享	表达自己见解并与大家交流	☆☆☆☆☆
	参与团队讨论	积极主动，踊跃发言	☆☆☆☆☆
时间利用	在规定的时间内完成任务	时间效率	☆☆☆☆☆
学习主动性	遇到自己不能解决的问题请教他人	询问并记录要点	☆☆☆☆☆
	遇到自己不能解决的问题查资料	查阅且做好记录	☆☆☆☆☆
任务完成情况	是否完成所有任务	能完成每个任务	☆☆☆☆☆
	有新的发现	能否创新	☆☆☆☆☆
	对问题的理解	迅速找到问题的关键词	☆☆☆☆☆
综合表现	展示出自己最好的状态	根据自我感受	☆☆☆☆☆
评价结果“☆”少的如何改进：			
教师点评：			

注：优 ☆☆☆☆☆ 良 ☆☆☆☆ 中 ☆☆☆ 差 ☆☆ 没参与☆

任务4　重新审视奢侈品品牌的互联网渠道策略

活动：请在学习了前面奢侈品网上零售渠道终端的基础上，仔细阅读下面的资料内容，进一步重新审视奢侈品品牌的互联网营销渠道策略，并完成后面的任务单。

随着网络购物的深入人心，一些奢侈品企业开始摇摆，尝试建立网上销售。网上销售也逐渐成为除旗舰店、专卖店、免税店等传统终端零售方式之外新兴的消费方式之一。例如，蒂芙尼是较早将业务搬上网络的奢侈品企业之一，它的在线销售业绩自2001年开始呈现出强劲的增长势头。古驰先后在美国和英国开展了网上销售，取得了良好的销售业绩。迪奥的法国网上专卖店开张半年便获得了不俗的销售额，成为销售的主要增长点，甚至具有和旗舰店同等地位的潜力。范思哲在网上经营纺织品配饰、瓷器、水晶礼品及小巧家具用品等。路易·威登也推出了自己的电子商务网站……

尽管蒂芙尼公司等几个美国奢侈品品牌的网络销售额节节升高，但欧美的许多奢侈品公司，尤其是历史悠久的法国奢侈品品牌，比如香奈儿和爱马仕，仍然对网络销售敬而远之。法国时尚界的头面人物让·诺埃尔·卡普费雷尔在《时尚策略》一书中表示，在网上销售的产品就不能再被称为是奢侈品。

当奢侈品搬上网络，与一般商品无异，在网络上售卖时，如何能显示产品的“高贵”特色？如何避免网络购物出现的仿冒产品威胁到奢侈品品牌的声誉？是继续营造高高在上的距离感，还是拥抱互联网？

最近的一项研究显示，有四种奢侈品互联网战略可实施，但需要依靠客户关系（自上而下型的或者对话型的）以及品牌的渠道战略（单一渠道或是多元渠道），如图7–3所示。这些战略显示在两个坐标轴中：公司想要建立的客户关系类型（自上而下型的还是对话型的）以及所采用的渠道战略（是单一的还是多元的）。

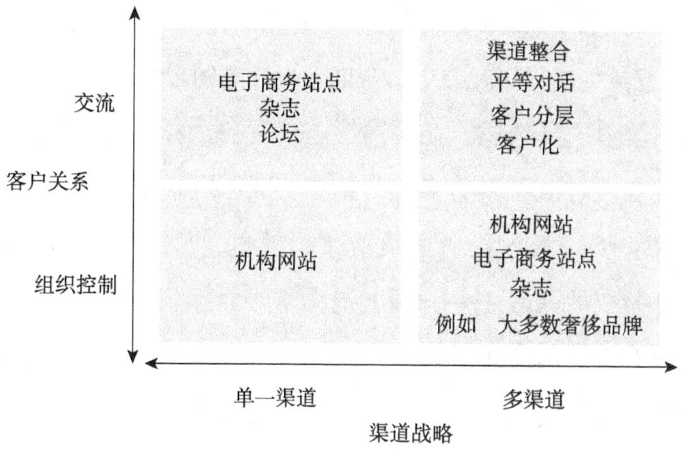

图7-3　四种品牌互联网战略

现在大多数奢侈品牌还是使用多元化渠道战略以及自上而下的客户关系。研究显示战略四（多元渠道加对话型客户关系），是高参与度的战略组合，相比于其他战略会产生较高的收入增长、较高的毛利润以及更高的净利润。我们所得到的结论是：即使战略四很难实施——因为它会导致品牌彻底改造其组织结构——它仍然是回报最高的。而且，奢侈品品牌需要首先定位并构建其客户关系战略，这是所有互联网战略的基石。

奢侈品在中国的互联网营销渠道选择有以下几点需要注意：

以客户服务为基础，以品牌树立为目的。奢侈品在中国选择互联网营销渠道时应以满足客户服务的需求为基础，根据中国客户的特点，提供本土化、人性化的网上服务，如适合中国浏览习惯的官方网站。互联网营销渠道的选择应以品牌树立为目的，不能单纯着眼于商品的互联网渠道销售，而是通过互联网渠道让更多的中国消费者了解认识自己的品牌。

提供安全的购物与交易环境。奢侈品网站的设计除了要别出心裁，显得较为高贵，不同于一般电商网站之外，还要确保网络的安全性，比如消费者的账户安全以及个人资料的保护。因为互联网购物的安全性一直都是网上购物者最为关心的问题之一。对于普通商品，因为价格并不高，所以消费者敢于尝试网上购买。因为，即时购得的商品并不让人满意，消费者也不会付出很大代价。但通过互联网购买奢侈品就完全不一样，奢侈品都是价格高的物品，如果消费者对支付、品质、物流的任何一个环节有疑虑，都不可能产生消费行为。因此，奢侈品在中国选择互联网营销渠道的成员、模式时就要尽量考虑安全性高的合作伙伴与渠道模式。

奢侈品营销渠道成员选择。互联网渠道成员的选择类似于传统渠道，只是面对的对象有所改变。对于奢侈品来说，选择互联网渠道成员相比传统渠道成员更难、也更加重要，要选择的渠道成员更多，这也是许多奢侈品牌迟迟不对奢侈品电商进行品牌授权的原因之一。网上销售需要照顾到传统分销商的利益。例如哈雷戴维森在设置其网上商店时为了照顾传统分销商的利益，让消费者在购买产品时选择一个经销商，之后订单会传到经销商处处理完成。对于已选择的渠道成员，作为渠道建立与掌控者的奢侈品厂商应该给予其授权认证，不论其实奢侈品电商、网络平台商、物流商还是数量众多的网络经销商。三网融合为奢侈品厂家提供了一个销售渠道扁平化的极佳机会，有效地增强了对经销商的掌控能力。

明确奢侈品线上数字化销售的步骤：

①数字化第一步：部署 SCRM 和 CDP 系统，全渠道打通沉淀用户数据。根据 BCG & Altagamma 最新调研数据显示，实体店 / 网上购物达到 8∶2 的平衡，全渠道购物占 50%。不管是数据报告，还是圈内探讨交流，全渠道受到越来越多 CMO 关注，意识到全渠道的重要性，各品牌也急于实现全渠道打通，实现线上与线下的紧密连接，在消费者购物全链路、全旅程上优化用户体验。在全渠道打通的先行者里，我们不得不提一下 166 岁高龄的 LV。其实早在疫情之前，LV 就已经开始通过数字化抗衰老。LV 从 2015 年开始布局全渠道，以公众号、小程序商城为主阵地，沉淀忠实用户，自建电商平台 24S、入驻中国第三方电商平台、投资奢侈品电商平台寺库，小红书上 LV 的商品链接就来自寺库。其次，LVMH 还积极布局 MarTech 领域，同时也跟京东在供应链、流量端口、物流等方面进行深度合作，无论是从社交内容平台、还是微信生态、电商平台。都力争从线上、线下打造一体化的用户体验。通过数字技术实现线上线下全渠道打通，帮助 LVMH 实现了数据资产积累。此后，LV 基于用户数据洞察，开始用新式的营销方式，在微博、小红书、抖音等社交平台，进行全域营销，传递 LV 式的 DNA，并以此吸引年轻消费者的注意，力求得到更大市场。LV 无论是品牌 IP、营销渠道、数字内核都呈现出年轻化的特征，年轻化也正是奢侈品发展的最大趋势，抓

住趋势，就等于抓住了销量，就在2020年2月份疫情最严重的时期，LV销售额竟获得2倍增长。从LV逆势增长的背后，我们看到布局数字化战略的重要性，我们也看到以消费者洞察为核心的“人的策略”，正在重构奢侈品的营销视角。

②数字化第二步：搭建客户体验管理平台，保持高互动。为提高转化效果，满足客户关键需求，客户体验管理平台（CEM）的搭建也成为重点。现在的消费者在消费过程中，购买的不仅是产品还包括体验，因此，为客户提供个性化、高效且跟情景相关的体验，成为品牌赢得客户信任和忠诚度的关键。

③数字化第三步：精准筛选流量明星 & KOL，金字塔式传播适应本土化营销。在中国市场KOL（关键意见领袖）是触及和影响奢侈品消费者的重要触点。抖音、快手、小红书、B站、淘宝不同的平台，不同的渠道都有消费者认可并拥戴的KOL。择KOL进行带货、发布新品，也成为奢侈品牌们的必要选择。今年3月19日一个叫罗嘉的主播在快手，开直播卖起了阿玛尼男装，本来预计能卖100件，结果库存500多件瞬间卖光，当天直播销售额超过100万，随后616品质购物节期间，寺库再次和罗嘉合作，带货LV、范思哲，选择一个对的KOL，不仅能够传递品牌价值，也能达到理想的销售效果。但BCG X 腾讯奢侈品调研显示，很多KOL的粉丝数量很多，属于品牌真正的目标客户群却很少，如何在数十万的明星和KOL中，选择拥有最多奢侈品消费者或粉丝中奢侈品消费者比例最高的账号，达到品效合一的效果，成为令奢侈品牌在社交媒体营销上的难题。

数字时代，品牌完全可以借力数据分析，甄别相关性最强的KOL。基于群脉数据分析平台，实现对产品电商人群的洞察，包括基本属性、城市等级、偏爱品类、消费频率等，完善产品电商人群的画像，另一方面，对库里KOL的粉丝进行画像分析，最后根据产品受众的标签匹配最match的KOL。

④数字化第四步：智慧导购促进门店数字化升级，专业服务提升忠诚度。由于奢侈品的产品与服务属性，实体店对于老一辈和年轻一代消费者有着强大的吸引力。根据麦肯锡中国奢侈品报告2019显示，影响消费者购买决策的品牌线下渠道包括导购建议、现场试穿、导购微信消息等。可见导购作为品牌连接消费者的关键一环，也作为促进门店业绩增长的核心，对消费者购买决策起着至关重要的作用。同时，通过调查我们发现，年轻消费者更容易在享受优质的个性化服务

时购买。为了提高门店的服务效率，门店数字化升级迫在眉睫。我们可以通过智慧导购与企业微信融合，创建导购任务体系，打破时间、空间的限制，让门店导购为消费者提供 1 对 1 的专属服务。其实，奢侈品行业并没有我们想象的那么高冷。早在 2012 年，LV 便开始用微信为用户提供 1 对 1 的专业顾问服务。通过智慧导购店员可以记录消费者的购物偏好，购买记录，依据他们的性格爱好，为他们挑选合适的产品，为消费者提供个性化服务，这就好比门店的 KOL，更容易建立与消费者之间的信任，也利于奢侈品牌在保持专业的同时，也能够“亲民化”。就如奢侈品百货蔻莎通过门店数字化升级，只要进店的客户注册过会员，曾经试过的每一件衣服和鞋帽都会有记录，包括不同的尺寸和码数，门店导购根据客户标签，在线上进行一对一的专属服务，这些互动数据，都将会全渠道共享，无论在蔻莎任何地方的线下门店，还是天猫旗舰店，消费者都可以享受到一致性的精细化服务。从每一个细节、每一个节点做到精准和高效。

奢侈品与网络是否能够嫁接成功是业内争论不休的话题之一。这是由于奢侈品本身的产品属性和网络销售有着很大区别。例如，网络过于大众化，网络销售的产品多为低价产品，这与奢侈品小众、稀缺、高价的属性不符。另外，一些奢侈品企业宣扬的高端定制也与网络销售有着天壤之别。将产品放到网络上，使得标准化的商品丧失了量身定做的尊贵性，且与一般产品采用相同的网上销售无法向消费者传达其尊贵且细致的服务体验。最重要的是，网络销售所要求的对产品明码标价，使得消费者在缺少在店里购物中的文化熏陶和尊崇服务体验的情况下，放大价格对于消费者的冲击。换句话说，当消费者在实体店享受购物乐趣时，他购买的不仅仅是商品，还有店面装潢带来的视觉震撼，一尘不染带来的精细信念，品牌文化带来的精致生活方式以及销售过程中享受的高端服务水平。在享受尊贵购物体验的过程中，消费者更能接受奢侈品的高端价格。相比之下，消费者在网上购物时，几乎没有网站能真正实现同买家互动，面对看得到、摸不着、标准化描述的商品，高价格给其带来的冲击更大，消费者也很难理解昂贵价格背后所蕴含的文化理念。这与奢侈品企业所宣扬的“价格是其最不希望人们考虑的东西”这一理念截然不同。

对于奢侈品企业来说，虽然开展网上销售的品牌越来越多，但是依然有大约一半的奢侈品企业根本就不利用网络销售。目前，奢侈品网上购物的渗透率仍然很低，门店仍然是主要购买渠道，因为人们购买奢侈品很大程度上是在享受购买过程中那种体验的感觉，从观察到触摸把玩，充分感受奢侈品带给他们独一无二的精神愉悦，因此奢侈品企业对于店铺的经营可谓倾尽心力，以期吸引更多的客户。

➢ 活动问题

1）阅读以上资料内容，思考奢侈品企业应该采取什么样的互联网营销渠道选择策略。

2）资料中列举的奢侈品在中国的互联网营销渠道选择注意事项有哪些？

3）思考并讨论奢侈品企业选择将品牌进行网上销售时，如何实现奢侈品与网络的成功嫁接？

➢ 如何完成活动

1）确定本次任务组长。

2）阅读完以上资料内容后，先自己列出奢侈品品牌的互联网营销渠道策略有哪些。

3）以小组形式讨论奢侈品在中国进行互联网营销渠道选择除了资料中列举的注意事项外，还有哪些补充观点，完成下面的记录单（表 7–9）。

表7–9　重审奢侈品互联网营销渠道分析记录单

讨论问题	自己的观点	团队其他人的观点
1.目前可实施的四种奢侈品品牌互联网渠道战略是什么？		
2.奢侈品在中国的互联网营销渠道选择有哪些注意事项？		
3.奢侈品品牌与网络如何实现成功嫁接？		
4.对于仍然不采用互联网营销渠道的奢侈品品牌有何建议？		
5.查资料分析珠宝文化与哪些因素有关？		
6.思考并讨论我国本土奢侈品企业应该采取什么样的互联网营销渠道选择策略？		

➢ 活动评价（表 7–10）

表7–10　活动评价表

评价指标	单项指标	评价标准	自我评价
参与情况	学习投入情况	按课堂要求思考问题、参与小组活动	☆☆☆☆☆
	提出问题并发表见解	参与讨论问题，因自己的见解	☆☆☆☆☆
合作与交流情况	认真听取别人意见并询问	认真倾听，礼貌，有回应，适时询问	☆☆☆☆☆
	将自己的资料与大家分享	表达自己见解并与大家交流	☆☆☆☆☆
	参与团队讨论	积极主动，踊跃发言	☆☆☆☆☆
时间利用	在规定的时间内完成任务	时间效率	☆☆☆☆☆
学习主动性	遇到自己不能解决的问题请教他人	询问并记录要点	☆☆☆☆☆
	遇到自己不能解决的问题查资料	查阅且做好记录	☆☆☆☆☆
任务完成情况	是否完成所有任务	能完成每个任务	☆☆☆☆☆
	有新的发现	能否创新	☆☆☆☆☆
	对问题的理解	迅速找到问题的关键词	☆☆☆☆☆
综合表现	展示出自己最好的状态	根据自我感受	☆☆☆☆☆
评价结果“☆”少的如何改进：			
教师点评：			

注：优 ☆☆☆☆☆　良 ☆☆☆☆　中 ☆☆☆　差 ☆☆　没参与☆

任务5　中国奢侈品企业应对国外品牌挑战的管理策略

活动：在学习完本情境前四个任务的基础上，仔细阅读以下资料内容，进一步思考我国奢侈品企业要应对国外奢侈品牌的挑战需要在哪些方面加强，并完成后面的任务单。

奢侈品营销与其他商品营销相比，本来就是一个整体而复杂的体系。任何一个环节都不容忽视，而分销渠道营销又是这个复杂体系中的最重要环节之一，因此对于中国奢侈品行业来讲，我们在学习国外奢侈品品牌渠道营销经验的同时，也要走在前列，取长补短，发展创新。只有这样，我们才能在激烈的竞争中占据优势。结合分销渠道理论和奢侈品的特性，并参考国外奢侈品在中国市场上的分销渠道营销经验，为中国奢侈品企业在渠道营销方面应对国外奢侈品企业的挑战提供可行的对策是具有积极意义的。

1. 建立以客户为中心的系统化分销渠道

“以客户为中心”，以客户服务为基础，是分销渠道管理模式中的创新。主要是在分销渠道组织结构和机制上进行变革。通过对奢侈品客户的种类细分，将分销渠道细致化。例如，奢侈品的消费者主要分为三类人：“财富新贵”“时尚新宠”“尚酷新族”，每类人都有其独特的消费理念，如果能根据客户的消费特点，设计出与之相适应的分销渠道，从选址、店面设计到渠道服务都实现客户、产品的完美契合，不仅实现了国外奢侈品企业所追求的分销渠道地区上的有效覆盖，而且实现了客户类别上的有效覆盖，这种分销渠道策略，既有广度又有深度，其预期价值和效率将会十分可观。

2. 分销渠道模式与管理组织结构向关系化、扁平化方向发展

建立关系型战略分销渠道，即奢侈品企业从提高分销渠道运作质量和效率出发，在保证制造商和销售商双赢的情况下，从合作者和团队的角度来理解和运作厂商之间的关系。制造商确保销售商获得足够利润和自身价值需求的实现，如社会地位的提升，精神荣誉的获得等，同时销售商要向制造商作出保证分销渠道的质量，维持产品的形象和提高客户满意度的承诺。奢侈品的制造商以协作、双赢和沟通为基点来加强对分销渠道的控制，同时为销售商、消费者提供更具价值的全方位服务，最终确保整体营销战略目标的实现。

分销渠道结构上的扁平化，即指通过尽量减少分销渠道环节，便于实现制造商与消费者进行更直接、更快捷和更准确的沟通，并有助于生产企业对分销渠道的管控，减少冲突及减低不确定性。并在降低成本费用，提高渠道运作效率的基础上，获得企业竞争优势和渠道利润空间。

从路易·威登的案例中我们看到了国际直销的优势，由于分销渠道是由厂商直接控制，期间没有其他厂商的介入，所以可以称得上是关系化和扁平化的模式，属于零级分销渠道。这种分销渠道的优势是成本低，便于控制和管理，而且其制造商和销售商是上下级关系，利益是一致的，不会出现在追求利益最大化的经营目标的同时，牺牲某一方的利益的情况出现，但并不是每个奢侈品企业都适合采用路易·威登的直销方式。但是我们可以借鉴这种做法，从奢侈品的特性角度来考虑其分销渠道的本质，来建立一个高效、有序并且保持奢侈品神秘、高贵特质的分销渠道模式。

3. 分销渠道运作中注重管理，维护奢侈品品牌特性

在明确了奢侈品分销渠道的中心和架构特点之后，分销渠道的管理才是保证其高效、有序、持久运行，为奢侈品企业赢得利润的根本所在。如何做好分销渠道的管理？最重要的一点就是分销渠道管理方式的创新。现有的管理方式中的激励方法，主要是以奖金和年终返利为主，而这种激励方式能够实现销售量提高的目标，但是在提高渠道质量上效果并不佳，奢侈品厂商可以通过为经销商提供培训、技术支持、参观生产工厂、体验工艺流程、学习品牌文化内涵和企业历史渊源的方法，使经销商获得更高的满足，更深层次的理解和认同品牌的精神所在，有一种自豪感、责任感，才能从根本上提高奢侈品分销渠道的质量，而分销渠道中体现品牌精神的理念也正是奢侈品分销渠道策略与普通商品的最大区别之一。例如，宝马公司每年都会从中国国内的优秀经销商中，选出佼佼者，免费到德国参观生产线，提供新产品的培训，参加最新车型的试驾活动，让经销商体验到作为宝马的分销者的与众不同之处。

4. 奢侈品分销渠道管理上还需要注意的其他事项

在奢侈品分销渠道建立及对其进行管理时还有一些特殊注意事项需要考虑。

①奢侈品企业应当尽量保留能够体现品牌基因（Brand DNA）的店铺。对于奢侈品品牌而言，某些在其发展历程中有重要意义的店铺，比如品牌创立初期开设的第一家店，即使租金成本较高，在搭建渠道时也是要保留的，因为这家店凝结了创始人的心血，是最好的展现和传承品牌的一张名片。

②应当避免过快地扩张销售网络。奢侈品的一个重要特点在于其“稀缺性”，

因此难以想象一个到处都有其专卖店的品牌能称之为奢侈品，那只能被称之为“街牌”。同时，过快地扩张销售网络在一些城市还会带来仿冒的风险。真正生命力强的奢侈品品牌是店面数量有限，但能吸引消费者不远万里慕名而来的品牌。

③奢侈品企业还需要从分销渠道成员（经销商及零售商）开始，掐断灰色市场的货源。灰色市场是指在未经授权的店铺以较低的价格销售奢侈品品牌的产品。这些店铺的货源有可能来自于渠道成员，他们出于某些特定的目的，低价倾销本品牌的商品。奢侈品企业应当严格处理这种行为，往往需要终止代理合同，防止低价倾销影响品牌形象①。

> **活动问题**

1）思考在前面的学习中，我们学到了哪些国外奢侈品在中国市场上的分销渠道营销经验？

2）思考中国的奢侈品企业要应对国外奢侈品品牌的挑战，应该在哪些渠道策略方面加强和改善？

3）谈谈你所理解的中国奢侈品企业如何运用正确的渠道策略走向国际。

> **如何完成活动**

1）确定本次任务组长。

2）阅读完以上资料内容后，自己尝试列出中国奢侈品企业应对国外品牌挑战的对策有哪些？

3）以小组形式讨论中国奢侈品企业要成功走向国际应该采取什么样的渠道选择及管理策略？可借鉴哪些国际奢侈品品牌的成功经验？完成下面的记录单（表 7–11）。

表7–11　中国奢侈品企业应对国外挑战的分析记录单

讨论问题	自己的观点	团队其他人的观点
1.中国奢侈品企业目前在营销渠道上面临哪些国际挑战？		
2.前面学习的国际奢侈品品牌的渠道选择及管理策略有哪些可借鉴的经验？		

① 米歇尔·舍瓦利耶，热拉尔德·马扎罗夫．卢晓译．奢侈品品牌管理．上海：格致出版社，2015.

续表

讨论问题	自己的观点	团队其他人的观点
3.中国奢侈品企业在渠道营销方面应对国外奢侈品企业的挑战可有哪些对策?		
4.你所理解的中国奢侈品企业应如何运用正确的渠道策略走向国际?		
5.结合某个国内本土奢侈品企业的成功案例分析其国际营销渠道选择策略。		

➢ 活动评价（表 7–12）

表7–12　活动评价表

评价指标	单项指标	评价标准	自我评价
参与情况	学习投入情况	按课堂要求思考问题、参与小组活动	☆☆☆☆☆
	提出问题并发表见解	参与讨论问题，因自己的见解	☆☆☆☆☆
合作与交流情况	认真听取别人意见并询问	认真倾听，礼貌，有回应，适时询问	☆☆☆☆☆
	将自己的资料与大家分享	表达自己见解并与大家交流	☆☆☆☆☆
	参与团队讨论	积极主动，踊跃发言	☆☆☆☆☆
时间利用	在规定的时间内完成任务	时间效率	☆☆☆☆☆
学习主动性	遇到自己不能解决的问题请教他人	询问并记录要点	☆☆☆☆☆
	遇到自己不能解决的问题查资料	查阅且做好记录	☆☆☆☆☆
任务完成情况	是否完成所有任务	能完成每个任务	☆☆☆☆☆
	有新的发现	能否创新	☆☆☆☆☆
	对问题的理解	迅速找到问题的关键词	☆☆☆☆☆
综合表现	展示出自己最好的状态	根据自我感受	☆☆☆☆☆
评价结果“☆”少的如何改进:			
教师点评:			

注：优 ☆☆☆☆☆ 良 ☆☆☆☆ 中 ☆☆☆ 差 ☆☆ 没参与☆

情境八

奢侈品国际分销渠道选择与管理案例

【教学目标】

知识目标：

理解奢侈品品牌进行国际分销渠道选择与管理的成功策略；

掌握某知名奢侈品品牌进行国际分销渠道选择与管理的案例内容；

了解奢侈品进行国际分销渠道选择与管理的注意事项。

能力目标：

能列举出成功进行国际分销渠道选择与管理的代表性奢侈品品牌；

对于奢侈品国际分销渠道选择与管理策略进行举例说明；

能根据具体的案例分析奢侈品在国际上的分销渠道选择与管理策略。

【背景知识】

1. 奢侈品分销渠道的选择

品牌分销渠道的选择涉及渠道成员的筛选、零售店店址的选择，还包括奢侈品独有的定制业务，同时奢侈品的网上销售与一般消费品存在一些差异，需要考虑。

（1）渠道成员的选择

渠道成员的选择主要涉及当地经销商，奢侈品企业会在不同的地域选择熟悉当地市场、实力雄厚而且销售能力强的经销商，而且一些经销商往往也会代理同行业其他竞争品牌。

（2）零售店店址的选择

奢侈品零售店店址的选择主要需要考虑的因素包括店铺所处的位置。一方面需要大城市的旺铺、黄金地段，而且一般而言这些地段有着便利的交通，商场的管理水平也较好，装修也较为精致；另一方面需要尽量在百货商店的一层或者二层，而非更高的楼层或者地下一层。店铺的租金也是一项重要的因素，因为店铺的租金是一笔很大的开销。需要综合考虑地理位置和租金的高低来确定合适的选址。邻居档次也是一项重要的因素，零售店应当和其他奢侈品品牌的零售店相邻。比如当看到一家与LV的专卖店相邻的店铺，人们即使不太熟悉这个品牌，往往也会猜测或者主观地认为其与LV是一个档次的品牌。

2. 奢侈品分销渠道的管理

（1）培训渠道成员

奢侈品品牌对其渠道成员的培训是必需的，这些培训既包括品牌历史、品牌产品知识，也包括零售技巧等。奢侈品品牌应当订立年度培训计划，以帮助渠道成员完成销售目标，提高渠道的销售能力。

（2）明确渠道成员的责任与义务

奢侈品品牌需要和经销商订立一份详尽规定双方权利和责任的协议，以免除日后不必要的代理纠纷。

一份生产商与经销商的协议应当至少包含如下内容：

价格政策。一般而言，在价格政策相关的条款中，生产商需要列明定价目录表，尤其是要表述清楚分销商可以享受的折扣等相关的明细表，并且需要说明在什么样的情况下才可以享受条款中的折扣。

经销商的义务。最为重要的是完成生产商对其设定的订货以及销量的要求。销量是经销商销售能力的反映，渠道中拥有销售能力强的经销商越多，则渠道的质量越高、越有利于生产商拓展业务。

生产商所提供的支持。协议中也应当列明生产商对经销商所能够提供的支持，这些支持一般包括门店装修的支持、促销支持以及人员培训等方面的支持。

（3）分销渠道优化与改进

分销渠道建立之后并非一成不变，奢侈品需要根据市场环境以及渠道成员的经营状况不断对分销渠道进行优化和改进。这些优化和改进包括增减个别渠道成员、增减某些地区的门店数量或者采用新型的分销方式进行销售。值得一提的是，一些奢侈品品牌在进入中国市场的初期，由于对中国市场环境的生疏而指定一些经销商采用间接分销的方式，而随着对中国市场的特点逐步有了较为全面的把握之后，为了保持对渠道的控制，逐渐从经销商的手中收回了代理权。一些收回代理权的公司见表 8-1。

表8-1　收回代理权的公司

时间	品牌	奢侈品品牌收回代理权
2008年1月	万宝龙（Montblanc）	在合作5年之后，万宝龙宣布收回上海国瑞信钟表有限公司的代理权，为此双方甚至走上了法庭
2008年9月	蔻兹（Coach）	Coach从代理商俊思集团手中收回中国区零售业务
2008年9月	蔻伊（Chloé ）	历峰集团旗下品牌Chloé宣布，由香港代理商乐泰贸易有限公司（LT）集团代理经营的店铺只剩下苏州一家
2008年	登喜路（Dunhill）	历峰集团旗下男装品牌登喜路开始逐步收回温州，宁波、杭州地区的代理权
2010年7月17日	巴宝莉（Burberry）	英国最大的奢侈品零售商巴宝莉集团公司宣布，收购其特许经营伙伴Kwok Hang Holdings位于中国大陆地区的巴宝莉特许经营店

任务1　分析百达翡丽短而窄的销售渠道案例

活动：阅读以下关于百达翡丽的营销渠道的案例，思考并讨论百达翡丽的销售渠道的特点，形成自己的观点并在课堂上交流分享，并完成后面的任务单。

百达翡丽是一家始于1839年的瑞士著名钟表品牌，世界十大名表之首。是瑞士仅存的真正的独立制表商之一，由头至尾都是自己生产，而训练一名PATEK PHILIPPE（百达翡丽）制表师则需要10年时间。钟表爱好者及贵族的标志是拥有一块百达翡丽表，高贵的艺术境界与昂贵的制作材料塑造了百达翡丽经久不衰的品牌效应。“没人能拥有百达翡丽，只不过为下一代保管而已。”这句话除了表现百达翡丽的自信以外，也当然是在强调传承，也只有好的东西，有价值的东西才值得代代传承。百达翡丽在2005年才正式进入中国市场，可能很多人不一定了解它的历史，但是表迷们都听过它的大名，也听过PP。百达翡丽是瑞士仅存的真正的独立制表商之一，由头到尾都是自己生产的。钟表爱好者贵族的标志是拥有一块百达翡丽表，可见百达翡丽的江湖地位了。百达翡丽绝世奇珍腕表系列采用珍稀工艺，刻刀、针、凿刀及其他锋利的木柄金属刀片，这些就是雕刻需要用到的工具，它或许是最为古老的一项工艺，数百年来雕刻工匠都采用这种工艺来装饰时计。五十多年来，这种精密工艺为百达翡丽著名的“世界时间”腕表的表盘及圆顶座钟的外观装饰注入了无尽的优雅气息。

百达翡丽的分销渠道短而窄，只选择较少的经销商开设门店来经营其全球的业务，大多通过代理商特选零售店的方式销售，特选零售店的数量不多，在每个国家的经销商数量一般为一至两家，不会让人们轻易地买到。百达翡丽奉行“雅美、优质、可靠”三原则，在技术上拥有数项专利。逾百年来，百达翡丽一直信奉精品哲学，遵守重质不重量、细工慢活的生产原则。主旨只有一个，即追求完美。最重要的是，百达翡丽对腕表的产量有严格的限制，每款不会超过 1 万只。几乎每只腕表都是限量版。它奉行限量生产，每年的产量只有 5 万只。在长达一个半多世纪中，百达翡丽出品的表数极为有限（仅 60 万只），不敌一款时尚表的年产量，并且只在世界顶级名店发售。

2007 年福布斯公布的一项调查结果显示，百达翡丽在全球一共有 600 家特选零售店，2005 年进入中国，百达翡丽于上海外滩十八号（Bund 18）设立中国首家专卖店与服务中心，象征着百达翡丽正式踏入中国市场。这是当时百达翡丽在亚洲的首家专卖店，亦是继日内瓦和巴黎之后的全球第三家专卖店。2008 年在北京建立专卖店，位于前门东大街 23 号，店址以前是美国公使馆，这两家都由百达翡丽的经销商德国美最时集团为其管理。虽然这两家店由其经销商代为管理，但是由美最时集团负责的专卖店在具体管理上和其他品牌直接拥有的专卖店并无不同，除了产品陈列、装修风格之外，品牌运营、宣传推广活动上都和百达翡丽总部趋于一致。2010 年 9 月，百达翡丽庆祝中国五周年庆典，并正式宣布上海源邸项目启动，推出首款独立编号的中国纪念腕表 Ref.5399，白金和玫瑰金款式各限量发行 25 枚。2012 年百达翡丽上海专卖店由外滩十八号乔迁至上海外滩源，经过近两年的设计和装饰，以“百达翡丽源邸（Maison Patek Philippe）”姿态隆重揭幕。推出上海源邸纪念腕表，世界时间腕表 Ref.5130，以红色“Shanghai”字样标示东八区，白金和玫瑰金款式各限量 25 枚。2014 年 5 月，百达翡丽北京源邸于前门 23 号原址重新揭幕，北京客户服务中心全新升级，同时推出 Calatrava 系列将官式限量纪念腕表 Ref.5153，白金和黄金款式各限量 25 枚。可见百达翡丽在其渠道的控制上较为严格，而且短而窄的销售渠道也易于管理。

> **活动问题**

1）阅读以上案例内容，思考百达翡丽的产品定位是什么？

2）思考百达翡丽为什么采取短而窄的分销渠道？

3）分析百达翡丽与其他奢侈品品牌比较起来，独特的销售渠道策略是什么？

➢ 如何完成活动

1）确定本次任务组长。

2）仔细阅读以上案例内容后，自己分析百达翡丽的产品定位及销售渠道特点。

3）形成自己的观点后在小组内分享，进一步分析百达翡丽为什么采取短而窄的销售渠道，并形成补充观点。完成后面的记录单（表 8–2）。

表8–2 百达翡丽销售渠道案例分析记录单

讨论问题	自己的观点	团队其他人的观点
1.百达翡丽的品牌定位是什么？		
2.百达翡丽分销渠道有何特点？		
3.百达翡丽为什么采取短而窄的分销渠道？		
4.结合百达翡丽在中国的分销渠道的发展过程，分析其与其他奢侈品品牌的不同。		
5.你所理解的短而窄的分销渠道适合什么奢侈品？除了百达翡丽，还有其他奢侈品采取这种渠道方式吗？		

➢ 活动评价（表 8–3）

表8–3 活动评价表

评价指标	单项指标	评价标准	自我评价
参与情况	学习投入情况	按课堂要求思考问题、参与小组活动	☆☆☆☆☆
	提出问题并发表见解	参与讨论问题，因自己的见解	☆☆☆☆☆
合作与交流情况	认真听取别人意见并询问	认真倾听，礼貌，有回应，适时询问	☆☆☆☆☆
	将自己的资料与大家分享	表达自己见解并与大家交流	☆☆☆☆☆
	参与团队讨论	积极主动，踊跃发言	☆☆☆☆☆
时间利用	在规定的时间内完成任务	时间效率	☆☆☆☆☆
学习主动性	遇到自己不能解决的问题请教他人	询问并记录要点	☆☆☆☆☆
	遇到自己不能解决的问题查资料	查阅且做好记录	☆☆☆☆☆

续表

评价指标	单项指标	评价标准	自我评价
任务完成情况	是否完成所有任务	能完成每个任务	☆☆☆☆☆
	有新的发现	能否创新	☆☆☆☆☆
	对问题的理解	迅速找到问题的关键词	☆☆☆☆☆
综合表现	展示出自己最好的状态	根据自我感受	☆☆☆☆☆
评价结果“☆”少的如何改进：			
教师点评：			

注：优☆☆☆☆☆　良☆☆☆☆　中☆☆☆　差☆☆　没参与☆

任务2　分析路易·威登的全球直营体系案例

活动：阅读以下关于路易·威登的案例内容，思考并讨论路易·威登的全球直营体系是否是正确的渠道选择战略，并完成后面的任务单。

著名的皮革制造商路易·威登（Louis Vuitton，简称 LV）则采用全球直营体系，路易·威登于全球开设超过 424 间专门店，全部由总公司直接管理，由集团本身拥有旗下所有的门店而不指定经销商。路易·威登不仅在中国消费力较强的大城市开设专卖店，还将他的触角伸向西部城市并取得了巨大的成功。继在四川成功开设了两家专卖店后，路易·威登又策划了在云南昆明开店。路易·威登采用这样的分销体系一方面是由于其集团实力雄厚，能够承担得起开设门店的成本；另一方面也是出于对渠道控制和品牌保护的考虑，因为路易·威登是全球被假冒最多的品牌，采用直营体系是对品牌的保护，同时也防止在渠道内部发生假冒品流通的现象。

在上海，LV 于 2004 年 9 月 23 日在南京西路恒隆广场一层开设了 LV 在亚洲最大最奢华的旗舰店。在北京，继王府半岛酒店之后，又开设了两家 LV 专卖店，分别位于北京西城区金城坊街的北京金融购物中心及建国门外大街的国贸商城，其中国贸商城的 LV 店铺是北京三家店铺中的旗舰店。除了北京和上海，LV 还在广州的丽柏广场开了分店，而丽柏广场也是广州汇聚国际奢侈品最多的场所。

除了选择在我国一线大城市开店外，LV 逐渐意识到我国二线城市居民购买力的巨大潜力，目前在长春、大连、杭州、昆明、南京、苏州、三亚、深圳、天津、武汉、西安等地都开设了专卖店或旗舰店。例如，2004 年 8 月，LV 将其在我国的第 10 家专卖店设在了福建的厦门，面积超过 200 平方米。2006 年 9 月，LV 在温州开设了在我国的第 13 家专卖店，面积达 290 平方米。2006 年 11 月 2 日，LV 在成都的西武百货开设了在我国的第 14 家专卖店，营业面积超过 180 平方米。2007 年 5 月 17 日，LV 在沈阳的西武百货开设了东北首家旗舰店，占地约 300 平方米，而相隔半年之后的 2008 年 1 月，LV 又在沈阳的卓展购物中心开设了在当地的第二家分店。2008 年 6 月 21 日，青岛的海信广场开设了一家超过 1000 平方米的 LV 专卖店。另外，LV 在青岛的颐中假日酒店还拥有在该地的第二家专卖店。更值得一提的是，2008 年爆发全球性金融危机的时候，LV 还先后在长沙和乌鲁木齐开业。目前，LV 在我国的专卖店已经入驻了中国 30 个城市，门店总数约 50 家，包括广西等偏远地区。我们可以将 LV 在我国的门店分布，按所在城市进行排列，直观地观察到 LV 在我国的零售渠道发展现状及趋势，如前面情境六任务 1 中所示。

不少奢侈品牌于 2008 ～ 2012 年间，全速拓展中国分店网络，以满足当时国内无尽的购买力，目前 LV 在中国就有约 50 间专卖店。然而，名牌亦敌不过经济增长放缓的冲击，《金融时报》引述知情人士指，LV 近日已分别把位于广州越秀区、哈尔滨及乌鲁木齐的 3 间分店结业。

随着中国经济放缓和持续的反腐倡廉活动，对早年积极于中国规模开店的奢侈品牌将带来重大打击，英国《金融时报》引述消息指，路易·威登（Louis Vuitton，简称 LV）2015 年已关掉 3 间中国分店，未来数个月内更会再关掉几间；报道更引述业内人士指，据理解 2016 年年中前，LV 将会削减 20% 的中国分店，相当于约 10 间。援引英国《金融时报》报道，上海领先的咨询公司 Emmanuel Hemmerle 合伙人 Emmanuel Hemmerle 表示："根据最新的信息，20% 的中国路易·威登门店将在明年年中以前关闭，按这个速率，平均每个月会关闭一家门店。"

根据《中国投资参考》的数据显示，越来越多一线城市的消费者正在避开购买品牌 LOGO 产品。追其原因，是因为 LV 过于高调的 LOGO，布满了它的产品，这一点与 Burberry 十分相似。中国消费者开始偏好不带 LOGO 产品，专家称，越来越多消费者更喜欢独一无二的产品，而不是像 LV、Gucci 和 Prada 那种带有高辨析度的知名品牌。波士顿奢侈品咨询公司全球主管 Olivier Abtan 说道："对美国消费者而言，这个转变耗时 20 到 30 年，但是对中国消费者而言，仅用了两年或三年。"同时，大量小众品牌都为奢侈品行业带来了新的竞争。根据 FT China Confidential 数据显示，在中国一线城市，如北京、上海、广州进行的消费者调查中，只有 18.8% 的消费者认为 LV 是他们最渴望的奢侈品牌。相比之下，在较小的城市中，这个比例为 38.3%。

迄今为止，中国境内的奢侈品消费力的减弱已经部分被中国游客的境外消费所抵消，尤其在日本和欧洲。一些品牌，尤其是 LV，也在中国越来越国际化和成熟的消费者面前渐渐失宠，这些消费者往往认为奢侈品太过于商品化，价格也太昂贵。这将严重使得国内的店铺陷入"展示厅"的角色。LVMH 高管将中国消费者购买力的减弱归咎于 7 月 8 月中国股市的动荡。他们还承认，2015 年第三季度，除了葡萄酒和烈酒如酩悦香槟和轩尼诗白兰地等，其他产品在亚洲的整体营业额下降超过 9%，LV 的在华销售情况继续恶化。

咨询公司 AT Kearney 合伙人 Torsten Stocker 说道："在某种程度上说，LV 已经曝光过度。在中国有那么多家门店，尤其是在二三线城市的分布非常不合理，同时对品牌内涵也带来负面的效果。"调查补充表示，在最近的关店潮以前，今年早前品牌在北京和杭州分别新开了门店。LV 发言人也表示，集团会继续投资中国现有的分店网络，以提升客户的服务体验，并强调集团今年初在北京及杭州，亦有开设新专门店。不过 LV 国内关店的趋势是毫无疑问的，事实上，集团财务总监 Jean-Jacques Guiony 上月于电话会议已透露，集团决定整合其在中国的分店，部分二线城市只会保留一间门店。①

➢ *活动问题*

1）仔细阅读以上案例内容，思考路易·威登的分销渠道特点。

2）分析路易·威登在中国采取的分销渠道策略，并回答其能否反映路易·威登的全球直营体系的特点？

3）思考路易·威登的全球直营体系是否是正确的渠道选择战略？

➢ *如何完成活动*

1）确定本次任务组长。

2）仔细阅读以上案例内容，自己分析并列举出路易·威登的分销渠道策略有哪些特点？

3）以小组形式讨论路易·威登在中国采取的分销渠道策略是否是成功的？并进一步分析其全球直营体系渠道选择战略是否是成功的？完成下面的记录单（表 8-4）。

表8-4　路易·威登分销渠道选择与管理案例分析记录单

讨论问题	自己的观点	团队其他人的观点
1.路易·威登的全球直营体系有何特点？		
2.路易·威登在中国的分销渠道策略是什么？		
3.路易·威登在中国开设专卖店的渠道与其他奢侈品品牌比较有何不同？		
4.为什么近年来路易·威登在中国的门店相继关闭了多家？		
5.你认为路易·威登在中国的分销渠道策略是成功的吗？		
6.怎样理解路易·威登的全球直营体系分销渠道管理？		

① 赢商网 http://sh.winshang.com,2015 年 11 月 17 日 .

➢ **活动评价（表 8–5）**

表8–5　活动评价表

评价指标	单项指标	评价标准	自我评价
参与情况	学习投入情况	按课堂要求思考问题、参与小组活动	☆☆☆☆☆
	提出问题并发表见解	参与讨论问题，因自己的见解	☆☆☆☆☆
合作与交流情况	认真听取别人意见并询问	认真倾听，礼貌，有回应，适时询问	☆☆☆☆☆
	将自己的资料与大家分享	表达自己见解并与大家交流	☆☆☆☆☆
	参与团队讨论	积极主动，踊跃发言	☆☆☆☆☆
时间利用	在规定的时间内完成任务	时间效率	☆☆☆☆☆
学习主动性	遇到自己不能解决的问题请教他人	询问并记录要点	☆☆☆☆☆
	遇到自己不能解决的问题查资料	查阅且做好记录	☆☆☆☆☆
任务完成情况	是否完成所有任务	能完成每个任务	☆☆☆☆☆
	有新的发现	能否创新	☆☆☆☆☆
	对问题的理解	迅速找到问题的关键词	☆☆☆☆☆
综合表现	展示出自己最好的状态	根据自我感受	☆☆☆☆☆
评价结果“☆”少的如何改进：			
教师点评：			

注：优 ☆☆☆☆☆　良 ☆☆☆☆　中 ☆☆☆　差 ☆☆　没参与☆

任务3　分析奢侈品网络创新营销
——Gilt模式[①]案例

活动：阅读以下案例内容，分析案例中 Gilt Groupe 网络营销创新策略的成功之处，并完成后面的任务单。

美国时尚品牌折扣网 Gilt Groupe 的两位年轻创始人亚历桑德拉·威尔基斯·威尔逊（Alexandra Wilkis Wilson）和艾利科西斯·梅班克（Alexis Maybank）是哈佛商学院的同学，他们于 1997 年建立了 Gilt Groupe 公司，在网站上进行设计师品牌的特卖。作为和 Vente Privee 采用类似经营模式的网站，Gilt Groupe 虽然年轻，却颇有来势汹汹的业绩表现：2009 年，其年收入达 1.7 亿美元，并宣称争取在 2010 年把这个数字增至 5 亿美元。2010 年公司市值也已经高达约 4 亿美元，在五花八门的各类购物网站中，Gilt Groupe 的风头难掩。

Gilt Groupe 采用会员制的奢侈品折扣模式，来销售那些著名设计师的限量奢侈品或者是从未与大众见面的产品。网站的创始人亚丽克西斯·梅班克和亚历山德拉·维尔克斯·威尔森希望通过会员制模式来维护奢侈品品牌的形象，只有成为会员后才可以登录网站查询相关信息、进行电子商务交易；另一方面，商品注重价格折扣优惠及控制，会有 50%～70% 的折扣空间。这样一来，因为会员制而设定的购买人群相对稳定，而价格折扣更是增加了用户的黏度。也许，这真的是奢侈品和网购结合的一个不错的方式。

为了区别跟奢侈品官方网站的差异，显示自己的独特性，Gilt 网站从商品上进行了区分。不同于其他奢侈品折扣服务店的商品直接从批发商或者生产厂商进货，Gilt 的商品是直接从设计师工作室进行采购，从冉冉升起的新星佩奇·萨基

① 奢侈品在网络上的创新营销．http：//www. rleeu. corn/news/2009—10—25/2336. html.

逊（Page Sargisson）到时尚界如雷贯耳的保罗·弗兰克（Paul Frank）都囊括在内，网站会出售这些设计师们的样品、非卖品、最新作品等。正是因为这种从设计师工作室直接购买服装的形式。目前网站已经吸引了一些知名的奢侈品品牌，比如以设计名贵华丽礼服著称的 Oscar DeLa Renta 品牌。

对商品进行区分后，Gilt 就开始增加“价格优势”。由于是直接从设计师的工作室进货，没有了零售和代理方面的费用，因此网站的商品价格比实体店价格便宜很多。另外，对于设计师而言，一些无法在实体店销售的设计作品可以通过这个网站重新受人青睐，因此在商品定价上也会酌情降低。

网站每个星期推出大约 20 个的销售项目，而每次销售开始于中午，持续 36 个小时，其商品折扣额度从 50%～70% 不等，采用先到先得的模式。有意思的是，其所有销售的商品只有在销售正式开始的时候才会露面，或许正是卖点关子才更吸引用户吧！ Gilt 一般会提前一周通过电子邮件告知会员什么时间、会销售哪些设计师或者哪个品牌的服装、佩件等，而不告知具体的信息，在吸引用户眼球的同时，也让会员更好地安排自己的时间、进行资金周转等。

虽然在目前经济不景气的情况下奢侈品的支出会有所下降，但是这并不意味着那些时尚达人们将降低追逐时尚品牌商品的热情。恰恰相反，Gilt 网站受到许多会员的追捧，而高人气也带来更多设计师的关注。网站的商品比实体店的价格便宜许多，但是即便如此，Gilt 收取商品 10% 的手续费也足以获取不少利润。其实 Gilt 这种会员制奢侈品打折模式是从法国的 Vente Privee 网站演变过来的，后者于 2001 年创建，其最初的构想是在互联网上通过限时销售的形式销售当季的存货，这不仅能够满足供应商快速销售库存商品的需要，还能在不损坏品牌形象的前提下保证收入不分散到其他分销渠道。相比之下 Gilt 的市场定位更加细分，专注于奢侈品品牌的网络销售。目前世界各地的模仿者也是层出不穷，包括 2006 年获得风险投资机构 250 万美元支持而创建的西班牙的 BuvVip 网站、意大利的 Yoox 网站以及美国的 Rue La La、Ideeli 等网站。显然，会员制的购物网站成为新的时尚潮流，而这样的模式更是成为奢侈品在互联网最好的呈现形式。从这个角度而言，Gilt 网站确实有着自己的独特创新之处。

会员制＋折扣＋奢侈品品牌 =Gilt 模式

会员制让网民有一个相对独立的购物环境在互联网上体验购物，还能保持网站流量的稳定性，同时保持网站的神秘感；折扣则在这个经济危机的时期显得特别重要，以吸引更多会员的加入，并且让更多会员享受平价奢侈品；奢侈品品牌的设计师也可以通过这个网络平台把自己积累的样品，或是在实体店中未被采用的产品拿出来与大众见面，在最大限度上实现一个网站三方满意。

➢ **活动问题**

1）仔细阅读以上案例内容，思考 Gilt Groupe 网站采用的奢侈品会员制折扣销售模式有何特点？

2）思考 Gilt 网站与一般的奢侈品官方网站有何区别？其独特的进货渠道是什么？

3）思考并分析 Gilt 独特的网络创新营销模式能否被成功复制？

➢ **如何完成活动**

1）确定本次任务组长。

2）仔细阅读以上案例内容后，自己尝试列出 Gilt 网站独特的会员制折扣销售策略包含了哪些方面。

3）以小组形式讨论 Gilt 网站这种独特的网络渠道营销模式的成功之处在哪里？其他奢侈品品牌能否直接拿来应用？完成下面的记录单（表 8–6）。

表8–6　Gilt网站网络创新营销案例分析记录单

讨论问题	自己的观点	团队其他人的观点
1.美国时尚品牌折扣网Gilt Groupe的会员制模式有何特点？		
2.Gilt网站与一般的奢侈品官方网站相比有何差异？		
3.Gilt网站的产品价格优势是如何实现的？		
4.Gilt网站独特的网络创新营销模式如何完整表述？有何优势？		
5.Gilt网站独特的网络创新营销模式能否被其他奢侈品品牌直接复制？		

续表

讨论问题	自己的观点	团队其他人的观点
6.怎样理解目前其他的奢侈品折扣网站与Gilt网站的区别?		

➢ **活动评价（表8–7）**

表8–7　活动评价表

评价指标	单项指标	评价标准	自我评价
参与情况	学习投入情况	按课堂要求思考问题、参与小组活动	☆☆☆☆☆
	提出问题并发表见解	参与讨论问题，因自己的见解	☆☆☆☆☆
合作与交流情况	认真听取别人意见并询问	认真倾听，礼貌，有回应，适时询问	☆☆☆☆☆
	将自己的资料与大家分享	表达自己见解并与大家交流	☆☆☆☆☆
	参与团队讨论	积极主动，踊跃发言	☆☆☆☆☆
时间利用	在规定的时间内完成任务	时间效率	☆☆☆☆☆
学习主动性	遇到自己不能解决的问题请教他人	询问并记录要点	☆☆☆☆☆
	遇到自己不能解决的问题查资料	查阅且做好记录	☆☆☆☆☆
任务完成情况	是否完成所有任务	能完成每个任务	☆☆☆☆☆
	有新的发现	能否创新	☆☆☆☆☆
	对问题的理解	迅速找到问题的关键词	☆☆☆☆☆
综合表现	展示出自己最好的状态	根据自我感受	☆☆☆☆☆
评价结果“☆”少的如何改进：			
教师点评：			

注：优☆☆☆☆☆　良☆☆☆☆　中☆☆☆　差☆☆　没参与☆

任务4　分析卡地亚
——大力拓展市场疆土的珠宝皇帝[①]案例

活动：阅读下面的案例资料内容，以小组形式讨论卡地亚（Cartier）珠宝的分销渠道选择策略并对其进行评判。完成后面的任务记录单。

英国皇室加冕用的皇冠、众多顶级女明星珍藏的经典珠宝，都出自世界三大珠宝品牌之一的卡地亚（图 8-1），而卡地亚也得到了欧洲多国皇室的“委任状”，专为欧洲皇室制作珠宝，因此被誉为“皇帝的珠宝商，珠宝商的皇帝”。卡地亚于 1847 创立，1992 年初进入中国市场，是最早进入中国市场的顶级品牌之一，迄今已有 20 年的历史。

图8-1　卡地亚珠宝

陆慧全是卡地亚大中华区行政总裁，经历了卡地亚入驻中国市场以来 20 年

① 张娅 . 卡地亚中国“造梦”[J]. 商务周刊，2008: 78-81.

的发展历史，也目睹了其在中国扩张的全过程，有人将他称为名副其实的卡地亚珠宝帝国“封疆大吏”。他的使命是要令卡地亚光芒四射的法国奢侈文化深植在中华大地上。

1. 第一批进入中国的“垦荒者”

作为最早进入中国市场的奢侈品品牌之一，面对中国市场这张白纸，欧美传统奢侈品市场的营销经验是否适合中国刚刚富裕起来的消费群体？卡地亚如何在中国这张巨大的白纸上画出绚丽的色彩，是一个巨大的挑战。

进入中国市场20年，卡地亚在中国的发展与时俱进。卡地亚认为，比竞争对手早一步进入中国市场就等于取得了先机。1992年，在“全球都要有卡地亚”的理念下，卡地亚成为中国市场的“垦荒者”，在上海南京路的曼克顿开设了第一个专柜。在回顾卡地亚入华“征程”时，媒体总会讲述陆慧全最初的尴尬：1990年的一天，当时还在卡地亚亚洲地区营业部门工作的陆慧全走进上海的一家钟表店，苦苦等待一个多小时后才终于见到了钟表店的经理。自报家门后，这位经理说：“卡地亚是什么牌子？我没有听说过。你们不是十大品牌之一吧？”随后，经理拿出一本列有很多手表品牌简介的书，翻来覆去都没有找到“卡地亚”三个字，便下了逐客令：“书里都没有找到，看来你们根本不出名。我现在很忙，先告辞了。”这段遭遇让陆慧全了解到了开拓中国市场的艰辛。1998年，由于政府政策的放松，卡地亚在上海恒隆广场开了第一家真正意义上的旗舰店。

2. 把品牌的根须扎入二线城市

除了重点发展北京、上海、广州等市场成熟的一线城市外，卡地亚还把目标锁定在一些经济发展迅速的二三线城市，并且延伸到三四线城市。“我们可以在三四线城市先建特约专柜，把市场培育成熟之后就可以发展成为专卖店”，陆慧全说。卡地亚在市场占有方面永远有着超前的眼光，不仅作为早期进入中国的顶级品牌之一，而且在发展壮大后，开始向二三线城市扩展。在瞬息万变的奢侈品市场上，谁也无法保证永续辉煌。尤其是2005年之后，中国钻石零售市场彻底对外开放，法国钻石世家、美国钻石星纪、中国香港周大福和谢瑞麟等珠宝钻石商家纷纷加快在中国内地的发展布局。它们多采取复合渠道，除了进入一流大商场外，还采取在一线城市开设旗舰店，二三线城市发展特许加盟的策略。市场下沉，把品牌的触角深入二三线城市是卡地亚应对这场市场争夺战的重要战略之一。“卡地亚是较早深入二线城市的奢侈品品牌之一，我们非常注重二三线城市，这些地方的开拓很不容易，在渠道建设、品牌教育等方面总是需要额外的投入”，陆慧全说。卡地亚不遗余力地扩建渠道，旨在扎稳市场根基。“在二线城市，我们的知名度和18年前在一线城市差不多，我们的任务仍然是培育客户”，陆慧全说。

在陆慧全看来，追求大规模的目的在于为市场的快速发展预留出持续扩张的空间。也有业内人士担心，卡地亚可能会因突破高档市场与大众市场界限的“越位”之举而失去原有消费者的欢心。但陆慧全认为：在下面几级城市发展开店，可以让更多人得以参观Cartier店。而对于高端消费者来说，他们定制的高级珠宝全世界都只有一件，这就是“特权”。

➢ 活动问题

1）仔细阅读以上案例内容，思考卡地亚珠宝在中国的分销渠道策略是什么？

2）思考卡地亚珠宝在中国二三线城市是如何开展渠道扩展的？有何特点？

3）案例中卡地亚珠宝是如何面对其他珠宝钻石品牌的渠道竞争的？

➢ 如何完成活动

1）确定本次任务组长。

2）仔细阅读以上案例内容后，先自己分析卡地亚珠宝在中国的城市渠道扩张及管理策略有何特点？

3）以小组形式讨论卡地亚珠宝这种大力拓展市场疆土的渠道策略是成功的吗？对奢侈品品牌有没有稀释作用？能否被广泛复制？完成下面的记录单（表8–8）。

表8–8　卡地亚珠宝分销渠道管理案例分析记录单

讨论问题	自己的观点	团队其他人的观点
1.卡地亚珠宝是如何进入中国市场的？		
2.卡地亚珠宝是如何在中国二三线城市进行渠道扩张的？		

续表

讨论问题	自己的观点	团队其他人的观点
3.卡地亚珠宝是如何面对其他珠宝钻石品牌的渠道竞争的？		
4.卡地亚珠宝追求市场大规模扩张对品牌形象有没有影响？		
5.卡地亚珠宝这种大力拓展市场疆土的渠道策略能否被其他奢侈品品牌复制？		
6.你是如何理解卡地亚珠宝大力拓展市场疆土的渠道策略的？可以有与案例不同的观点。		

➤ ***活动评价（表 8–9）***

表8–9　活动评价表

评价指标	单项指标	评价标准	自我评价
参与情况	学习投入情况	按课堂要求思考问题、参与小组活动	☆☆☆☆☆
	提出问题并发表见解	参与讨论问题，因自己的见解	☆☆☆☆☆
合作与交流情况	认真听取别人意见并询问	认真倾听，礼貌，有回应，适时询问	☆☆☆☆☆
	将自己的资料与大家分享	表达自己见解并与大家交流	☆☆☆☆☆
	参与团队讨论	积极主动，踊跃发言	☆☆☆☆☆
时间利用	在规定的时间内完成任务	时间效率	☆☆☆☆☆
学习主动性	遇到自己不能解决的问题请教他人	询问并记录要点	☆☆☆☆☆
	遇到自己不能解决的问题查资料	查阅且做好记录	☆☆☆☆☆
任务完成情况	是否完成所有任务	能完成每个任务	☆☆☆☆☆
	有新的发现	能否创新	☆☆☆☆☆
	对问题的理解	迅速找到问题的关键词	☆☆☆☆☆
综合表现	展示出自己最好的状态	根据自我感受	☆☆☆☆☆
评价结果“☆”少的如何改进：			
教师点评：			

注：优 ☆☆☆☆☆　良 ☆☆☆☆　中 ☆☆☆　差 ☆☆　没参与☆

参考文献

[1] Dubois, B,C. Observations: under-standing the world of international luxury brands [J].Journal of Advertising Research,1995.Vo1. 35 No.4.

[2] Web atmospheric qualities in luxury fashion brand web sites[J]. Hyeonsoo Kim,Yun Jung Choi,Yuri Lee. Journal of Fashion Marketing and Management . 2015 (4).

[3] MEASURING SERVICE QUALITY IN ONLINE LUXURY GOODS RETAILING[J] .T ü rk, Brigitte,Scholz, Michael,Berresheim, Patrick.EN . 2012 (1).

[4] Consumer Report to Luxury: Analyzing Complex and Ambivalent Attitudes. Dubois Gilles Laurent,Sandor Czellar. Group HEC, Les Cahier de Recherche No.736 . 2001.

[5] 李飞 . 奢侈品营销 [M]. 北京：经济科学出版社，2010.

[6] 刘齐齐 . 我国奢侈品商业模式及渠道选择的研究 [D]. 首都经济贸易大学硕士学位论文. 2010.

[7] 卢晓 . 不一样的奢侈——中国奢侈品消费者的分类研究 [[J]. 哈佛商业评论奢侈品专刊，2006(10）.

[8] 卢晓 . 国际奢侈品牌中国高端消费市场进入模式分析 [J]. 财贸经 济，2012(08):105-112.

[9] 李春玲 , 李玲 . 中国奢侈品行业分析 [[J]. 商业经济，2015（09）：29-32.

[10] 李春雪，张舒泽 . 打造中国本土奢侈品牌的设想和建议 [J]. 中国奢侈品市场 ,2011(6):86-87.

[11] Kapferer，J.N.，Bastien，V. 奢侈品战略：揭秘世界顶级奢侈品的品牌战略 [M]. 谢绮红，译 . 北京：机械工业出版社，2014.

[12] 朱明侠，曾明月 . 奢侈品管理概论 [M]. 北京：对外经贸大学出版社，2014.

[13] 杨清山 . 中国奢侈品本土战略 [M]. 北京：对外经贸大学出版社，2009.

[14] 姚歆，赵敏 . 奢侈品网上零售 [M]. 北京：对外经贸大学出版社，2010.

[15] 孔淑红 . 奢侈品品牌历史（第二版）[M]. 北京：对外经贸大学出版社，2014.

[16] 周婷，朱明侠 . 奢侈品案例分析 [M]. 北京：对外经贸大学出版社，2011.

[17] 周云 . 奢侈品品牌管理 [M]. 北京：对外经贸大学出版社，2010.

[18] 赵忠秀 . 奢侈品管理概论 [M]. 北京：对外经贸大学出版社，2010.
[19] 戴安娜・代尔瓦勒 . 奢侈品品牌营销——创建・实施・案例 [M]. 上海：东华大学出版社，2016.
[20] 邹玥名 . 中国奢侈品品牌塑造与发展战略研究 [D]. 重庆工商大学硕士论文，2009.
[21] 张雅婵 . 国外奢侈品在中国市场的分销渠道发展研究 [[J]. 商场现代化，2013（25）:128–129.
[22] 龚小英 . 中国代理商如何应对奢侈品巨头“过河拆桥”[J]. 现代商业，2010（09）:26–28.
[23] 冯小素 . 奢侈品中间商的新出路 [J]. 销售与市场，2010(10):68–72.
[24] 王爱民，马牧晨 . 奢侈品在中国的营销渠道改进浅析 [J]. 科技创业，2009(10).
[25] 刘薇 . 国外奢侈品企业中国市场分销渠道研究 [D]. 对外经济贸易大学，2010.
[26] 杨洁 . 三网融合背景下奢侈品营销渠道研究 [J]. 商业时代，2014(15):50–51.
[27] 桑巴特齐 . 奢侈与资本主义 [M]. 王燕平，侯小河，译 . 上海：上海人民出版社，2000.
[28] 徐春梅 . 奢侈品牌中国渠道之变 [J]. 中国经营报，2007(1).
[29] 李冕鸿 . 奢侈品企业 O2O 模式营销渠道建设必要性分析 [J]. 中国管理信息化，2015(03):169–170.
[30] 陈洁 . 奢侈品网络整合营销在中国市场的应用研究 [D]. 上海外国语大学硕士论文，2014.
[31] 黄卓龄，吴东东 . 奢侈品网络营销模式及发展趋势研究 [J]. 江苏商论，2012(2):37–39.
[32] 梁雪梅 . 奢侈品与新媒体 : 机遇、危机与未来 [J]. 东南传播，2012(12):37–38.
[33] 丹尼尔・兰格，等 . 奢侈品营销与管理 [M]. 北京：中国人民大学出版社，2016.
[34] 鲁俊 . 奢侈品品牌 COACH 在中国的网络营销策略初探 [D]. 上海 : 复旦大学，2009.
[35] 钱慧，李晓慧 . 浅析我国奢侈品网络营销现状及对策 [J]. 山东纺织经济，2013(1):34–39.
[36] 童文军 . 奢侈品在中国市场的网络营销策略研究 [J]. 经营管理者，2010(18):268.
[37] 谢园 .Burberry: 奢侈品数字营销 No. 1 [J]. 成功营销，2010(8):71.
[38] 朱江 . 中国奢侈品市场结构与整合营销 [D]. 北京 : 对外经济贸易大学，2006.
[39] 欧家锦 . 奢侈品在中国：梦幻商业与美好生活的激荡 40 年 [M]. 北京：中国经济出版社，2020.
[40] 金炳昊，埃琳娜・塞德罗拉 . 时尚品牌与传播 欧洲奢侈品牌的核心战略 [M].

赵春华，任力，李傲君，译 . 北京：中国纺织出版社，2020.
[41] 全球 100 个顶级奢侈品牌 [M]. 王彦亮，译 . 北京：人民日报出版社，2017.
[42] [日] 岩仓正枝 . 奢侈品应该这样卖 [M]. 田龙姬，译 . 北京：中华工商联合出版社，2019.
[43] 米歇尔・舍瓦利耶，热拉尔德・马扎罗夫 . 奢侈品品牌管理（第二版）[M]. 卢晓，译 . 上海：格致出版社，2015.
[44] 张梦霞，郭希璇 . 奢侈品品牌管理研究 [M]. 北京：经济管理出版社，2019.
[45] 亚历山大・德・圣马里，王资 . 理解奢侈品 [M]. 上海：格致出版社，2019.
[46] 阿肖克・颂克里斯蒂安・布朗卡特 . 奢侈品之路：奢侈品品牌战略与管理 [M]. 谢绮红，译 . 北京：机械工业出版社，2016.
[47] 罗宾・伦特，热纳 . 奢侈品销售的艺术 [M]. 北京：机械工业出版社，2016.
[48] 施娟 . 营销渠道管理（第 2 版）[M]. 上海：上海财经大学出版社，2019.
[49] 施炜 . 深度分销 掌控渠道价值链 [M]. 北京：企业管理出版社，2018.
[50] 影响力商学院 . 渠道为王：销售渠道建设 3 部曲 [M]. 北京：电子工业出版社，2012.
[51] 郑锐洪 . 营销渠道管理（第 3 版）[M]. 北京：机械工业出版社，2020.
[52] 伯特・罗森布洛姆 . 营销渠道：管理的视野 [M]. 宋华，译 . 北京：中国人民大学出版社，2014.
[53] 赵驹 . 运用整合营销理论指导奢侈品营销 [J]. 北京工商大学学报 (社会科学版)，2006(03):63–65.
[54] 刘洋 . 百货商场内的奢侈品营销策略研究 [D]. 山东大学，2012.
[55] 梁靖 . 奢侈品在中国的互联网营销渠道建设研究 [D]. 吉林大学，2013.
[56] 杨洁 . 三网融合背景下奢侈品营销渠道研究 [J]. 商业时代，2014（15）:50–51.
[57] 张梦巧 . S 奢侈品电商平台渠道管理策略研究 [D]. 电子科技大学，2020.
[58] 熊俊，孟莎婷 . 中国奢侈品电商平台营销模式分析——以寺库奢侈品电商为例 [J]. 江苏经贸职业技术学院学报，2018（06）.
[59] 张林初 . 探密巴黎老佛爷百货商店 [J]. 世界文化，2010(06).
[60] 杨浩 . 国际奢侈品在中国的营销策略及启示 [J]. 商业研究，2008(02).
[61] 李飞 . 定位地图 [M]. 北京：经济科学出版社，2008.
[62] 科特勒 . 营销管理 [M]. 上海：上海人民出版社，2006.
[63] 杨祺薰 . 奢侈品牌 Z 的全渠道营销策略研究 [D]. 广西大学，2019.
[64] 李飞 . 全渠道零售的含义、成因及对策——再论迎接中国多渠道零售革命风暴 [J]. 北京工商大学学报 (社会科学版)，2013（02）.